EL ARTE, INMUTABLE
(El mito del cambio social – II)

JOSÉ ANTONIO MARTÍNEZ

El arte, inmutable. José Antonio Martínez

El arte, inmutable. José Antonio Martínez

*A Inmasunta y Consuelo,
por hacer posible este proyecto
con su ánimo y paciencia*

ÍNDICE

El arte, inmutable. José Antonio Martínez

INTRODUCCIÓN

El cambio social es nuestra actual preocupación, y somos de la opinión que el mismo tiene una naturaleza heterogénea, es decir, no atiende a las mismas claves en todos los ámbitos. A comprobar esta suposición se dirigen nuestros esfuerzos, y para ello iniciamos aquí una serie de trabajos que pretenden profundizar en el conocimiento de ciertos procesos sociales, abordando por partes una cuestión tan intrincada.

El arte es un elemento útil para examinar y enlazar periodos históricos, tiene algo de lo que carecen otras experiencias humanas: evidencia y permanente evocación del tiempo; es un testigo exacto, un *ejemplo* vivo y manifiesto del pasado y su presencia es más patente que, *verbi gratia*, una costumbre.

Las obras de arte son objeto de un aprecio que difiere en cierto modo de lo habitual en otros dominios. A pesar que los gustos estéticos cambian, el patrimonio artístico sigue siendo muy valorado, así, por poner un ejemplo, *el David* de Miguel Ángel actualmente goza de tanto reconocimiento como el que le profesaban sus coetáneos. Hoy tenemos más elementos para la comparación y disponemos de una perspectiva diferente a la del hombre renacentista, han sido muchos los movimientos artísticos que han venido después de aquel glorioso periodo, y han dejado una impronta mayor o menor, pero con todas se ha ido configurando un conjunto estético y cultural extraordinariamente rico, que en absoluto representa un obstáculo para la estima de las obras pasadas.

El arte, inmutable. José Antonio Martínez

Ver lo que ha ocurrido en el ámbito artístico respecto del cambio es el propósito del presente estudio; analizar cómo de un estilo, de una técnica, de una temática y mentalidad se ha pasado, o no, a otras es, en nuestra opinión, un instrumento muy pertinente para arrojar luz en el complejo asunto del cambio social, y resulta muy interesante por la gran importancia del fenómeno artístico dentro del conjunto de la cultura y de la sociedad. El arte tiene la peculiaridad de una evidencia espacio-temporal que lo hace especialmente idóneo para dar cuenta de los cambios, tendencias o permanencias de la actividad humana relacionada con lo bello o, por mejor decir, con lo generalmente admitido como valioso desde el punto de vista de la creación artística, y ese dato debe ser tenido en cuenta para contrastarlo con lo que ocurre en la vida social, y de ese modo elaborar con mayor fundamento una teoría general sobre el cambio, que con tanta frecuencia se da por establecido sin un acercamiento riguroso a su verdadero alcance.

En la primera parte del libro, dentro de tres escenarios diferentes (la pintura en su globalidad y los casos singulares del antiguo Egipto y del Renacimiento), se afronta el estudio de hasta qué punto el mundo del arte constituye un material válido para la teoría social. Para ello se intenta trascender la singularidad de cada obra, de cada estilo, buscando aquellos rasgos que permitan ubicarlos en la totalidad del arte en general, y que los habiliten para una posterior comparación y análisis reflexivo. Por tanto, es permanente una exposición que combina la individualidad de la obra artística (con especial atención a aquellos rasgos que la sitúan en el conjunto integrado y abierto que es el arte), con la alusión a notas más generales que hacen posible hablar de arte como categoría comprensiva de multitud de fenómenos concretos y diferentes que, no obstante, comparten una misma base existencial.

El arte, inmutable. José Antonio Martínez

Interesante resulta observar en qué medida las notas que de un modo general se predican del fenómeno artístico, se mantienen o no en momentos determinados, tradicionalmente considerados singulares y únicos, cual es señaladamente el Renacimiento o el antiguo Egipto, o en trayectorias globales, como puede ser la de toda una disciplina artística, en este caso la pintura.

Con la pintura queremos tratar una completa faceta dentro del arte; el factor determinante para la elección es su presencia en la práctica totalidad de las culturas, así como la cantidad de sus muestras, su estado de conservación, y el hecho de abarcar todo el tiempo histórico, desde sus inicios hasta nuestros días.

Ante la imposibilidad de abordar todos los movimientos y corrientes artísticas en una obra de esta naturaleza, hemos decidido centrar el análisis en dos casos concretos, paradigmáticos y en cierta medida contrapuestos, el antiguo Egipto y el Renacimiento.

La estética del antiguo Egipto pasa por ser una de las más estáticas en cuanto al mantenimiento de un mismo canon artístico, sin embargo analizada en profundidad presenta algunos rasgos que la aproximan a la generalidad; además hay que tener en cuenta que la finalidad estética tenía aquí un alcance reducido.

Si con la pintura aludimos a la globalidad de una de las artes plásticas clásicas, y con el epígrafe dedicado a Egipto hemos analizado uno de los aspectos más inamovibles de la estética universal, con el Renacimiento hemos pretendido observar en profundidad uno de los momentos históricos que es reputado como de los que ha experimentado unos cambios más significativos en la historia del arte. Este movimiento abarcó muchos aspectos de la cultura humana, pero particularmente relevante fue su dimensión artística. Lo hemos elegido como magnífico y representativo botón de muestra, al que poder dedicar una mayor atención (dentro de los limitados contenidos que necesariamente ha de tener el capítulo en el conjunto de la obra), por el debate sobre su duración (fundamentalmente los siglos XV y XVI, aunque para algunos la misma sea muy superior), por su significación (es considerado una de las épocas culminantes de la cultura universal), y por su ámbito global (artístico, filosófico y científico), lo que nos ha llevado a preferirlo a otros movimientos más centrados en cambios técnicos.

En la segunda parte, con un enfoque más holístico, se presta especial atención a la concepción de lo bello propiamente dicho, incidiendo en la particular naturaleza de ese contenido, y en la gran complejidad de aspectos que forman parte de él. Se incluye una reflexión sobre el alcance que la teoría ha tenido históricamente en la comprensión de los fenómenos sociales, y consecuentemente en el arte. Y se abordan más en profundidad numerosos aspectos que rodean la existencia del fenómeno artístico, en estrecha relación con los elementos naturales y ambientales que son causa y modeladores del mismo. Asimismo el factor individual, es decir todo el proceso desencadenante del impulso creativo, es considerado en la creencia en su absoluta relevancia; evidentemente la contribución de los autores directos de la obra de arte ha sido decisiva, por más que históricamente haya tenido una notoriedad variable. Las manifestaciones artísticas han sido y son tremendamente diversas, y ello no puede dejar de ser contemplado más que a la luz de la aportación fundamental que han tenido los factores ambientales (entendidos en un sentido absolutamente amplio: cultural, económico, técnico, histórico, etc.), por ello dedicamos una especial atención a poner de manifiesto la relación entre el arte y los factores que históricamente lo han hecho posible.

Finalmente, se aborda en la última parte el análisis de los procesos, con particular atención a la influencia y reacción, al cambio y a la permanencia de los rasgos estéticos. Este es uno de los puntos cruciales de la presente obra, y en ella se analiza la delicada línea que divide los estados y momentos en que el arte pasa de un movimiento a otro, en que después de un estilo se produce otro, viendo cómo las manifestaciones artísticas varían o se mantienen inmutables en los diferentes tiempos y ubicaciones. Aquí reside sin duda el *quid* de la cuestión, se trata de encontrar o al menos aproximar una opinión fiable a la variación o no de los procesos artísticos, y al mismo tiempo (teniendo en cuenta, desde luego, su especial naturaleza) tratar de extraer conclusiones válidas para el conjunto de la teoría social, tanto desde la creencia en una posible identidad general, como si se admite su diversidad.

Si al afrontar el problema del cambio artístico se ha podido aportar algo a la comprensión de la naturaleza del arte, aunque no es esa la intención principal de esta obra, sería magnífico. De todos modos, al margen de esa posible utilidad, el análisis de lo que ocurre en el ámbito artístico es ya de por sí una pretensión suficientemente estimulante para justificar todo ese esfuerzo, dado el alcance y participación del componente artístico en la sociedad. En consecuencia, queremos llamar la atención sobre el carácter marcadamente instrumental del presente estudio, encaminado principalmente a esclarecer el alcance de lo social, y en concreto de las transformaciones y cambios o dinámica de la sociedad, de modo que el fin sociológico prevalece sobre el artístico, aunque éste no se desdeña, en lo que pueda tener de aportación relevante y singular para el mundo de la estética.

El aspecto metodológico es una de las preocupaciones principales que subyacen nuestro trabajo, y en ese sentido es abordado con la pretensión de explorar y mostrar la orientación que deberían tener

El arte, inmutable. José Antonio Martínez

los estudios sociales, ampliando su enfoque en un sentido multidisciplinar e incidiendo más en el análisis y estudio de sus elementos permanentes.

Las valoraciones artísticas, y las opiniones sobre el fenómeno del arte y su proceso vertidas en esta obra, no pretenden en absoluto tener un carácter definitivo ni siquiera cierto, sino que son simplemente una muestra de los múltiples acercamientos de que es susceptible este fenómeno, aunque nosotros nos inclinemos evidentemente por la metodología aquí empleada, y que en nuestra opinión nos ha llevado a destacar, creemos que con algún fundamento, su aspecto permanente sobre el cambiante.

J.A.M. - 2015

10

I. EL ARTE APARENTE

¿Es el arte un material utilizable teóricamente? Para ello ha de tener un componente que trascienda lo singular, el mero dato concreto. Nosotros creemos, desde luego, en la generalidad, en un sustrato bajo el cambiante fenómeno artístico, bajo lo histórico, que nos permite hablar de "arte", de algo que va más allá de la obra artística única. A esta finalidad dedicaremos el presente apartado, tratando de profundizar en los aspectos que justifican esa utilidad y teniendo siempre en cuenta que pretender explicar el arte es un atrevimiento que nunca puede ser culminado completamente con el éxito, puesto que es un dominio que huye del raciocinio.

Además de la singularidad de cada obra, cada una forma parte de un conjunto, de un todo estético, en que se ha convertido el arte a través de su historia. Tenemos una serie de elementos que constituyen una conjunción integrada y a la vez abierta, en la que se van incorporando las diferentes aportaciones estéticas que surgen, y desde este punto de vista cabe hablar de generalidad. En cuanto conjunto, el arte presenta unos rasgos que lo hacen absolutamente relevante y a la vez enormemente instructivo para el análisis social. Y es esta doble vertiente de las obras artísticas concretas (como manifestación, cada una de ellas, de un procedimiento universal de expresión, y a la vez como parte de ese conjunto integrado que el arte es) la que les otorga un gran valor para el estudio social, más allá de su importancia particular como manifestaciones individuales y únicas de la belleza o de lo artístico.

Dentro del amplio campo del arte, hemos optado por acotarlo, centrando el análisis en las artes plásticas, en la convicción de que algo similar puede ser predicado de todas las demás, tales como la literatura, la música, etc. A su vez, dentro de lo que se consideran las artes plásticas clásicas (arquitectura, escultura y pintura), nos hemos decantado en este capítulo por la pintura a la hora de valorar la idoneidad del arte para ese análisis social, por su generalización en las diferentes culturas y por la abundancia de sus muestras. Es preciso ver si en todos los movimientos y estilos hay algo general, que pueda estudiarse y compararse más allá de lo particular.

Cabe enmarcar los cambios experimentados por las distintas corrientes pictóricas en dos grandes tendencias, una hacia la obtención de una mayor perfección en la técnica y en el dominio del *ars*, y otra en que se persigue más propiamente un cambio por el cambio, buscando directamente la sorpresa y la impresión del observador.

Es una constante la influencia que el pasado ha tenido en la pintura posterior; no solo el Renacimiento ha bebido fructíferamente de ese pasado, sino que en otras muchas ocasiones ha tenido lugar ese fenómeno, así el esquematismo africano ha dejado una innegable huella en la obra de Picasso, los objetos precolombinos en Frida Kahlo, Goya en el mismo Picasso, Dalí, Munch, Bacon, etc.

Con la intención de obtener alguna primera enseñanza de la simple exposición de las diferentes muestras de la pintura y de la sucesión de estilos y movimientos artísticos, tratamos en este capítulo una serie de supuestos que agrupamos del personal y peculiar modo siguiente.

1. En los orígenes ya era el arte

Las pinturas rupestres. La propia existencia de las   pinturas rupestres es muy relevante por las conjeturas que nos permite efectuar en torno a la naturaleza de la pintura misma como actividad humana, o sobre muchos de los tópicos que la envuelven. En un universo lleno de dificultades materiales, en que la supervivencia estaba en juego cada día, el hombre era capaz de dedicar su tiempo a una actividad tan aparentemente lúdica como ésta, ¿cómo puede ser eso, o es que realmente no era tan lúdica, y más bien se trataba de una necesidad vital impuesta por unas creencias que le impulsaban a pintar con una finalidad favorecedora de la caza, es decir que pintaba por necesidad y no por placer? En ellas todo es maravillosamente sorprendente, tienen el tremendo valor de ser las primeras en todo, es decir en la misma actividad pictórica, y por tanto en los temas elegidos, en la técnica empleada, en la pericia de los autores, en los soportes y en los materiales usados.

La ubicación misma de los hallazgos de pinturas rupestres en el mundo es un dato fundamental para el estudio de las civilizaciones y nos lleva a plantear el origen del fenómeno de la pintura. La existencia de pinturas de este tipo en muchos puntos del planeta nos lleva a pensar que realmente es una actividad universal, tanto espacial como temporalmente considerada. Hay pinturas rupestres, entre otros lugares, en Europa (región franco-cántabra,   región levantina en España y Francia, fiordo de Alta en Noruega, Valcamonica en el norte de Italia, el valle de Çoa en Portugal), pero también en América (Cueva de las Manos en el Río Pinturas en Argentina, La sierra de San Francisco en la Baja California en Méjico, y la Sierra de Capivara en Brasil), en Africa (El Tassili Najer en el desierto del Sahara, y Drakensberg Park en Sudáfrica), en Australia (Parque nacional Kakadu) y en la Isla de Pascua,   y en

Asia (región de Huashan, en el sureste de China, o en la región de Bhimbetka en la India).

Con la perspectiva actual no puede por menos de agigantarse la valía de aquellas antiquísimas obras, y puestos en la tesitura de compararlas con todas las que han venido después, su significación es ciertamente extraordinaria. Por las condiciones en que tuvieron que pintar los autores rupestres y por el mérito indudable de sus obras, es ya un tópico el derroche de adjetivos que se les suele atribuir, poniéndolas al nivel de las mejores de todos los tiempos, pero esa comparación en absoluto resulta exagerada, sino que se atribuye con todo merecimiento por las circunstancias en que tuvieron que ejecutarse (al aire libre, con todas las inclemencias del tiempo, o en grutas con la limitada iluminación que en aquellos lejanos tiempos era posible, y sin ninguno de los recursos técnicos que vendrían posteriormente), y aún así los resultados son absolutamente notables, rivalizando sin la menor dificultad con las mejores obras posteriores, en todas las facetas: duración, perfección en la reproducción de detalles, fuerza expresiva o conservación.

Los primitivos pintores utilizaban unos rudimentarios procedimientos técnicos, aunque se han revelado extraordinarios en cuanto a los materiales, capaces de mantener su presencia hasta nuestros días, reflejando sus pigmentos (el más empleado era de color rojo, una mezcla de óxido de hierro y cinabrio) un singular dominio químico, absolutamente notable. Las pinturas de Altamira o de Lascaux sobrecogen no solo por su datación histórica (entre 20.000 y 13.000 años a. C.), sino por su detalle, por la perfección de los rasgos, por su tamaño, permanencia, y por el valor que atesoran. Entre las muchas suposiciones que giran en torno a ellas, cabe citar la de su autoría, en particular se suele creer que podían ser obra de chamanes o brujos, lo cierto es que en muchos casos alcanzaron un nivel extraordinario de pericia técnica, no solo en el uso de materiales, sino en el de los mismos resultados, y no es descabellado preguntarse qué ocurriría si muchos de los llamados genios posteriores de la pintura tuvieran que trabajar en aquellos lejanos tiempos y condiciones.

Como ha sucedido en todas las épocas, también aquí hay notables diferencias de virtuosismo y calidad artística entre obras, de modo señalado es notable el arte de la zona cántabro-francesa, con un extraordinario naturalismo y complejidad técnica, frente a la mayor simplicidad del arte esquemático, que abunda en otras localizaciones del arte rupestre; sin duda agrupaciones de un mayor desarrollo cultural generan un tipo de arte más complejo y acabado.

Las pinturas rupestres tratan de reflejar las circunstancias de la vida de los moradores de las cavernas y abrigos y su relación con el entorno. Parece ser que más que una intención estética, tenían un propósito mágico, favorecedor de la caza, representando animales objeto de la misma, aunque en otras ocasiones muestran animales ajenos a esa actividad, y la figura humana es tratada más esporádicamente.

Las cuestiones que nos plantean son numerosas y de gran importancia: ¿Es una pintura permanente o ha variado con el tiempo? ¿Había influencia entre ellas? ¿Fue una actividad esporádica o era continuada? La respuesta es muy difícil e incluso la datación misma es problemática, ya que el recurso más fiable, el del carbono 14, no lo es completamente porque el tiempo transcurrido y la acumulación de materiales orgánicos desvirtúan enormemente sus resultados. No obstante, salvados los grandes márgenes de error, esa datación resulta clave para determinar hechos como el del poblamiento de un territorio, por ejemplo el del continente americano, que hasta hace poco se creía reciente, pero el descubrimiento de pinturas rupestres como las de la Cueva de las Manos en Argentina, o Peña Furada en

El arte, inmutable. José Antonio Martínez

Brasil han permitido poner en cuestión el denominado *Consenso de Clovis,* y abogar por un poblamiento anterior al que esta teoría proponía.

Su significado en la historia del arte es en realidad lo que más nos interesa. Podemos decir que *es un tipo de actividad que ya es arte,* que ya lo tiene todo, es la primera manifestación de la belleza, con absoluta calidad, nos permite colegir que en el arte siempre ha habido esfuerzo, dificultad, valoración e influencia entre zonas. Abarca un enorme periodo histórico (20.000 – 8.000 a.C.), y durante esos 12.000 años se han mantenido unos similares procedimientos artísticos, que nos dicen mucho sobre la estrecha relación entre la naturaleza humana y el arte. Evidentemente un dato fundamental es, desde luego, el de la antigüedad, ya que si una obra similar fuese de época reciente no tendría parecido valor.

Respecto a la influencia en este ámbito, hay que tener en cuenta que las pinturas rupestres se descubrieron a mitad del siglo XIX. Hasta esas fechas se venía creyendo en una línea evolutiva del arte, y por tanto no cuadraba con lo que se pensaba mayoritariamente que era la historia del arte, y en esa opinión no encajaba en absoluto el extraordinario naturalismo de Altamira o de Lascaux. De hecho, cuando Marcelino Sanz de Sautuola descubrió en 1879 las primeras pinturas en Altamira, éstas no fueron admitidas como prehistóricas por sobrepasar lo que se creía la capacidad técnica y mental de los hombres primitivos. Pero tras el descubrimiento de otras cuevas en el Norte de España y el Sur de Francia, pasaron a ser reconocidas completamente, especialmente después de la publicación del artículo del principal detractor de Marcelino Sanz, el francés E. Cartailhac, titulado *"La gruta de Altamira. Mea culpa de un escéptico".* Entonces se produjo una variación en esa opinión y se incorporó una nueva visión estética que incluía aportaciones ajenas a la tradición y a los cánones clásicos griegos, dando acogida a estéticas como la que se derivaba del arte primitivo. Así fue como el arte rupestre llegó a influir de modo notable en la obra de extraordinarios pintores de la talla de Gauguin, Picasso, Klee o Miró, que protagonizaron una tendencia, una vuelta a lo primitivo, con sus diferentes, novedosas y valiosas aportaciones   personales. Entre las pinturas rupestres es posible encontrar similitudes, así las relativas a las representaciones de la figura humana (entre las llamadas pinturas esquemáticas se constata un evidente parecido, al igual que las que reflejan las manos de sus autores, a la manera de primitivas firmas,   en Argentina, Colombia o Méjico). Y no siempre esa similitud es consecuencia de la vecindad, ya que también se ha dado en zonas incomunicadas, como la que se puede observar entre partes de Sudamérica y Europa.

Así pues, para nuestra investigación las pinturas rupestres tienen un valor especial por ser las primeras, por su duración, por su evidente calidad, y por las preguntas y respuestas que nos sugieren sobre la cultura, el arte, la naturaleza humana y los procesos de cambio o permanencia de la actividad humana. Pese a ser la inicial manifestación artística de la humanidad, completan con gran nota el expediente necesario para participar en el universo artístico, a la vez que nos permiten sostener que no van a la zaga de otras expresiones artísticas posteriores, salvadas las lógicas circunstancias de cada momento, y nos plantean de lleno la legitimidad de la cuestión sobre el cambio artístico, al que es preciso acercarse con precaución, teniendo en cuenta que las meras diferencias externas no siempre reflejan un cambio importante en lo profundo, aspecto fundamental cuando se trata de analizar lo humano.

***

Arte americano y africano. En el vasto territorio americano que fue

17

objeto de la conquista española tuvieron lugar desde el principio de su existencia extraordinarias manifestaciones artísticas, cada vez más valoradas, que dan muestra del talento de estos pueblos para el arte, sobre todo teniendo en cuenta sus carencias técnicas y culturales: los incas no conocían ni la rueda ni la escritura, y hacían un uso muy limitado de los metales, lo que no obstante no les impidió realizar las complejas obras de Machu Pichu, o a los mayas construir sus magníficas pirámides.

Dado su aislamiento físico, tiene más mérito si cabe el arte precolombino y el precolonial (es decir, el de otros territorios americanos no afectados por la conquista española). Ello enlaza directamente con lo que los antropólogos conocen como supuesto de *segunda Tierra* (es decir, aquellos fenómenos sociales que se producen en zonas apartadas, ajenas a toda influencia externa), lo que sirve como contraste para poder determinar hasta qué punto el arte es universal, y en qué medida sus características son más o menos comunes y observables también en otros lugares del mundo. Nos permite llegar a interesantes conclusiones sobre sus notables logros creativos. Son dos zonas fundamentalmente las que catalizan el arte precolombino, Mesoamérica y la región de los Andes. Es un tipo de arte aislado, estático, primitivo, pero también indudablemente bello a pesar de su aparente tosquedad. Se trata de un arte arquitrabado, igual que lo era el egipcio, con el que presenta muchas similitudes, como las formidables pirámides, el culto a los difuntos, los templos, e incluso en la pintura misma, como la que es posible encontrar entre los murales de Bonampak en Chiapas (Méjico) y las egipcias.

En el caso africano, de nuevo nos topamos con un tipo de manifestaciones culturales que no pretenden lograr principalmente objetos ni resultados bellos, sino algo más bien instrumental que sirve a una finalidad mágica, religiosa, como ya había ocurrido de

18

modo señalado con el arte prehistórico.

El arte africano suele utilizar elementos perecederos, y de ahí que, dada su perentoriedad, sean escasas las muestras superiores a cien años que nos han llegado. El material más empleado por los africanos es la madera, aunque también se conservan esculturas a la cera perdida, así en Benín (actual Nigeria) hay abundantes restos de esculturas de bronce elaboradas con esta técnica.

Es de señalar la influencia que este tipo de manifestaciones culturales han tenido en el arte occidental, sobre todo en las llamadas vanguardias del siglo XX, que valoraron fundamentalmente la abstracción, siendo notable su huella en el cubismo, especialmente en la obra de Picasso, o incluso en el llamado *arte povera*, en el que tienen cabida todo tipo de elementos de uso cotidiano, e incluso material orgánico. Así pues, es un arte efímero, pero que no excluye en determinados casos la duración y la persistencia, conservándose muestras de un arte original, y en definitiva bello.

2. Arte *sin cambio*: Egipto

MESOPOTAMIA. Sin embargo, antes de acercarnos al fascinante arte del antiguo Egipto, es preciso referirse, aunque sea con absoluta brevedad, al mesopotámico. En la zona del valle de los ríos Éufrates y Tigris, y su entorno, floreció una extraordinaria civilización que constituye de hecho el origen de la occidental. Ciudades como Ur, Susa, Uruk, Assur, Nínive, Babilonia y otras, fueron los centros neurálgicos de pueblos como los sumerios, acadios, asirios, caldeos, babilonios, etc., donde tuvo lugar el alumbramiento de fenómenos tan relevantes para la historia de la humanidad como la escritura, la vida en ciudades, el derecho, etc. Del mismo modo ello tuvo una directa repercusión en el mundo del arte, dejándonos muestras de incalculable valor, muchas de ellas dañadas por el paso del tiempo, por acontecimientos bélicos posteriores, aunque otras muchas se han conservado debido a la labor museística en lugares tan lejanos como Londres, París o Berlín, entre otros. Su majestuosa belleza se agiganta al saberse tan remotas en el tiempo, pero su mera contemplación no puede por menos de dejar un sobrecogedor efecto a poco que se valore la estética. En nada son menores a las de Egipto o de otras culturas circundantes, y su tratamiento tan pasajero aquí obedece sin duda al carácter de esta obra, excusa para abordar únicamente el problema del cambio artístico, y desde luego alejada de la pretensión de un estudio completo del mundo del arte. Sin embargo, pese a todo ello, no es posible pasar por alto su enorme grandeza, su maravilloso efecto estético, o el poder disuasorio que el tamaño de sus palacios y fortificaciones tenía en sus adversarios.

En cuanto al cambio artístico, ha de ser ponderado a la luz de la significación que ese concepto tenía en aquellos tiempos, tan alejados de lo que actualmente entendemos por tal. Debe ser reseñado por su singularidad el hecho de su escritura cuneiforme, en la que está hecho el primer código de leyes que se conserva, el de Hammurabi, hace casi 4000 años, y a su vez ha de tenerse en cuenta la influencia que ejerció en los modos artísticos en otros pueblos vecinos, especialmente en el egipcio, lo que resulta evidente con su mera contemplación, o en el persa, en ciudades como Persépolis. Es un tipo de arte magnífico, extraordinario, espectacular, y con el arte egipcio comparte el canon de perfil, el hieratismo, los zigurats (en cuanto antecedente de las pirámides), si bien no se conservan tantos restos ni en tan buen estado.

$$***$$

El arte del antiguo Egipto es tenido por uno de los casos de mayor

20

estabilidad en cuanto al seguimiento de un mismo canon estético, que se ha prolongado más de 3000 años. Como principales obras podemos señalar las Pirámides y la Esfinge de Guiza, la Pirámide escalonada de Saqqara, las necrópolis del Valle de los Reyes y del Valle de las Reinas, los templos de Karnak, Luxor y Abbu Sinbel, la ciudad de Deir el-Medina, y las numerosas tumbas, entre las que cabe destacar por ser hallada intacta, la de Tutankamon, y objetos como la piedra de Rosetta, por su significación histórica en el descifrado de la escritura jeroglífica.

La pintura egipcia era un tipo de manifestación artística que no pretendía satisfacer los gustos estéticos del observador mundano, sino agradar al espectador divino, a los dioses y al difunto, de ahí que se colocasen fuera del alcance de la contemplación de los ciudadanos. Era de tipo sagrado, buscaba servir unas creencias religiosas determinadas. La decoración de vasijas, tumbas, pirámides, templos, palacios y objetos funerarios fue enorme, y sorprende su calidad y su capacidad para combinar colores y lograr tan vistosos resultados.

***

El canon estético constante. Se puede decir que las reglas pictóricas se han mantenido prácticamente inalteradas en cuanto a su temática y a su técnica durante todo el tiempo. Generalmente representaban a las figuras humanas con un tamaño diferente en función de su importancia (criterio de la jerarquía), las más grandes eran las de mayor relevancia, ya fuesen dioses o personajes célebres. El torso y el ojo aparecían de frente y el resto del cuerpo de perfil, y los animales eran dotados de una mayor minuciosidad que los humanos. El hombre era representado de un color más oscuro que la mujer. Los artistas egipcios no buscaban la belleza, ni el modo naturalista de reflejar la realidad, sino sobre todo equilibrio, orden, de hecho eran

21

absolutamente instruidos en los modos artísticos desde bien pequeños, y cuando aprendían esas técnicas ya podían ejercer como tales y dejaban de recibir instrucción. Como se ha dicho, su finalidad principal era adornar tumbas y objetos funerarios, era fundamentalmente un arte dirigido a mantener vivos a los difuntos, y era una manifestación que no pretendía resultar bella, ni ser contemplada por los vivos, sino por los dioses y por los difuntos, de ahí que se colocase dentro de las tumbas, ya en el interior de *mastabas* o pirámides o, posteriormente, en sepulturas excavadas en la roca.

Los egipcios preparaban a sus muertos para la eternidad, de ahí los esfuerzos y conocimientos que alcanzaron en el arte del embalsamamiento y en la conservación de momias y cadáveres. Desde un punto de vista técnico, se trata de un tipo de arte sumamente equilibrado, no hace uso de la perspectiva, ni pretende reflejar la realidad tal cual se percibe, sino que se preocupaba sobre todo del detalle. No aparecen las figuras representadas con sus defectos, sino con rasgos perfectos y la figura humana siempre recoge individuos jóvenes y en plenas facultades. La pintura sigue unas proporciones perfectamente determinadas y unos esquemas previamente trazados, generalmente se solía utilizar una cuadrícula para facilitar la perfección y la aplicación de las normas representativas, usualmente se dividía el cuerpo humano en 18 partes. Los paisajes, estanques y ríos se plasmaban como vistos desde arriba, para poder ofrecer una imagen de toda su riqueza y de todos sus detalles.

En cuanto a la influencia entre estilos y tipos de arte, las características geográficas y el estado de las comunicaciones eran circunstancias a tener en cuenta, ya que en muchos casos el aislamiento dificultaba la relación entre artesanos y artistas de diferentes culturas, y por tanto era muy limitada la posibilidad de contrastar y efectuar cambios en las técnicas y procedimientos pictóricos.

Es cierto que ha habido influencias, aunque limitadas al hecho de compartir con otras culturas el canon de perfil (si bien con unas características propias), o el canon de la jerarquía, o el hieratismo, o la incorporación del cristal azul, como consecuencia del contacto con Mesopotamia. Pero en general la pintura egipcia tiene unos rasgos muy peculiares, que la distinguen perfectamente de las demás, en una correlación absoluta con toda su particular cultura, al hilo de lo que constituye su propio y genuino sistema religioso, político, económico y social, que ha perdurado casi inalterado durante más de tres mil años, manteniéndose impermeable en lo fundamental a elementos externos.

Fuera del canon propio egipcio cabe citar (además de la pintura que se desarrolló en la época de la revolución de Amarna) los retratos de El Fayum, o retratos de las momias, que se produjeron después de la ocupación romana, y que se datan entre el siglo I a. C al I d.C. son naturalistas y siguen la tradición griega más que la egipcia, influyendo en el arte paleocristiano, romano y bizantino. En el breve periodo *amarniense,* como veremos más adelante, se produjo una gran ruptura con los cánones tradicionales de la pintura tradicional, especialmente el retrato.

El canon de perfil, aunque pocas, ha tenido sus excepciones. La pintura egipcia no tenía perspectiva; los colores eran planos y mantenían un tono uniforme, sin gradación. En cuanto a la jerarquía, es preciso señalar que al principio solo se pintaban dioses y faraones, después también comenzaron a ser reflejados personajes nobles, y a mayor tamaño de las figuras correspondía una mayor importancia.

El arte, inmutable. José Antonio Martínez

Un elemento fundamental que debe ser tenido en cuenta al abordar el arte egipcio es el de su permanencia, desde luego se trata de un caso singular ya que las 30 dinastías abarcan un inusual periodo de más de tres milenios, en un ámbito cerrado por la propia configuración de esa civilización y por las connotaciones tan genuinas de la misma, absolutamente pivotantes en torno al eje central del Nilo. El hecho de la permanencia es clave, puesto que los patrones estéticos se mantienen todo ese tiempo, más allá de concretas variaciones (derivadas más de muy concretas circunstancias políticas o económicas que del propio modelo pictórico, quizás la más relevante nota sea la introducción de la doble corona en la representación que se hacía de los dos reinos tras su unificación). Por tanto, esa estabilidad contrasta claramente con otros momentos posteriores en que la cadencia del cambio estético es mucho mayor, y los gustos varían con una frecuencia infinitamente superior, haciendo pertinente la pregunta de si en el arte egipcio cabe hablar de cambio, o si esa es una cuestión que ni siquiera se plantea.

Únicamente puede destacarse con propiedad un cambio revolucionario en la permanente estética egipcia, y ese es el que tuvo lugar en la XVIIIª dinastía, en que Amenotek IV, esposo de la reina Nefertiti y padre de Tutankamon, inició un periodo tremendamente transgresor, rechazando la mayor parte de los dioses egipcios tradicionales e implantando unas novedosas formas artísticas. Otro momento reseñable en este sentido es el surgido tras los enfrentamientos entre Egipto y Mesopotamia, debido al hecho de que algunos artesanos mesopotámicos fueron trasladados como prisioneros de guerra, o simplemente al contacto que se produjo entre artesanos de ambos países, lo cierto es que tuvo lugar un hecho de trascendental importancia para el arte egipcio, la introducción del cristal y su tratamiento por parte de artesanos y artistas.

El arte, inmutable. José Antonio Martínez

El hecho de que muchas de las representaciones fuesen en roca, y estuviesen protegidas por la arena del desierto ha resultado un factor clave para contribuir a perpetuar y a conservar prácticamente intacto el arte egipcio, a diferencia de los restos arqueológicos de otros muchos pueblos de la antigüedad que no han resistido el paso del tiempo tan bien. Así pues, nos encontramos con un tipo de manifestación artística que se ha mantenido prácticamente inalterado durante cinco mil años, y que se ha localizado en un idéntico marco geográfico todo ese tiempo.

Otro de los cambios más significativos ha sido el que llevó a los egipcios a trasladar sus yacimientos funerarios de las primitivas *mastabas* y pirámides a las tumbas excavadas en la piedra, dando lugar a las necrópolis del Valle de los Reyes y del Valle de las Reinas, circunstancia que se produjo como consecuencia del continuo robo y saqueo de las tumbas situadas en las pirámides. Se trataba así de poner trabas a esa delictiva actividad, aunque el expolio continuó, siendo pocas las que pudieron escapar a ese hecho; por ello el hallazgo de la tumba intacta de Tutankamon se festejó como algo absolutamente inusual, constituyendo uno de los acontecimientos más celebrados de la historia, y en particular de la historia del arte. En este sentido es preciso señalar que el egipcio era sobre todo un arte al servicio de unas creencias religiosas absolutamente firmes, basadas en la supervivencia más allá de la muerte, y por tanto todo giraba en torno a la preparación y conservación de los cuerpos para que se mantuviesen *vivos* después de ese momento.

***

Su duración, arte permanentemente vivo. Queremos advertir sobre el alcance de este tipo de manifestación, en línea con el que puede predicarse también de otros pueblos, y es el hecho destacado que la

25

cultura egipcia en absoluto puede ser referida únicamente al periodo que concluye con la reina Cleopatra, sino que continúa completamente viva y actual entre nosotros, hasta el punto que resulta uno de los principales componente artísticos de la cultura mundial. Si bien es cierto que la producción artística en sí misma ha finalizado con el periodo antiguo, no por ello el arte egipcio ha acabado su importancia en ese momento, sino que la misma se ha agrandado enormemente desde entonces, y hoy podemos decir con propiedad que tiene una relevancia muy superior a la que tenía en aquel periodo.

En todo el mundo la *egiptología* es una actividad cultural de primerísimo orden en los distintos centros educativos y culturales, y por sus especiales características ha originado lo que se conoce por *egiptomanía*, dada la intensidad y la pasión con que se vive. Es tal la cantidad de expertos, especialistas, estudiosos y recursos de todo tipo que se destinan a ello que bien puede sostenerse que quizás el esfuerzo no es menor que el que en su momento dedicó el mismo pueblo egipcio para producir tales obras. Tampoco la valoración, el aprecio y la estima que en todo el mundo se atribuye a lo egipcio es menor que el de sus coetáneos. Por tanto, el arte egipcio no podemos decir que concluyó con la muerte de su última y célebre reina, sino que permanece entre nosotros totalmente presente en su interpretación, contemplación y valoración.

La significación de la civilización egipcia, y por consiguiente de su arte, ha sido y es enorme, aunque lo es desde época relativamente reciente. Momentos trascendentales en ese sentido han sido el descifrado de la escritura jeroglífica por Jean François Champolion, en 1822 (como consecuencia del descubrimiento de la piedra de Rosetta) y el hallazgo de la tumba de Tutankamon, por Howard Carter en 1922. No obstante, el interés por los vestigios de esta fabulosa civilización no se agotan con estos dos fundamentales acontecimientos, sino que persiste una inacabada y febril búsqueda de restos arqueológicos.

Junto con ellos, una larguísima nómina de egiptólogos debe ser encabezada por Ippolito Rosellini, coetáneo de Champolion, amigo, colaborador y seguidor suyo, también prematuramente muerto, y que dejó un extraordinario legado fruto de la expedición franco-toscana a Egipto de 1828-29, auspiciada por el gran duque de la Toscana, Leopoldo II y el rey francés, Francisco X, que emprendió en compañía de Champolion, y que culminó con la publicación por parte de aquél de *Monumenti dell'Egitto e della Nubia*, dicha expedición dio lugar al núcleo que compone la colección egipcia del museo arqueológico de Florencia. En época anterior, otra célebre expedición fue la promovida por Napoleón, que tras una primera intención militar de poner freno a la expansión británica en esa zona, pretendía conocer y apropiarse de los misteriosos secretos de esa civilización, en efecto Napoleón se hizo acompañar de un nutrido séquito de investigadores y acometió una extraordinaria labor, que culminaría con el hallazgo de la piedra de Rosetta y con la publicación de la colosal obra de *misterios de Egipto* por parte del autor francés Devon. Otros grandes egiptólogos han sido Mariette, Petrie, Schiaparelli (el descubridor), Benzoni (conocido como el expoliador), etc.

A raíz de ello se ha incrementado sin duda un interés que ha arrastrado con un extraordinario magnetismo a científicos y estudiosos de todo el mundo. Los restos que continuamente han ido apareciendo, y aún continúan siendo descubiertos, hacen que esa atención no decaiga, y que mantenga un seguimiento que fue iniciado sobre todo por británicos y franceses, pero también por italianos, alemanes y americanos. Numerosos museos albergan fuera de Egipto buena parte de los restos egipcios, y ello es objeto de una amarga polémica con las autoridades egipcias, que reclaman sin desmayo lo que creen que les pertenece al British Museum, al Louvre, y en general a todos los recintos expositivos que albergan actualmente una gran cantidad de sus tesoros, como Berlín, Turín, Nueva York, etc.

Hasta tal punto ello es así, que la egiptología es una disciplina actualmente vigente en las facultades donde se imparten disciplinas humanas y tiene una sustantividad propia y una gran vitalidad, buscando aclarar los numerosos enigmas que aún perduran, y que se ven continuamente alentados por la aparición constante de gran cantidad de restos arqueológicos, que por las particulares condiciones geográficas donde se encontraban, el desierto, y por el modo en que los primitivos egipcios enterraban a sus muertos, suelen presentar un excelente estado de conservación, lo que posibilita sobremanera su rescate para la ciencia y para el deleite estético.

Ya desde el principio, lo egipcio había despertado mucho interés incluso en los que hicieron de Egipto una provincia de su imperio, los romanos, especialmente el emperador Adriano; en este sentido llama poderosamente la atención la pirámide de Cayo Cestio en Roma, que supone una perenne muestra de la atracción que los romanos sentían por esa civilización, hasta el punto de imitar sus monumentos funerarios. Además, incluso dioses egipcios como Isis fueron aceptados como tales por los romanos, siendo numerosos los Iseos o templos dedicados a esta divinidad en Italia, especialmente en el Sur. También han sido numerosos los obeliscos que comenzaron a ser trasladados fuera de Egipto, así en la propia ciudad de Roma, y en otras ciudades europeas, son varios los que aún se conservan, dando muestra de la fascinación que esa cultura ha despertado, y que se agrandó cuando dejó de ser inteligible su escritura, lo que ocurrió a partir del siglo IV d. C.

En la Edad Media y en el Renacimiento volvió a ser centro de atención la cultura egipcia, posteriormente tuvieron lugar las grandes expediciones británica y napoleónica, y desde entonces otras muchas han colocado a Egipto en el centro de la civilización occidental de nuevo. Ese interés no ha decaído con el desvelado de muchos de sus entresijos, y de hecho el conocido como "séptimo arte", el cine, ha encontrado aquí un filón muy importante, siendo numerosas las películas con esa temática. Otro tanto cabe decir de la literatura, del mundo de la moda, o de la decoración (durante el siglo XIX gozó de una gran aceptación la tendencia a incorporar elementos ornamentales de este tipo), constituyendo una sugestiva y recurrente fuente de inspiración.

Hoy podemos decir que el arte egipcio, todo el conjunto de sus manifestaciones culturales y su civilización ya no son tan enigmáticas. Aunque muchos de sus aspectos permanecen en la incógnita, no obstante el hecho de haber descifrado su escritura, el hallazgo de una gran cantidad de templos y tumbas de sus antepasados, junto con la excelente conservación de esos restos arqueológicos, nos permiten disponer de extraordinarias fuentes informativas que nos acercan completamente a su vida cotidiana, a su historia, a su religión, a sus preocupaciones y ocupaciones, y nos ayudan a comprender mucho mejor esa civilización tan sugerente y atractiva, y sin duda mucho más próxima a nosotros de lo que hasta hace poco pensábamos.

***

Autores y promotores*.* El arte egipcio, y la pintura igualmente, pueden ser considerados obra colectiva, es decir que raramente aparecía firmada y se debía al esfuerzo de grupos de artesanos. El impulso del arte en Egipto se debió sobre todo a los faraones, que eran los catalizadores del mismo y sus principales promotores; puede decirse que buena parte del trabajo del imperio iba dirigido a la labor funeraria, primero de los faraones, pero posteriormente también de todas aquellas autoridades y hombres lo suficientemente ricos como para poder procurarse una vida ultratumba. En un principio los esclavos y criados de los hombres pudientes eran sacrificados junto con sus amos, aunque posteriormente esta práctica fue considerada excesivamente cruel y se sustituyó por la de representarlos por pinturas y grabados que constituyen una muestra singular de la valía de tantos artistas anónimos, y hacen gala de una notable mejora de los procedimientos pictóricos respecto a sus precedentes.

Pese a ello, y aunque puede ser catalogado de un arte colectivo, el arte egipcio no sería tal sin la participación de las cabezas pensantes y de la extraordinaria nómina de arquitectos, pintores y escultores prominentes. Entre los arquitectos cabe citar al notabilísimo Imhotep (considerado el primero de la historia, y sin duda uno de los más grandes), pero también otros de tanto mérito como Ineni, Amenhotep o Senenmut.

Entre los pintores egipcios han tenido extraordinaria importancia Nebre, Maya y en épocas más recientes Antifilo, pintor griego de origen egipcio y coetáneo del célebre Apeles, así como los autores de los magníficos e influyentes retratos de El Fayum, del periodo helenístico.

Los promotores (mecenas) de tales actividades eran principalmente los mismos faraones, que imponían y desplegaban todo su esfuerzo para lograr la ejecución de las obras, aunque en una época posterior también los hombres poderosos encargaban tumbas y obras funerarias. La acción artística era enorme, el esfuerzo era descomunal, llegando a ser necesarias ciudades enteramente dedicadas a ello, cual es el caso de la ciudad obrera de Deir el-Medina, descubierta cerca del Valle de las Reinas, y que tenía como

30

misión la producción de elementos de todo tipo, destinados a la elaboración de obras artísticas. Casos destacados de mecenazgo han sido Ramsés II, Akenaton, Keops, Kefren, Micerinos, el promotor de Saqqara, Alejandro, la reina Hatshepsut, etc.

***

La pintura egipcia y el cambio. Como se ha dicho, constituye un caso singular la historia de las representaciones artísticas del antiguo Egipto. En un conjunto de más de 3000 años ha habido un periodo de unos pocos años, en que el faraón Akenatón de la dinastía XVIII provocó una revolución en todos los órdenes de la vida de su pueblo. Ello afectó a la concepción política, religiosa y por supuesto que artística. Abolió el politeísmo tradicional, dando paso a la veneración a un único dios, el disco solar, Atón; creó una nueva capital del reino en Aketatón. Se produjo lo que se conoce como la *revolución de Amarna*, y el estricto canon artístico egipcio dejó paso a uno mucho más relajado, en que se optó por un mayor naturalismo.

Sin embargo, todo ese terremoto acabó con la propia existencia de su promotor, Akenatón, y de su esposa, la célebre Nefertiti. En tiempos de su no menos célebre hijo, Tutankamón, volvió a recobrarse la normalidad en todos los órdenes, recuperando Tebas la capitalidad del imperio, y la poderosa clase sacerdotal de Amón y de las demás deidades, el poder perdido. Al propio tiempo retornaron las normas artísticas que siempre, antes y después de ese momento, habían caracterizado el arte, y también, indudablemente, la pintura egipcia.

Así pues, es en cierta medida un tópico referirse al arte egipcio con la característica de inmutable, de permanente, dotado de una continuidad absoluta, desde sus orígenes hasta el final. Sin embargo cabe referirse a determinados hechos, ciertamente anecdóticos por el

31

conjunto que se considera, pero que tienen la importancia de romper con el carácter monolítico de ese sistema cultural tan permanente. Es preciso incidir de nuevo en ellos: por una parte la ya mencionada llegada al trono del faraón Akenaton, que osó romper una tradición milenaria y cancelar el politeísmo imperante desde siempre, sustituyéndolo por un monoteísmo, originando un cambio radical en el arte, que se encontraba absolutamente supeditado a sus creencias religiosas. Por otra parte, cuando se produjo la unificación de los dos imperios egipcios, el bajo y el alto Egipto, tuvo lugar otra variación estética: la modificación consistente en unir las coronas de los reyes en una sola, es decir en cada lugar se usaba una corona, que fue unificada tras esa unión. En lo demás también el arte egipcio fue sensible a influencias externas, especialmente se puede señalar la introducción del cristal como soporte artístico, procedente de Mesopotamia, y que tuvo lugar tras los enfrentamientos con ese imperio.

Se trata, pues, de una estética sin apenas variación, aunque sí que conocían la posibilidad de cambiar, pero no les interesaron esas alteraciones, prefirieron la estabilidad, durante más de 3000 años, es algo inaudito. Es una sociedad culturalmente muy rica, con muchos conocimientos técnicos, muy desarrollada científicamente, no es el caso de una permanencia basada en la ignorancia, sino en el gusto por esa misma permanencia.

✳✳✳

En resumen, nos encontramos ante un tipo de arte que no ha cambiado sustancialmente en todo ese vasto periodo; aunque ha habido revoluciones, ello ha sido quizás una cuestión anecdótica, en general se trata de un pueblo muy satisfecho de sí mismo. Es un arte sacro, de origen religioso, que ha contado con un apoyo decidido y total de la elite gobernante; una dimensión muy importante dentro de esa civilización la tenía la producción de objetos artísticos, aunque no fuese con esa intención. La conservación de sus obras ha sido una preocupación constante de los egipcios, pero también ha sido una constante su saqueo y sus robos, desde siempre. ¿Por qué no ha cambiado el arte? Es realmente una respuesta difícil de aventurar, aunque no puede soslayarse que ese hecho ha ido absolutamente en paralelo con la permanencia del sistema político, cultural y religioso del antiguo Egipto, igualmente de esa duración.

Ocupa un lugar muy importante en el conjunto del arte; perfectamente conservado, con un hábitat físico y cultural muy favorable a su mantenimiento y permanencia; es de los más valorados, desde sus orígenes, y fue objeto de muchas disputas. Su significación para nosotros es enorme: paradigma de la permanencia artística, contiene todas las constantes artísticas: finalidad muy precisa, cánones totalmente definidos, mecenazgo continuado, sociedad volcada y dedicada a ello, técnica muy depurada, gran perfección, artesanos y artistas de enormes conocimientos, de técnicas aún hoy enigmáticas.

Como aspectos más destacables del pueblo egipcio cabe citar: muy satisfecho de sus tradiciones, cerrado en sí mismo, y muy condicionado física y geográficamente. En general, ha aportado mucho al conjunto de la civilización mundial: fundamentalmente en el terreno artístico, aunque también por su relación con el pueblo hebreo y por su protagonismo en los textos bíblicos; pero también en la literatura, la moda o el cine, el antiguo Egipto ha tenido un papel muy principal.

Podemos concluir que es un arte permanente, sin apenas cambios, satisfecho de sí mismo. En el conjunto del arte siempre ha estado y está presente, es quizás el más *presente* y protagonista: lleva más de 5000 años en la primera línea, lo bello y bien hecho no pasa de moda, no es en absoluto un arte efímero sino un arte nacido para la eternidad y que lo ha conseguido.

Algunas de las consecuencias que esto pudiera tener para nuestro análisis se enumeran a continuación. Nos encontramos ya con una información muy contrastada, con unas fuentes muy sólidas – a diferencia de las de otras culturas - y que dan cuenta sin lugar a dudas de una permanencia artística que tiene unos contornos territoriales y geográficos estrictamente ceñidos al suelo del antiguo Egipto. La influencia hacia afuera y hacia adentro es escasa, se trata de un tipo de arte muy localizado y con mínimas variaciones. La sociedad egipcia y su comunidad de artesanos y artistas se encontraban plenamente satisfechos con su arte, y en absoluto sentían la necesidad de incorporar técnicas, temáticas o medios que no fuesen los que ellos mismos habían creado, y a los que habían dotado de una personalidad y sustantividad absolutamente propias. Tampoco habrían sentido necesidad alguna de darle una difusión externa, lo que coincide absolutamente con los caracteres de su imperio, que tenía el mismo patrón de conducta en cuanto a su existencia interior y exterior, pese a que no pueda decirse que se mantenía totalmente aislado de los pueblos vecinos, ya que fue muy frecuente y sangrienta la pugna con los habitantes del alto Nilo, los nubios, o con los judíos, los fenicios, los persas o incluso con los griegos – de hecho Alejandro los sometió e instauró la dinastía ptolemaica, con la que concluyó el periodo faraónico de Egipto, siendo Cleopatra su última reina-.

Por tanto, tenemos un tipo de arte duradero absolutamente (en toda la existencia del reino egipcio se mantuvo el mismo arte), y fue completamente permanente en todos sus aspectos. Siendo posible el cambio, la influencia, la variación, los egipcios no lo hicieron, y mantuvieron sus patrones estéticos durante tres milenios, lo que constituye un hecho absolutamente fundamental para el arte, y lo que nos permite concluir que no siempre el arte ha seguido la tendencia cambiante, ni ésta ha sido bien vista, puesto que aunque ello era posible, no obstante no era del gusto de este pueblo, probaron el cambio, pero no les agradó.

Ha sido capaz de verificar un cambio radical, después y antes de enormes periodos de estabilidad, y no ha adoptado ese procedimiento cambiante. La estabilidad en este caso es una cuestión que cabe vincular directamente con el espíritu del pueblo, ya que otros tipos de arte de la misma zona y del mismo periodo no han sido tan estables, por ejemplo el arte minoico, el micénico, el griego, etc. La estabilidad y el cambio están muy relacionados con su ámbito cultural. Podemos decir, al fin, que el cambio o en ese caso la permanencia artística ha seguido los pasos de los procesos políticos, religiosos y culturales.

3. A la búsqueda de la perfección: Grecia

La pintura griega nos ha dejado pocos vestigios, a diferencia de otras manifestaciones artísticas suyas, reduciéndose sobre todo a vasijas, las célebres pinturas negras y pinturas rojas. El periodo clásico del arte griego, particularmente desde el siglo V hasta el siglo III a. C., es tenido por el de mayor significación en toda la antigüedad, llegando algunos autores, como por ejemplo Winckelmann a considerarlo como la culminación de la perfección artística.

De excepcionales han de ser calificadas las esculturas de Policleto, Fidias, Mirón o Praxíteles, con sus estudiadas proporciones y con aportaciones tan importantes como la del *contrapposto*. Es notable la influencia que estas obras ejercieron en distintos momentos, en primer lugar en los artistas romanos (en buena medida ello es la causa de que éstos carezcan de un estilo propio), quienes hicieron infinidad de copias de ellas en mármol, llegando a ser el mejor y en muchos casos el único medio que tenemos para conocer los originales, de bronce; y en segundo lugar en el Renacimiento, siendo uno de los principales factores que hicieron despertar el arte en ese momento, extendiéndose desde aquí hasta la actualidad.

Respecto a la escultura y la arquitectura griegas, la pintura nos ha dejado menos muestras, pero sabemos que en absoluto había alcanzado menor significación. Pese a ello, no ha resultado imposible su estudio ya que Roma sintió gran admiración por Grecia, por su cultura, y en gran medida los cánones artísticos de los griegos fueron incorporados por los romanos. Además, tenemos numerosos mosaicos y frescos del período romano, sobre todo las pinturas de Pompeya y Herculano, debido al efecto conservador que la lava tuvo en la erupción del Vesubio, que destruyó esas dos ciudades el 24 de agosto del año 79 d. C.

Aunque no se conserven apenas pinturas directas del arte griego, son numerosas las referencias indirectas que nos informan de la gran calidad de las mismas. Y por medio de las pinturas de vasijas y las halladas en las ciudades ocupadas por la lava del Vesubio, podemos tener una idea de su grandeza, que no era inferior a la escultura o a la arquitectura. De todos modos, es claro el alto nivel alcanzado por la misma, que había conseguido un gran naturalismo, es decir, una reproducción fiel de los objetos representados. Entre los pintores más célebres cabe citar a Polignoto, Apolodoro, Apeles, Parrasio o Zeuxis. Fueron inventores del claroscuro, y parece que pintaron al temple, al fresco o incluso al óleo.

El arte, inmutable. José Antonio Martínez

Las noticias que hacen referencia a la grandeza de la pintura de esa época son sobre todo debidas a historiadores antiguos, quienes refieren principalmente obras y murales en los que se recogían paisajes o escenas de la vida religiosa o cortesana, batallas o contiendas militares, así como escenas de la vida cotidiana y leyendas de carácter mitológico.

Célebres son también las pinturas de vasijas conservadas, principalmente rojas sobre fondo negro. En general el periodo más importante de la pintura griega, como el del resto del arte griego es el que tiene lugar en el siglo V y parte del siglo IV a. C. La pintura, al igual que ocurrió con el resto de las artes plásticas, decayó en el denominado periodo helenístico, aunque en Italia se popularizó un modo de pintura en los siglos posteriores denominado "a la maniera greca".

Por lo que a nuestro punto de vista se refiere, el arte griego del periodo clásico debe ser especialmente destacado por cuanto viene a significar, para la civilización occidental fundamentalmente, el primer y sorprendente momento de culminación de nuestro estilo artístico, con todas sus propias connotaciones. Resulta extraordinaria por muchos motivos la enorme destreza artística de aquellos autores, capaces de desarrollar un conjunto de normas, cánones estéticos absolutamente inusuales en su época, y que a la postre se han mantenido inalterados hasta el presente. Sólo en el periodo renacentista cabe encontrar una muestra semejante de resultados, y las obras de entonces asombran a cuantos las contemplan, por su perfección y por la absoluta maestría que sus autores han plasmado en ellas.

El notabilísimo hecho de este arte nos interpela, desde la consideración que se acomete en esta obra, y supone un claro aviso

37

sobre la imposibilidad de considerar el proceso creativo como dotado de una línea evolutiva continuada a través del tiempo, y por el contrario nos lleva a la conclusión de que es más procedente hablar de momentos, ya sean culminantes (como el griego) o de menor relevancia, como sucedió a continuación de éste, con el helenístico. Sobre todo en el ámbito artístico, estas comparaciones son de difícil alegación, por cuanto el gusto es enormemente variable históricamente y la relevancia artística está muy sometida a cambios, en función del observador, del momento, de la moda y de los intereses en juego en la dinámica del fenómeno artístico. En el caso griego, nos hallamos ante cánones estéticos universales, no cambiantes, no superados. Sus autores sí que firmaban sus obras, costumbre que fue retomada en el Renacimiento.

El arte griego y la pintura en concreto es variable, y también lo es su ideología, en la que se esbozaron todos los procesos de cambio que han tenido lugar históricamente en muy diversos órdenes: tales como el filosófico, el moral, el científico, el político, y entre otros el artístico, hasta el punto de señalarse que el canon consagrado en el periodo clásico de Grecia ha permanecido hasta nuestros días, tenido como el clásico, llegando algunos a significar que desde entonces poco ha cambiado.

Podemos decir que se trata del principal inspirador del canon artístico occidental, caracterizado por el humanismo y el realismo, dotando a la representación artística de una naturalidad y de un movimiento del que carecía el arte hierático y estático precedente, particularmente el egipcio; es un factor definidor y trazador del arte, como lo ha sido en otros muchos aspectos de la cultura occidental. Está permanentemente vivo, manteniéndose como referencia de artistas y espectadores desde entonces.

El arte, inmutable. José Antonio Martínez

¿Qué hubiera pasado si no hubiera existido este tipo de arte? ¿Habría otro similar? Se trata de un ejercicio curioso de especulación. En realidad es uno de los ejes fundamentales del arte, es como un destino artístico necesario, imprescindible, y de no haber sido así podemos pensar que lo intentarían al menos los romanos, que vieron cercenada su creatividad debido al alto desarrollo de los griegos, en todos los órdenes culturales, permitiéndoles dedicarse a otras facetas organizativas y de dominio militar.

Reflexionando sobre el carácter *ex novo* de este tipo de arte (y de la cultura griega en general), creemos que ha sido el catalizador de lo que se había venido gestando desde mucho antes en su entorno geográfico, y puede verse como una manifestación de la llamada por W. Jaeger la *"paideia"*, es decir unos ideales culturales, que tendrían continuidad en la *humanitas* romana, de donde proceden los llamados estudios de humanidades. Por otra parte, hay que tener en cuenta que el arte minoico y el micénico ejercieron un importante papel en el arte griego, teniendo una notable influencia inmediata y directa en el mismo.

Queda definido el papel del arte griego en el conjunto del arte por su genialidad particular, por su maestría y perfección, y por su carácter único, aunque inspirador de otras copias históricas, una vez transcurrido el tiempo suficiente. Opera en el referente o en el imaginario histórico de artistas, creadores y espectadores del arte occidental, del que ha pasado al arte universal. El arte griego configura el conjunto artístico abierto e integrado del mundo. Por encima de lo singular y genial, está el papel global y general del arte griego, aportando algo más que una original individualidad.

4. Arte confesional: El arte como excusa

A continuación se exponen una serie de casos en que el arte tenía su razón de ser en cuanto estaba al servicio de una finalidad religiosa principalmente, era un instrumento para mostrar de un modo visual el contenido de unos postulados inmateriales, los credos de las diferentes religiones.

La pintura bizantina. La pintura bizantina ha supuesto el mantenimiento de un estatus tradicional, en cuanto valedora en un ambiente hostil de la tradición grecorromana, cristiana y de la cultura occidental en Oriente. No ha pretendido un naturalismo, sino que le ha dado más importancia a lo representado. El imperio bizantino continuó custodiando aquella tradición hasta su caída en 1453 y además incorporó la estética paleocristiana, que asimismo había asumido desde Constantino el Grande, y que alcanzaría gran notoriedad con Justiniano I y su esposa Teodora. El mosaico y las tablas representando los célebres iconos, fueron sus manifestaciones pictóricas más señaladas. Particularmente importantes han sido las obras plasmadas en Constantinopla (Santa Sofía) y en Rávena (S. Vital y S. Apolinar), y posteriormente en Venecia (Basílica de S. Marcos). No había movimiento y solo se mantenía el gesto. Cuando se quería que fuese suntuario, se le añadían elementos de valor, como oro o piedras preciosas, especialmente cuando el arte iba destinado a los reyes. El pueblo bizantino asumió, pues, tras la caída del imperio romano de Occidente la defensa de sus valores y ejerció de baluarte de Occidente frente a los ataques y el empuje de Oriente, y posteriormente del Islam.

Una cuestión muy notable en este periodo fue la del movimiento *iconoclasta*, especialmente en los siglos VIII y IX, que combatió con extraordinaria virulencia la representación gráfica de Jesús, de la

Virgen y sobre todo de los santos. En el protestantismo y en el Islam, también se ha considerado idolatría el uso de imágenes con fines religiosos, lo que desde un punto de vista artístico hace menos interesante el interior de muchos templos de estas confesiones.

A nosotros nos interesa especialmente la significación de la pintura bizantina, que constituye un caso paradigmático de preservación de una temática religiosa determinada en tierra ideológicamente enemiga, aunque desde el punto de vista técnico dejó su influencia en otro tipo de pinturas como la islámica, la románica, la gótica o la renacentista.

El arte bizantino tuvo un especial desarrollo en Rusia y en Europa oriental, dejando magníficos recuerdos de su existencia. Especialmente interesantes son las obras que se conservan en Rusia, Ucrania, etc, donde los iconos han constituido hasta época reciente un natural modo de representación pictórica. En general el icono ha despreciado el naturalismo, es decir la representación de la naturaleza tal cual, y ha pretendido conducir la atención más bien hacia lo representado, de modo que los autores que ejecutaban este tipo de obras no pretendían directamente la creación artística, sino que principalmente su función era la de evocar la presencia de los personajes sagrados objeto de sus creencias. De todos modos, sus obras son extremadamente bellas, y se han caracterizado por el empleo del oro y de los dorados, tanto en los mosaicos primitivos como en las tablas posteriores. Muchas de esas pinturas influyeron directamente en la pintura románica y en los autores italianos precursores del Renacimiento. Las pinturas bizantinas solían adaptarse a las formas de los lugares donde se realizaban, de ahí muchas veces las deformaciones de las figuras de acuerdo con su ubicación física, tal como sucedería igualmente con la pintura románica. Especialmente significativo es el papel que este tipo de pintura tuvo en Occidente, en Italia particularmente y en Oriente, dando lugar a una mixtura de estilos que han resultado muy plásticos y que han llenado páginas bellas en la historia del arte universal durante un largo periodo de tiempo, en concreto desde el siglo IV hasta el siglo XIII.

Es un arte hierático, sin movimiento, pero también puede ser muy suntuario, en el que han predominado la rica ornamentación.   El hecho de ser realizado a base de teselas, le da al mosaico un aspecto diferente según se enfoque de cerca o de lejos, ya que así es como se produce la síntesis visual, algo así como ocurrirá más adelante con el impresionismo y otros movimientos pictóricos recientes. En lo artístico se caracteriza por los pliegues, por la postura frontal, por ser muy solemne, por la paleta simple, por llevar las figuras humanas abalorios en la mano izquierda, y sobre todo por la proliferación del mosaico como principal aportación técnica, por el uso de tablas pintadas al temple o al incausto, por su escasa naturalidad, por su similitud con el arte románico, y al igual que éste ha bebido directamente del arte paleocristiano, y del grecorromano o egipcio tardío de los retratos de El Fayum. Técnicamente se trata, en suma, de un arte bastante desarrollado.

***

El arte islámico*.* El arte islámico es el que se produjo en torno a esta religión. Especiales elementos ornamentales de esta variedad artística son el mocárabe, el arabesco, los motivos geométricos, etc.   La pintura islámica se extiende por el norte de África, Asia y África, con una absoluta implantación en numerosos lugares, dando lugar a obras notables tanto en arquitectura, como en escultura o en pintura.

Se trata de un caso más de uso del arte para una finalidad religiosa. Como en otros muchos supuestos, la religión es aquí la fuente inspiradora de unos cánones de belleza trazados por los dictados doctrinales del Corán, del que se desprende la prohibición de representar la figura humana y la del profeta Mahoma. Como consecuencia de la expansión del Islam, el arte fue extendiéndose igualmente por numerosos puntos del planeta. El factor individual no es aquí especialmente relevante, en cuanto no se destacan principalmente las dotes de artistas, sino que las obras son atribuidas más bien a la labor colectiva de un grupo.

Los llamados principios islámicos han condicionado el contenido de este tipo de arte. Así el ser necesario orar dirigiéndose a la Meca, centro religioso del Islam, ha hecho que en todas las mezquitas exista un espacio habilitado especialmente para esa finalidad, el mihrab. El hecho de que lo principal sea el mensaje de Alá y que Mahoma sea su profeta, hace que haya una clara separación entre el mensaje y el autor en el terreno artístico, usándose sobre todo la escritura como elemento decorativo. Hablar una misma lengua y el uso de la caligrafía confieren al arte islámico una gran unidad. Es indudable que la religión islámica ha dado lugar a unas notas características del pueblo árabe y ello ha tenido un evidente reflejo en el arte.

La iconoclasia, común con los protestantes y con el arte bizantino como se ha señalado con anterioridad, es decir, la oposición a la representación gráfica también se da en el mundo islámico, no sólo respecto a Alá, sino también a la misma figura humana. El Corán no permite que la figura de Alá sea copiada en forma alguna, y de ahí que no nos encontremos con ese tipo de figuraciones. Como consecuencia de ello resulta que la decoración era fundamentalmente de tres tipos: geométrica, caligráfica (versículos del Corán) o de motivos vegetales. En el mundo islámico hay una gran unidad en la concepción religiosa, política y social, se da una gran unidad espacio-temporal, y en general se ha despreciado el cambio en todos los órdenes.

***

El románico. El románico como el gótico son movimientos sobradamente conocidos, por lo que haremos menor hincapié en ellos. El románico es un estilo artístico europeo, considerado el primer arte internacional, se desarrolló sobre todo en los siglos XI, XII y comienzos del XIII, principalmente en Italia, Alemania, Francia y España. Aunque ya se había iniciado anteriormente, la reforma benedictina de Cluny supuso un hito fundamental en su difusión, así como el Camino de Santiago, también otra de sus principales vías de expansión, registrándose aquí numerosas y notables muestras. Se identifica principalmente con el cristianismo, y presenta unos rasgos muy peculiares en arquitectura, escultura y pintura (arco de medio punto, bóveda de cañón, uso de pilares como apoyos, finalidad didáctica, etc.).

En pintura, los soportes empleados van desde los frescos, las miniaturas de los códices, o las tablas que se heredan del periodo bizantino. La técnica pictórica es muy plana, con escasa profundidad y el color es bastante simple. Ejemplos destacados de esta época son: en España la Basílica de San Isidoro de León, cuya decoración de pintura al fresco es denominada "la capilla sixtina del arte románico", o el pórtico de la Gloria de la catedral de Santiago; en Italia destaca principalmente el conjunto de Pisa, con la catedral, el Baptisterio y la Torre inclinada.

La pintura en el románico es fundamentalmente de tipo religioso, concebida en buena medida como un elemento instructivo de la población que carece de la suficiente formación, que no conoce apenas el latín, y que ni siquiera sabe leer, por lo que ese medio resulta idóneo para que la inmensa mayoría de los creyentes se ponga en contacto con los pasajes o los mensajes más representativos de la Biblia. Es un tipo de arte intencional, interrelacionado, tosco, pero de una gran belleza.

***

El gótico. El gótico es un amplio movimiento artístico que comienza en Europa hacia mediados del siglo XIII y se extiende hasta el siglo XVI. En arquitectura se caracteriza principalmente por el arco apuntado y la bóveda de crucería, por altos pilares, arbotantes y contrafuertes. Son edificios mucho más ligeros que los precedentes románicos, y permiten una iluminación de los espacios interiores muy superior. Las vidrieras y rosetones pasan a ser los instrumentos decorativos más importantes, y en pintura los medios empleados fundamentalmente son los frescos, las tablas y las miniaturas de los manuscritos. La pintura gótica, al igual que la arquitectura, se hizo más ligera, y comenzó a ser más realista, copiando más la naturaleza, adelantándose al Renacimiento; comenzó a experimentar con la profundidad y con una rudimentaria perspectiva. Se superó el hieratismo de la pintura románica, y las figuras iniciaron el reflejo de emociones y sentimientos. La temática se hizo más humana, acorde con la tendencia filosófica de la época, incluyendo ya paisajes y representaciones religiosas de santos, de la Virgen y de la propia figura de Jesús. Son innumerables los ejemplos del gótico en toda Europa, aunque en cada país suele tener unos rasgos peculiares. Supone una clara superación de la tosquedad románica, y un claro cambio técnico dentro de un mismo contexto cultural.

En los casos considerados en este epígrafe, es decir el bizantino, el románico y el gótico, si bien no se desdeña el efecto estético, éste se encuentra claramente al servicio de un fin, de una enseñanza, que por encima de todo es su objetivo fundamental, dar a conocer entre el pueblo un mensaje de carácter religioso principalmente. Al igual que ocurre con las grandes religiones orientales que veremos a continuación, el cristianismo y el islam constituyen, en los supuestos hasta aquí analizados, la inspiración de las manifestaciones artísticas que se encuentran subordinadas a la función docente que se persigue, aunque la belleza de estas expresiones estéticas está fuera de toda dCeuda y en absoluto ha podido permanecer oculta tras esa finalidad.

***

El arte oriental.

Aunque hay otros supuestos, nos vamos a limitar aquí a una breve referencia a los casos más representativos. Como rasgo destacable se puede indicar que frente a una estética occidental que ha girado tradicionalmente en torno a la figura del cristianismo, la oriental ha tenido como protagonista fundamental al budismo, si bien compatible con manifestaciones propias de otras religiones, y con otros gustos estéticos. Además, el cambio artístico se ha hecho sentir con más fuerza en el arte occidental que en el oriental, donde ha imperado una mayor permanencia estética.

En la filosofía oriental hay una unidad entre materia y espíritu, predominando la contemplación y comunión con la naturaleza, por vía de adhesión interior, de intuición. El arte tiene un sentido más trascendente, más inmaterial que el concepto de arte aplicado en Occidente: es cualquier manifestación del espíritu –entendido como energía vital, como esencia que insufla vida a nuestro cuerpo–, haciendo que éste se desarrolle y evolucione, consiguiendo una unidad entre cuerpo, mente y espíritu. La belleza solo puede descubrirla quien mentalmente completa lo incompleto.

El arte, inmutable. José Antonio Martínez

A causa del etnocentrismo cultural, el arte oriental, como otras civilizaciones, es sujeto a un tratamiento reducido y es abordado desde Occidente con una perspectiva menor en cuanto a su importancia y alcance. El arte oriental suele ser considerado de un modo global, incluyendo en el mismo epígrafe el arte chino, el indio y el japonés, como sus tres ejes fundamentales. Hay que decir que solo desde la distancia las cosas se ven más homogéneas, basta aproximarse para comprobar que tanto las diferencias, como la valía e importancia de este tipo de arte es enorme. Solo el desconocimiento y la lejanía justifican ese planteamiento teórico que minimiza esta expresión artística; en descarga hay que decir, no obstante, que ello es en cierta medida comprensible, puesto que tampoco debe ser exigible un esfuerzo más allá de lo razonable, ya que se estudia más en profundidad lo que está más próximo, y como consecuencia resultan agrandadas las notas y relevancia atribuidas a lo más cercano.

INDIA.- El arte y la pintura de la India es, como esta sociedad, multiétnica y multicultural, con un predominio del carácter religioso, consecuencia de las confesiones que se han instalado en su territorio: hinduismo, budismo, islamismo y cristianismo. Asimismo la integración con la naturaleza es otra de sus notas destacadas, ya que para ellos los ríos, montañas y demás elementos naturales han tenido siempre un carácter sagrado, junto con un claro predominio de la sensualidad y el erotismo.

Como etapas fundamentales del arte de la India hay que señalar la del valle del Indo (del 2500 al 1500 a. C); el periodo védico, del que quedan pocos restos, debido al uso de materiales perecederos; el arte budista, que surge tras la implantación del budismo, y que cabe agrupar a su vez en Mauria, Gandhara, Mathura, Amaravati, y sobre todo Gupta (del siglo IV al VIII d. C.), que representa el periodo clásico del arte indio. Después del arte budista, cabe citar el arte hindú, que de nuevo se vuelve a hacer sentir (VIII-XIII); el arte islámico, tras la llegada de esta religión (XIII-XVIII); el arte colonial, tras la dominación británica (XVIII-XX); y por último el arte contemporáneo, durante el siglo XX.

Debido sobre todo a la expansión del budismo, el arte indio alcanzó una notable influencia, fundamentalmente en el resto de Asia, llegando a China y a Japón, e incluso a Europa, principalmente tras las expediciones de Alejandro Magno.

En el siglo XIX tuvo lugar el hallazgo casual de las cuevas del valle de Ajanta, en la India. Se trata de un sin par conjunto de obras escultóricas y pictóricas que adornan los numerosos monasterios y templos budistas ubicados en ese recóndito lugar y que nos permiten seguir la evolución del arte hindú durante más de 800 años. Nos interesa sobre todo resaltar aquí la calidad y belleza de los frescos, que presentan grandes analogías con los del románico europeo, lo que nos permite formular atrevidas suposiciones sobre la semejanza frecuente del arte aislado e incomunicado.

Así pues, las características principales del arte hindú han sido el sincretismo y la integración con la naturaleza, de hecho muchos templos –como se ha dicho- se hallan excavados en la roca. La representación de los dioses se ha mantenido como su motivo central. El arte refleja su pluralidad religiosa, cultural y étnica, ya que ha sido objeto y resultado de diversas invasiones y culturas, que evidentemente han dejado su impronta, haciendo de la India un tremendo crisol de culturas. De carácter marcadamente religioso, sus manifestaciones incorporan todo este tipo de elementos, con la particularidad de que la naturaleza aparece fuertemente integrada en ellas.

CHINA.- También en China, el arte ha sido un claro reflejo de las religiones y del pensamiento imperante, dentro de un mismo marco cultural y filosófico. Así la poesía, la pintura y la caligrafía constituyen la esencia del taoísmo, pero al mismo tiempo cumplían una importante función social y reflejaban la jerarquización y los principios propios del confucianismo. Además con la llegada del budismo desde India, el arte incorporó su estética pero adaptándola a sus fundamentos tradicionales.

Un hecho destacado del arte chino es el uso y disposición de determinados materiales, propios o característicos de su cultura. Como más antiguos figuran el bronce, el jade y el hueso. El jade tuvo mucha relevancia por ser empleado para hacer amuletos de la suerte; es propio de este país, pero también otros pueblos como los mayas, por ejemplo, lo usaban hace más de 5000 años. La seda y la laca fueron también muy importantes en China desde muy antiguo, y de hecho constituyen el primer caso de uso con una finalidad estética, más que práctica. La arcilla fue muy utilizada, y desde el siglo VII u VIII comenzó a ser empleada la porcelana, tras el descubrimiento del caolín.

Poesía, caligrafía y pintura forman una unidad que ha pasado de forma secular por toda la historia china y que sirve para identificarla de forma completa a través del tiempo. Por otra parte, no hay diferencia en cuanto a su importancia entre estas artes y la arquitectura, la escultura, la cerámica, la seda o la porcelana.

El arte chino ha sido mucho más estable que el occidental. La escultura, generalmente en piedra, ha sido una obra colectiva, sin autor conocido, y dotada de una finalidad principalmente religiosa. La arquitectura fue considerada como una obra artesanal, de distribución de espacios, no algo creativo, de ahí la escasez de novedades técnicas.

49

Así pues, en el arte chino ha habido un gran conocimiento técnico de los materiales, destacando una gran exquisitez de las formas, una pincelada delicada, y una temática en la que sobresale la representación de las fuerzas de la naturaleza.

JAPÓN.- Japón ha sido un país que ha vivido, por su insularidad, en buena medida al margen del resto, pero ello no le ha privado de recibir la influencia de China o Corea, y su arte, principalmente de tipo religioso, representa esa conjunción entre el sintoísmo, mayoritario, y el budismo, dando lugar a un sincretismo que aún persiste. El influjo budista comenzó a experimentarse en pintura en el siglo V y VI d. C. y perduró durante mucho tiempo. En el siglo XII penetra, procedente de China, la secta zen, que cala profundamente en su cultura y que hará marginar la corriente mayoritaria budista, imperante hasta la fecha. Del siglo XVII a mitad del XIX Japón se cierra más a la influencia exterior, y se centra más en la tradición. Será sobre todo a partir de la mitad del XIX, en el periodo Meiji, cuando se produzca una gran renovación tecnológica y cultural, y entren de lleno los adelantos occidentales. En pintura conviven dos tendencias, la tradicional (que recurre a sus orígenes), y la moderna, de corte occidental, que recoge sobre todo la corriente impresionista, aunque también el arte abstracto tiene sus seguidores.

En todo caso, en el arte japonés hay una gran permanencia, no sintiéndose la necesidad del cambio como ocurre en Occidente, donde llegó a ejercer un importante influjo, acusado incluso por pintores tan difíciles de clasificar como Van Gogh. Intuición, irracionalidad, emoción y sencillez son algunos de los rasgos distintivos de su arte. Hay un predominio del dibujo plano, sin perspectiva, y con muchos huecos, donde la naturalidad y la simplicidad abundan, es en definitiva un arte trascendente, que el receptor de la obra ha de completar, dando lugar a un conjunto muy integrado. La materia es un medio para alcanzar el principio vital, y el arte busca la armonía universal y a la vez la creatividad. El arte es un modo de hallar el sentido de la vida. El valor de la obra no está en su aspecto exterior, sino en lo que se intuye, en lo que representa, de ahí que sean muchas veces inacabadas, el espectador es quien debe darle su verdadero sentido, es un medio de alcanzar la totalidad.

5. La perfección: El Renacimiento

Lo que se conoce como Renacimiento fue una época de muchas revisiones en todos los órdenes de la vida y la pintura resultó muy innovadora, porque a diferencia de la escultura o la arquitectura, carecía de referencias directas en las que poder inspirarse para proceder a su recuperación. La pintura renacentista técnicamente está por encima de la pintura precedente, en muchos aspectos ha resultado insuperable y de hecho cierra una puerta al arte, la de la perfección artística. Winckelmann era de la opinión de que la perfección artística era la representada principalmente por las esculturas del periodo clásico de Grecia, sin embargo en pintura la situación podemos decir que es diferente. Expondremos algunos hechos relevantes de lo que se entiende por Renacimiento, que suele ser considerado uno de los movimientos en que se produce un cambio radical en la pintura, vamos a ver si realmente ello es así.

Se señalan como precursoras las figuras destacadas de Giotto, Fra Angélico, Duccio o Masaccio, sus grandiosas obras representan un paso notable en la pintura de su época y una ruptura con los cánones artísticos anteriores. En el *trecento*, Giotto, discípulo aventajado del gran Cimabue, logró en los célebres frescos de la *basílica de San Francisco* de Asis y en la *capilla de los Scrovegni* (o de la Arena) de

El arte, inmutable. José Antonio Martínez

Padua una nueva forma de representar las figuras, con una apariencia casi real, en tres dimensiones, frente a la pintura plana anterior. En el *cuatrocento*, Masaccio con los frescos de *Santa María del Carmine* decoró junto con Masolino la famosa *Capilla Brancacci*, en Florencia, destacando especialmente *La expulsión de Adán y Eva del paraíso* y *El tributo*, como unas de las primeras muestras de la aplicación de la técnica de la perspectiva, desarrollada posteriormente por Brunelleschi.

La pintura renacentista supuso un cambio radical respecto a artistas anteriores, no solo por la técnica sino también por los temas, más mundanos y apartados de lo estrictamente religioso. El naturalismo y el reflejo cada vez más exacto de la realidad fueron algunos de sus objetivos, siguiendo para ello las nuevas posibilidades que se les ofrecían, particularmente la perspectiva, y siguiendo las explicaciones y reglas recogidas por autores, entre otros Alberti en *De Pictura*, continuando en cierto modo el sistema iniciado por Vitruvio en *De Architectura* en la Roma clásica, reeditado en el Renacimiento, y retomado por otro de los grandes pintores y teóricos renacentistas, Leonardo da Vinci, que contribuyó a la perspectiva aérea por medio del claroscuro y de las distintas tonalidades del color y con el *sfumato*, logrando captar como nadie la interioridad y la expresión del ser humano, y que tan bien reflejó en su conocido *Hombre de Vitruvio* y en sus escritos ciertos cánones estéticos del Renacimiento. Peter Burke ha señalado este periodo como anclado en el anterior y en el siguiente, de modo que no se trataría de un oasis en medio de un desierto creativo, sino que su frondosidad bebería directamente de una rica tradición anterior y su duración continuaría más allá del que es considerado su periodo clásico. La pintura renacentista fuera de Italia también ha tenido una gran importancia, así destacan Van Eyck, Hans Holbein, que por la persecución iconoclasta protestante tuvo que huir a Inglaterra, asimismo han sido señeras las figuras de Alberto Durero o Lucas

El arte, inmutable. José Antonio Martínez

Cranach. Característica destacada de Flandes y de los Países Bajos ha sido la especialización en el retrato y en la pintura minuciosa, detallista y la utilización del óleo.

Vasari fue plenamente consciente de la grandeza del arte de la época, y quiso plasmarlo en su obra *Vida de los mejores arquitectos, pintores y escultores italianos desde Cimabue hasta nuestros tiempos*, dando lugar al inicio propiamente dicho de la disciplina de la historia del arte. Excede el propósito de este acercamiento histórico la referencia a la totalidad de pintores de la época, hemos de limitarnos forzosamente a algunos casos sobresalientes. Aún a sabiendas de la injusticia y parcialidad de dicha elección, baste con citar nombres como los de Botticelli en el *cuatrocento* florentino, pero también hubo extraordinarios autores en la escuela sienesa, en la veneciana o en Roma, por poner algunos casos. Resulta imprescindible destacar asimismo las figuras de Miguel Ángel y de Rafael, que trabajaron sobre todo en Roma, en el Vaticano, atendiendo encargos del papa Julio II. El primero se centró principalmente en el techo de la *Capilla Sixtina*, y Rafael en las célebres *estancias*. La pintura de uno y otro son extraordinarias, pero diferentes. Miguel Ángel destaca por la fuerza que transmiten sus pinturas, mientras que Rafael lo hace no solo por sus fabulosas composiciones, sino también por la dulzura de sus figuras y por la sensibilidad y armonía que atesoran, acorde con sus rasgos vitales. Por otra parte, cómo olvidar a Leonardo, su grandiosa presencia ha marcado todo un hito en la pintura. En Venecia hubo asimismo magníficos pintores en este periodo, basta citar a Giovanni Bellini, Mantegna y Tiziano. El Renacimiento no es un fenómeno exclusivamente italiano, sino que en el resto de Europa hubo grandes artistas. Flandes y Países Bajos, Francia o España son sobresalientes ejemplos.

***

Genialidad. El tema de la *genialidad* es muy escurridizo, y lo que sucede en este periodo es particularmente significativo ya que los artistas, individualmente considerados, han tenido un papel muy destacado, a diferencia del carácter mucho más anónimo de las épocas precedentes, con las excepciones notables del mundo griego. Esta cuestión es preciso verla estrechamente relacionada con el hábitat. Contra la aceptación sin más de la teoría de la genialidad chocan, en una medida que es preciso ponderar, datos tales como el gran número de artistas a los que se atribuye esa condición, lo que puede ser explicado como una consecuencia de las circunstancias ambientales, de una alta dosis de arte, de tanta dedicación y de tanta técnica. La cantidad de supuestos obliga a veces a cuestionar la originalidad y la genialidad misma, que sin duda puede ser vista como la culminación del trabajo de otros autores precedentes, de modo que esos genios no siempre han partido de cero, sin que ello pretenda, desde luego, quitar mérito a sus grandes obras.

Los genios, los grandes artistas individuales, han existido en el Renacimiento y en Grecia. A diferencia de otras épocas, en que la obra artística es el resultado principalmente de la labor de artesanos, de autores más anónimos, y que con escasas excepciones ni siquiera han pasado a la historia - es el caso de los directores de las magníficas obras del arte egipcio o americano, o los extraordinarios templos románicos, góticos o del arte oriental y árabe -, en el Renacimiento y en la Grecia clásica los nombres propios de los autores de tan maravillosas obras han llegado hasta nosotros y constituyen ahora y en su momento un dato absolutamente destacado, por todos conocido y valorado.

Praxíteles, Policleto, Fidias o Miguel Ángel, Verrochio, Donatello o Ghiberti fueron artistas absolutamente geniales a quienes se deben maravillosas obras que llenan de admiración y orgullo la historia del arte. Sin embargo, hay que tener en cuenta un dato, que sin restar un ápice a la importancia y significación de esos genios, ha de ser tenido en cuenta, se trata de la circunstancia de la concurrencia, del carácter frecuentemente no aislado en que se produce, es decir, la existencia de esos autores extraordinarios suele ir acompañada o tiene lugar en contextos en que hay una proliferación de artistas, de otros muchos autores dedicados a esos menesteres, y cuentan con la acción favorable de un hábitat que les sirve de auténtico caldo de cultivo, en el que esa acción genial suele ser el colofón de un momento también extraordinario. El genio artístico aislado absolutamente es muy extraño, y no suele darse al margen de un tejido social que le facilita su aparición y desarrollo. Esto mismo ocurre en varios dominios, no solo en el artístico, también en el ámbito del pensamiento la Grecia clásica constituyó un momento de extraordinaria vitalidad, dando lugar a la trascendental aparición de la filosofía, con las figuras notables de los presocráticos y de los grandes autores y padres del pensamiento (como Tales, Anaximandro, Heráclito, Parménides, Sócrates, Platón, Aristóteles) y a las grandes escuelas del pensamiento clásico, como el estoicismo, el epicureísmo, los sofistas, los pitagóricos, y tantos otros autores que de un modo tan deslumbrante pusieron a disposición de la humanidad toda una serie de instrumentos fundamentales para nuestra cultura y para la forma de afrontar en todos sus órdenes la realidad física, social e intelectual.

Por ello, puede sostenerse que la proliferación de genios que tiene lugar en ese momento no se debe exclusivamente a una pura casualidad, aunque en algún caso concreto es posible que así haya sido; no obstante, sin el cúmulo de toda una serie de acontecimientos y circunstancias no ocurriría. En este sentido el apoyo decidido de la clase dirigente, el gusto y satisfacción del pueblo por lo bello, y los beneficios que todos obtenían por esa conjunción, constituyeron el sustrato en el que florecieron maravillosas obras, de la mano, sin duda, de extraordinarios artistas. Respecto a esa resbaladiza cuestión, y en particular sobre las circunstancias en que se produjo una eclosión tal, cabe preguntarse cómo es posible que hayan sido coetáneos y habitantes de las mismas ciudades y regiones nombres tan excelsos como los que en esta época se dieron en Italia. Tememos que la solución no sea sencilla, si pudiera alcanzarse sería fácil volver a reproducir unas condiciones semejantes y repetir el fenómeno, algo que está muy lejos de suceder. Ni siquiera la misma zona geográfica, ni mecenazgos parecidos, ni individuos con las mismas raíces han sido capaces de replicar tales hazañas.

Estar tocado por la magia del arte hacía que a los artistas se les dispensase un trato de favor y especial consideración, así Cellini -pese a ser imputado por varios delitos y poseer un carácter sumamente violento- fue perdonado por la belleza de sus obras escultóricas y de cincelado. El genio artístico era objeto de una gran valoración, había asociaciones profesionales a las que era muy difícil acceder y que velaban por el buen hacer de sus miembros, así en Florencia el gremio de pintores de la Compañía de S. Lucas; los gobernantes mostraban una especial consideración por ellos, y se los disputaban como hoy ocurre con los grandes deportistas; era muy infrecuente que pintores, escultores o arquitectos permaneciesen siempre en el mismo lugar, iban de una ciudad a otra en función de la demanda de sus servicios, y no solo las ciudades italianas los reclamaban, también las cortes europeas eran importantes focos culturales que buscaban embellecerse con sus obras, así Tintorero o Tiziano llegaron a España, Leonardo o Cellini a Francia, etc.

Por otra parte, el Renacimiento, en lo estrictamente artístico culminó el trabajo iniciado y esbozado con anterioridad, y ha sido el origen de toda una serie de recursos que se han experimentado con enorme éxito, y que desde entonces copan las más importantes páginas de la historia del arte, incrementando el acervo cultural de la humanidad. Entre los recursos y logros estéticos que han hecho de este periodo histórico uno de los más brillantes de toda la historia del arte, cabe citar la *perspectiva central*, atribuida a Brunelleschi (una de las técnicas que se han puesto a disposición de la pintura a partir de este periodo), el *sfumato*, de Leonardo da Vinci, la exquisita perfección compositiva de Rafael, la fuerza de las figuras y esculturas de Miguel Ángel, las mejoras en la bóveda, debidas también a Brunelleschi, o la expresividad en la pintura que, superando el anterior hieratismo, comenzó con Giotto, Masaccio, y alcanzó extraordinarios ejemplos en Italia y en la pintura flamenca, holandesa o española.

En cuanto a los materiales, el mármol especialmente, pero también el bronce o la terracota figuran entre los más empleados y con mayor éxito en aquel momento, así como las esculturas de bronce fundidas *a la cera perdida* o la singular colocación del mármol (que dan una apariencia tan vistosa a buena parte de la arquitectura toscana) son técnicas de que se valieron con extraordinarios resultados en aquellos momentos, innovando muchas veces, pero también consolidando procedimientos artísticos anteriores. Desde un punto de vista técnico, este periodo ha sido muy notable, en cuanto ha permitido que la reproducción pictórica de la naturaleza y de la realidad alcanzase un momento culminante en la historia, como nunca antes se había producido. Efectivamente la perspectiva, en sus diferentes modalidades, y la concreción de rasgos representados fue enorme, sin precedentes. Los éxitos arquitectónicos y escultóricos fueron notabilísimos, y sólo la Grecia del periodo clásico puede competir en cuanto a su grandeza.

El Renacimiento fue el comienzo de la actividad museística y coleccionista de arte, en este sentido Los Uffizi es considerado el embrión del primer museo del mundo, que como tal abrió al público

El arte, inmutable. José Antonio Martínez

en 1765; por vez primera se exponen obras de forma sistemática para ser contempladas, y a partir de aquí ni que decir tiene la importancia que esta actividad ha adquirido, midiéndose el prestigio de muchas ciudades por el número y calidad de sus museos; por otra parte, Isabella d'Este figura en los anales históricos, no solo como una gran mecenas, sino como la primera mujer coleccionista de arte; posteriormente otras mujeres "florentinas" fueron también notables promotoras del arte, así Leonor de Toledo o María de Médicis apoyaron decididamente todo tipo de expresión artística. Nos encontramos, pues, en el arranque de una serie de actividades fundamentales en el mundo moderno y que fueron cristalizando posteriormente hasta alcanzar el rango de imprescindibles.

Importantes aportaciones de este periodo en otros ámbitos son la obra de Castiglione, *El Cortesano*, en la que se establece todo un catálogo de buenas maneras de comportamiento, de urbanidad en suma, aunque su éxito ha trascendido quizás el primer propósito de su autor, que era simplemente señalar las incorrecciones del comportamiento externo. Asimismo *El Príncipe*, de Maquiavelo, ha resultado ser una obra trascendental para la vida pública, en la que de un modo despiadado destacan las "virtudes" que deben acompañar al político, sin importarle los medios utilizados, supeditados siempre a la consecución de unos fines para los que todo vale; la importancia de esta obra ha sido enorme, y ha venido a dar carta de naturaleza a unos procedimientos ampliamente seguidos universalmente, pero que no habían recibido un reflejo tan crudo hasta la obra del escritor florentino. En este periodo surge asimismo el *italiano* como consagración de una lengua vulgar derivada del latín, siendo Dante, Petrarca y Boccaccio los autores que lideran ese movimiento en Italia, en que la *Divina Comedia* destaca como una de las obras cumbre de la literatura universal.

El arte, inmutable. José Antonio Martínez

El papel de las individualidades ha sido muy importante en el Renacimiento y en la Grecia clásica, así como el de las novedades técnicas que en ambos periodos se produjeron; es decir que el genio y la originalidad no se escapa tampoco de lo que son las notas fundamentales de este tipo de fenómenos, que no suelen darse de modo aislado, sino que surgen en hábitats determinados, proclives a su despliegue, y Florencia y Atenas lo eran en gran medida, como asimismo lo era el Egipto clásico o el París de las vanguardias artísticas. La riqueza y el poderío económico es asimismo una condición fundamental del desarrollo artístico, es una constante en toda la historia; y coincide igualmente con un momento culminante en otros órdenes de la ciencia, de la filosofía o del desarrollo material y teórico del hombre en ambos periodos. En el caso del Renacimiento la ideología favorable al desarrollo artístico podemos decir que pretendía una finalidad ostentosa, de la belleza por sí misma, en tanto que en otros periodos fue de tipo religioso, como ocurrió señaladamente en Egipto o en la Edad Media. Es evidente que los grandes genios del Renacimiento no tendrían igual relevancia de haber nacido en otras épocas.

***

La sociedad. El arte y sus particulares muestras precisan una serie de condiciones para llegar a la luz; aparte de la valía de sus protagonistas principales (los artistas), se requiere que haya un apoyo material para que éstos puedan realizar sus obras, y en este sentido es de señalar la complacencia del pueblo y de los mandatarios, siendo además fundamental la promoción por parte de estos últimos, disponiendo los recursos materiales precisos. Son pocos los casos de un arte altruista, es decir aquél que no obedece a encargo o que no se hace con la búsqueda de una compensación de cualquier tipo. El capitalismo - en cuanto procedimiento tendente a la acumulación de riqueza - constituye un medio idóneo para que el arte florezca, especialmente desde que esas manifestaciones artísticas han sido consideradas un importante medio de rentabilidad de cualquier género. El mecenazgo tiene en el Renacimiento uno de sus más sublimes supuestos, y ya había tenido importantes exponentes con anterioridad, de modo destacado en Grecia (Pericles había hecho posibles maravillosos resultados que ciertamente fueron algunos de los principales motivos de inspiración de los autores renacentistas), en la misma Roma (Cayo Clinio Mecenas dio nombre al fenómeno), en la Iglesia Católica, en las propias ciudades italianas y en las cortes europeas que apoyaron claramente todo tipo de arte.

Como ha ocurrido en otros momentos históricos, no necesariamente la paz social acompañó siempre la ebullición artística, puede decirse que el arte renacentista ha operado como una auténtica válvula de escape, magistralmente manejada por el poder para aliviar las enormes tensiones sociales que se vivían, como lo fue igualmente en la Grecia clásica. El Renacimiento italiano en absoluto estuvo exento de pugnas y persecución; fueron célebres, entre otros muchos, los episodios del destierro de Dante de su natal Florencia (a la que no pudo regresar en vida por sus críticas hacia el Papa), el acoso a que se vio sometido por sus teorías el propio Galileo, o incluso la condena a muerte de Giordano Bruno. Lejos de ser una etapa pacífica, en muchos aspectos fue un periodo enormemente convulso, no hay que olvidar los grandes enfrentamientos en suelo italiano entre las potencias políticas importantes de Europa, particularmente Francia y España, así como el poder decisivo que ostentaban los Estados Pontificios, o la relevancia de Venecia, Pisa, Florencia, Génova, o Nápoles. En ese periodo se produjo asimismo la caída de Constantinopla en poder de los turcos, el descubrimiento de América, se superó el Cisma de Occidente, aunque se desgajó definitivamente la Iglesia Ortodoxa de la Católica, y cuajó asimismo la Reforma protestante.

El arte, inmutable. José Antonio Martínez

Inteligencia, sutileza, buenos modales, pero al mismo tiempo crueldad, enfrentamientos, peste, luchas encarnizadas es lo que acontecía en el periodo renacentista. Ejemplo de todo eso junto y de la salida artística como un modo de superación de esas circunstancias difíciles es lo que se produjo durante esta época tan turbulenta y llena de incertidumbre, acudiendo la estética a su rescate. La historia del papado o de familias como la de los Médicis (con momentos tan difíciles como el de la conjura de los Pazzi, que le costó la vida a Giuliano y dejó malherido a su hermano Lorenzo, o la persecución de Savonarola) ilustran perfectamente toda esa tremenda pugna, que solo con enorme astucia y audacia fue resuelta para el goce estético posterior. Enlaces entre familias y rivalidad extrema entre ellas fue una constante en toda esta época, en la que se producía un gran nepotismo, pero guardando las formas y tratando de aparentar respeto a las instituciones. Los grandes linajes llegaban con frecuencia a ocupar puestos destacados en la dignidad eclesiástica, así varios miembros de los Médicis llegaron a ser papas (León X, Clemente VII y León XI), los Gonzaga contaron con San Luís, incluso los valencianos Borgias contaron con San Francisco de Borja, aparte de dos papas (Calixto III y Alejandro VI), los Borromeo con San Carlos Borromeo, etc.

En otro orden de cosas, el Renacimiento es también el marco en el que tienen lugar feroces persecuciones por motivos religiosos e ideológicos; una de las más célebres ha sido la ya mencionada de Galileo: a propósito de sus teorías cosmológicas sobre el movimiento de la Tierra fue citado a Roma y obligado a retractarse de sus opiniones que entraban en contradicción con la Biblia, aunque al salir de aquella reunión emitió uno de los susurros más famosos de la historia: "y sin embargo se mueve", dijo, ratificándose en sus tesis. La Inquisición ejerció una actividad notable en represión de aquéllos que no acataban las enseñanzas de la Iglesia, e Italia entera era objeto de los graves enfrentamientos entre güelfos y gibelinos, los partidarios del papado o del emperador respectivamente. Asimismo entre las nuevas iglesias cristianas se dio esa persecución, Miguel Servet fue quemado en Ginebra por los calvinistas, y en la Inglaterra de Enrique VIII, Tomás Moro murió por defender sus ideas frente al monarca que desoía las instrucciones del Papa. Como ya se ha mencionado, cabe citar las ejecuciones de Giordano Bruno en Roma, y la del inquisidor dominico Savonarola que había perseguido con enorme saña a los Médicis y a la modernidad de la ciudad, y que a su vez fue objeto de sus propios métodos, muriendo quemado en la plaza de la Siñoría en la culta Florencia. En esta época tuvo lugar la Reforma, la escisión del cristianismo que, encabezada por el monje agustino Lutero, mostró su disconformidad con determinados aspectos del dogma cristiano. Tuvo su punto de arranque en las 95 tesis colocadas en la catedral de Wittenberg, en oposición al cobro de indulgencias y otros procedimientos habituales y excesivos en la Iglesia de entonces, y a la postre supondría una fractura importante en el seno del cristianismo, continuado por Calvino, Zuinglio y las demás ramas que se irían desgajando del tronco común de la Iglesia de Roma. La Reforma originó como reacción, la Contrarreforma, que con gran fuerza se desarrolló en Italia, España, Francia y otros países europeos, y que de la mano de ciertas órdenes religiosas, de modo señalado los jesuitas de Ignacio de Loyola, se opusieron y recondujeron muchos de los excesos existentes.

Las repúblicas italianas del Renacimiento y sus capitales fueron centros indiscutibles de las más sublimes representaciones artísticas; Florencia principalmente, pero también Pisa, Siena, Milán, Ferrara, Venecia, o Roma, son algunas de las ciudades que tuvieron la fortuna de rivalizar entre sí por las mejores muestras artísticas, de la mano de los extraordinarios mecenas y de los dirigentes que supieron manejar con gran acierto todo ese tesoro, que por fortuna nos han podido transmitir. Lo mismo puede decirse del caso griego, en que numerosas ciudades (ciudades-estado), encabezadas desde luego por Atenas, se lanzaron a la tarea del embellecimiento, sin embargo, al igual que en el caso italiano, en Grecia ello únicamente fue posible porque detrás de ese propósito había una capacidad que permitía tales gastos; en ambos supuestos, el desarrollo artístico va inseparablemente unido al económico que lo hace posible, y se observa una necesidad de plasmar en algo bello una gran fuerza creativa, aunque sus dioses y su ideología sean muy dispares.

El arte se revela como algo esencial en la historia de los pueblos. Aunque sea muy costoso, siempre que es posible se produce arte, aunque la conciencia de ello no siempre sea la misma, y aunque los recursos disponibles no sean excesivos y hayan de ser detraídos de otras necesidades, tal como ocurrió en las épocas en que brilló el románico, el gótico, o en Atenas, lo que hace que el espíritu del pueblo y su sensibilidad estética influyan poderosamente en las consecuencias artísticas; a veces, con los mismos recursos, un pueblo dedica al arte muchos medios, por definición siempre escasos, en tanto que otro los destina a otras actividades.

El desarrollo artístico alcanzado en estos dos momentos solo se explica si la sociedad, y sus diferentes estamentos, tienen un alto componente estético que valore, admire y considere de modo tan importante la belleza. Sorprende que en épocas en que las condiciones de vida diaria eran muy limitadas, con tantas penalidades y sacrificios, los individuos estuviesen dispuestos a asumir tantos esfuerzos como para que aquellas magníficas obras pudiesen ver la luz, ello da muestra de hasta qué punto estaban dispuestos a llegar en ese empeño. En el caso griego, quizás la religiosidad fuese el motor de tanta actividad artística, aunque el hecho de agradar a los dioses podría lograrse igualmente sin tanto despliegue de medios, y si efectivamente se invertía aquel esfuerzo era porque el gusto por lo bello justificaba el empleo de tales recursos. En el Renacimiento italiano las creencias religiosas no imponían ineludiblemente la necesidad de plasmarlas con tal derroche de belleza y medios, y de hecho esa cuestión resultó a la postre crucial, siendo el descontento surgido en torno a ella el origen del que puede ser considerado el más grave conflicto en la historia de la Iglesia, la Reforma.

Por otra parte, no solo el poder y los artistas estaban imbuidos de arte, es impensable un fenómeno como éste si el pueblo no estuviese involucrado y disfrutase con esas manifestaciones; todo cuanto tenía que ver con la belleza era objeto de admiración por la población, al fin y al cabo los recursos materiales que permitían fomentar y generar esa belleza eran también aportación suya; es evidente que toda la acción de mecenazgo de las artes contaba con el apoyo popular, y uno de sus principales objetivos era precisamente producir beneplácito y aprobación hacia quienes tales acciones promovían.

El Renacimiento nos interpela asimismo sobre un hecho ciertamente relevante, la importancia universal del arte; pocos momentos pueden ejemplarizar tan claramente la trascendencia que la sociedad en general, en todos sus estamentos, otorga al arte; como hemos visto, la población en su conjunto estaba volcada sobre el elemento artístico y consideraba que sus recursos estaban bien invertidos en esos menesteres; podemos sopesar si en todas las épocas y culturas ha ocurrido algo semejante, es evidente que no, aunque las causas de ello hayan sido muy variopintas, desde la belleza de los resultados obtenidos en esa época, que servían de acicate a otros nuevos en un deslumbrante proceso en espiral que generaba obras sin descanso, contando por supuesto con la maravillosa genialidad de sus extraordinarios autores, hasta la acción decidida de sus gobernantes y patricios que fomentaban resueltamente esa actividad, sin olvidar el buen gusto de los propios ciudadanos que sabían apreciar y valoraban sobremanera lo que de modo tan extraordinario se ofrecía a su contemplación; aunque no haya sido con esa magnitud, en todas las épocas se ha producido y se continúa generando una determinada admiración por lo artístico, y en este sentido el Renacimiento constituye sin duda un hito muy notable de un fenómeno permanente, la apreciación y valoración de la belleza. Nos encontramos, por tanto, ante una concreción, en este caso ciertamente maravillosa, pero de un hecho constante en la historia humana, de diversa intensidad pero continuado, la importancia vertebradora del arte en la sociedad en sus distintas épocas y culturas, con independencia de las particulares manifestaciones que en cada momento se hayan dado.

***

El mecenazgo. Como ha ocurrido en otros momentos, el Renacimiento está inseparablemente unido al mecenazgo (como en la Atenas clásica, o en muchas cortes europeas, o en París), es decir a la promoción de actividades artísticas principalmente, pero también de tipo científico, filosófico o literario. En este sentido los Médicis, aunque no fueron los únicos, sí son los primeros a los que hay que citar por su relevancia y por la ejemplaridad de su patrocinio. Florencia está indisociablemente vinculada a esta familia, que fue su dueña y "señora" durante varios siglos, aunque con ciertos periodos de ausencia. Cosme *el Viejo*, y con posterioridad Giuliano y sobre todo su hermano, Lorenzo *el Magnífico*, apoyaron decididamente a numerosos artistas que hicieron de su ciudad la cuna de ese extraordinario movimiento cultural, que irradiaría una nueva luz por toda Italia y el resto de Europa. A su imagen y semejanza los Sforza de Milán, los Este en Ferrara, los Gonzaga en Mantua, los Dux en Venecia, o los propios Papas y las órdenes religiosas, siguieron la estela marcada por ellos, que tampoco se encontraban solos en la ciudad del Arno, ya que también los Pazzi, los Pitti, entre otras,

65

El arte, inmutable. José Antonio Martínez

fueron notables familias florentinas que trabajaban en la línea medicea, y que le dieron una grandeza sin igual a toda la Toscana (Pisa, Siena, Lucca, Prato), extendiendo ese modo de favorecer las artes al resto de Europa: Nápoles, Turín, las cortes francesa o española, o la nobleza de Flandes, Países Bajos o Alemania.

Pero los Médicis, poderosos y ricos, despertaron naturalmente muchas envidias y odios entre sus contemporáneos. No solo el dominico Savonarola, también Sixto IV (que propició la ya referida conjura de los Pazzi) fueron algunos de sus más encarnizados enemigos, pero a pesar de todo se mantuvieron firmes gracias al indudable apoyo popular y a que supieron ejercer hábilmente el poder con discreción y sin abusos. El mecenazgo tal como hoy lo contemplamos (y del que no hemos de excluir, por supuesto, un carácter a veces demagógico e interesado) ha encontrado en el periodo renacentista uno de sus momentos álgidos, consolidándose como un procedimiento habitual de favorecer las artes, de modo que los que ostentaban el poder político, económico o religioso procuraban captar la atención de artistas, bien por pura filantropía o para incrementar su popularidad.

Ciertamente los ejemplos de esa promoción del arte y de las ciencias fueron muy notables, llegando a convertirse en uno de los fundamentales distintivos de la acción de gobierno, y constituyendo de hecho un importante medio de ostentación y manifestación del éxito de una determinada familia o linaje; pretendían deslumbrar a su entorno, y llegaban al extremo de pugnar abiertamente por los favores de un concreto artista, siendo muy numerosos los casos de aquéllos que se desplazaban de una ciudad a otra debido a las mejores condiciones que se les brindaban para llevar a cabo su labor; esta loable práctica se extendió por toda Europa desde su principal localización en Florencia; en este contexto llama la atención la promoción que se hacía de determinadas ciudades, tal como ocurre en la actualidad, así especialmente la pugna entablada entre ellas para la celebración del Concilio que, después de numerosos avatares y localizaciones en Basilea y Ferrara, acabaría en Florencia, donde concluiría en el año 1445, y que a la postre serviría para trabar un fructífero encuentro entre el mundo occidental y el oriental, por entonces custodio de la cultura grecorromana.

Por otra parte, la acumulación de capital (el capitalismo) tuvo aquí su momento importante, por cuanto el florín es la primera moneda de ámbito europeo, un precedente claro del actual euro (cuando el florín decayó pasó a ocupar su lugar el ducado de Venecia, como moneda de referencia europea), y el mecenazgo tuvo aquel relieve debido al auge y desarrollo económico; de hecho, los Médicis llegaron a controlar más de 300 empresas, lo que les permitió acometer tales gastos y obras, desarrollando sobre todo una fundamental labor de préstamo, así el Banco Médici era uno de los más acreditados de Europa, ayudando a numerosos monarcas a financiar sus guerras y empresas. Los Médicis no se quedaron relegados a Florencia, sino que también supieron entablar sabias alianzas con otros influyentes linajes e incluso con las monarquías del momento, Catalina de Médicis se casó con el rey de Francia, Enrique II, María de Médicis con el también rey de Francia, Enrique IV, y Cosme I de Médicis se casó con Leonor de Toledo, hija del virrey de Nápoles. Esta familia ejerció un poder en la sombra, y no hizo una excesiva ostentación del mismo, aunque era claro su dominio y contó siempre con el apoyo popular.

En otro sentido, hasta nuestros días llegan los efectos de aquella fundamental fuente de riqueza, el arte constituye en Occidente un medio muy importante para concitar el interés de muchas personas que desean disfrutar de sus manifestaciones y que pagan gustosamente por ello; así la visita a la Toscana o al resto de Italia constituye hoy uno de los modos principales para ponerse en contacto con una apabullante muestra del arte occidental, y son infinidad las obras artísticas que inmediatamente saltan a la vista del espectador y que le impresionan gratamente; por tanto, se trata de un lucrativo negocio para muchos sectores productivos: empresas editoriales, hosteleras y de ocio, que se ven enormemente favorecidas por todo un conjunto de transacciones que giran en torno al mundo del arte.

***

Similitudes. Se puede decir que cuando es posible la comparación es que hay generalidad, que el fenómeno no es único. El Renacimiento es un movimiento artístico de grandes similitudes con otros periodos históricos. De modo singular la Grecia clásica contiene muchos de los elementos que mil años más tarde serán reproducidos en suelo italiano. La labor de los grandes artistas de aquella época se veía promovida por mecenas que no dudaban en procurarles todas las facilidades, es el caso señalado de Pericles, referente fundamental en la historia de todo ese periodo, quien contribuyó decisivamente a la grandeza de la ciudad de Atenas, con la colaboración de los extraordinarios artistas que bajo su manto se concentraron; se trata en este caso de una acción muy personalizada en la figura de quien pasa por ser uno de los principales promotores del arte en la historia.

En otros momentos nos encontramos asimismo con la acción de instituciones, de estamentos y personalidades volcadas con la promoción artística (es el caso notable de los faraones egipcios, de los emperadores chinos, de la Iglesia (y de las demás iglesias cristianas), de los señores feudales y de las cortes europeas rivalizando por las mejores y más bellas obras artísticas); pero una acción tan singular como la de la Atenas de Pericles apenas encuentra parangón fuera del caso de la Florencia de los Médicis, de un modo señalado, y de las demás familias italianas de aquella

El arte, inmutable. José Antonio Martínez

época, e incluso del Papado, que tanto se centró en esa labor artística (en detrimento de su verdadero cometido, en opinión críticamente puesta de relieve por los defensores de la Reforma protestante).

Desde un punto de vista puramente artístico, las obras del Renacimiento y de Atenas se enlazan directamente por la vía de la influencia, con unos resultados extraordinariamente fructíferos, frente a otras épocas en que los logros no han tenido la misma repercusión, tal como sucedió con el clasicismo y el neoclasicismo, que también pretendían recuperar una estética pasada, pero que pronto sucumbieron, dando paso al romanticismo y otras corrientes artísticas posteriores. Justamente el Renacimiento recibe su nombre del hecho de buscar expresamente la inspiración en otro periodo anterior, ésta es quizás su nota más destacada, y lejos de disimular ese propósito, busca continuamente aclarar que es ese otro periodo clásico el que le otorga su principal seña de identidad; su objetivo es zambullirse en el pasado, con la alegría de quien encuentra el camino que le libere de la oscuridad en que se había visto envuelto durante tanto tiempo, y que reconoce en ese otro momento el hilo salvífico que le hace retomar la vía perdida. Éste es, en parte, el modo en que el artista renacentista afronta su relación con el pasado, rechazando el más inmediato, al que consideraba francamente mejorable, alejado de lo que debería ser el propósito de todo artista; en el Renacimiento se acometió decididamente la reproducción más fiel de la realidad – principalmente destacable en la pintura- y la recuperación de una temática humana, que durante la Edad Media se había visto relegada por la de carácter religioso. El lugar y el tiempo que de modo extraordinario encarnaban esos objetivos no eran otros que la antigüedad clásica, en especial la cultura griega que había brillado sobremanera en Atenas; nos encontramos ante una auténtica fiesta de los sentidos y del espíritu creativo, que ve en aquella etapa la luz que sin duda ha de iluminar la actividad artística, cuyos cánones de belleza son absolutamente abrazados e incorporados, con la ayuda de las nuevas técnicas, a la mayor gloria de las artes y del placer estético.

Es quizás la escultura la disciplina que nos permite ver más directamente la existencia de dos universos artísticos casi milimétricamente reproducidos, teniendo en figuras como Miguel Ángel o Praxíteles algunos de sus momentos más sublimes. ¿Pero es éste el único caso posible de comparación?, evidentemente no, la pintura griega carecía de la madurez técnica suficiente para reproducir la realidad con la naturalidad que el dominio de la perspectiva y de los demás instrumentos harían de la renacentista una de las culminaciones de la pintura universal, aunque no por ello aquélla deja de ser extraordinaria, pese a la escasez de obras que nos han llegado.

La arquitectura sí que tiene en Grecia uno de sus hitos fundamentales, y de hecho los tres estilos que en esa época culminaron, puede decirse que son los que más continuidad han tenido y aún tienen; efectivamente el dórico, el jónico y el corintio han pasado a ser claves en todo el desarrollo posterior, y se conservan extraordinarias muestras que no dejan de causar asombro, sin embargo no han tenido una reproducción tan exacta en el Renacimiento por razones diversas, como la del diferente uso y destino de las construcciones (principalmente por la diversa naturaleza de las mismas, ciertamente religiosa en ambos casos, pero de una finalidad distinta).

En la escultura esa paridad artística puede ser contrastada con la mayor eficacia, por cuanto las técnicas aún continúan siendo -a pesar de los años transcurridos entre ellas- muy semejantes, llegando incluso las "posturas" de la representación a ser absolutamente imitadas por los magníficos escultores renacentistas. Uno de los casos más paradigmáticos podemos encontrarlo en la que pasa por ser quizás la figura más excelsa de la escultura renacentista y universal, el *David* de Miguel Ángel; pues bien, en el periodo griego clásico Policleto creó el también célebre *Doríforo,* que implantaba la novedad del "contraposto" o reproducción del cuerpo humano apoyado de modo asimétrico sobre una pierna, flexionando la otra, lo que permitía mostrar con mayor tensión muscular la figura humana, postura que se repite continuamente desde esa época, dando lugar a la conocida *curva praxiteliana,* que es un peculiar uso del *contraposto* y que encuentra en el *David* su reproducción más notable; pero no solo la postura es absolutamente la misma, también la perfección y la fuerza expresiva características de Miguel Ángel, tienen en Praxíteles y Fidias magníficos precedentes que nos hacen pensar que el milenio y el territorio que los separa en realidad no existen. Los cánones de belleza característicos de la escultura griega fueron completamente incorporados por la renacentista, e incluso el hallazgo del grupo escultórico de *Laocoonte* en 1506 (una de las principales obras de la escultura helenística de la escuela de Rodas, realizada en torno al año 50 d. C.) influyó decisivamente en las obras de Miguel Ángel, que por su parte supuso la iniciación del manierismo, caracterizado por el retorcimiento de las figuras, lo que a su vez suponía una novedad respecto al equilibrio de la escultura clásica griega y renacentista. El arte griego es, por tanto, un referente fundamental para el Renacimiento, aparte de una extraordinaria muestra de la importancia del fenómeno de la influencia y del papel de la inspiración en el mundo del arte.

Buena parte de las notas atribuidas al Renacimiento sirven igualmente para otros momentos o estilos en que se produjo un gran desarrollo artístico, como Egipto, Grecia, la Roma clásica, el románico, el gótico, el rococó, el clasicismo o las vanguardias que desde finales del siglo XIX han pretendido superar el arte precedente. Aunque en muchos aspectos el Renacimiento pueda ser visto como un auténtico cambio de paradigma (como revolucionario, tal como T. Kuhn entiende ese término), sin embargo es perfectamente posible encontrar en este periodo muchas de las características de otros momentos gloriosos de la historia del arte.

Así pues, el Renacimiento, sin dejar de ser uno de los momentos más destacados, al mismo tiempo *es uno más* en el que se pone de manifiesto todo lo que el arte es y representa en la sociedad, en cuanto a la aportación y papel del genio creativo, a la importancia del mecenazgo, la representación de lo más valioso, la configuración del sentimiento nacionalista, la complicidad del pueblo, la gran trascendencia económica, el enlace de periodos históricos, la acumulación de conocimientos, o la alternancia de tendencias del pasado, del presente y del futuro. Pero al mismo tiempo, también es aglutinador de otros aspectos menos loables aunque igualmente destacables como: ser objeto de persecución en algunos casos, ser el escenario de supuestos de demagogia artística (en que la coyuntura política y casual puede encumbrar unas obras en detrimento de otras tan valiosas, o en que la crítica puede realzarlas por encima del propio valor de la obra en sí misma), o simplemente ser el efecto de una determinada moda o acción política interesada.

***

Vuelta atrás. Por insatisfacción con el presente o por deseo de cambiar, la mirada retrospectiva ha sido un procedimiento usado históricamente en el arte. Por encima de todo, el Renacimiento suele ser considerado como una época en que se produce una vuelta a un pasado glorioso para aprender e iluminar un presente oscuro y de escasa brillantez. Por diferentes medios tuvo lugar ese contacto retrospectivo y fructífero: la relación con el imperio romano de Oriente, la llegada de noticias sobre la importante tradición griega del saber o la contemplación de los notables vestigios artísticos de esa extraordinaria cultura. Se puede decir que se impuso la moda de lo clásico, era habitual que los artistas toscanos y de toda Italia viajasen a Roma para apreciar de primera mano la grandeza y perfección del arte que se encontraba en la ciudad eterna, o que los dirigentes florentinos potenciasen la llegada de objetos procedentes del Imperio bizantino. La celebración del mismo Concilio de Florencia, más allá de la búsqueda de la unidad de las Iglesias católica y ortodoxa, fue un importante instrumento para la llegada de la cultura bizantina, depositaria de la tradición más genuinamente grecorromana. La filosofía y la cultura en general fueron asimismo objeto de comparación con sus antecedentes clásicos, y de ellos recibieron un extraordinario impulso. Desde otro punto de vista, ésta es la segunda ocasión en que Italia adquiere una relevancia histórica continental clara; después del Imperio romano, el Renacimiento supuso situar de nuevo las ciudades y repúblicas italianas en el centro del protagonismo europeo, aunque con unas características en buena parte diferenciadas de aquel otro periodo glorioso.

Por supuesto que no se pretende en absoluto limitar la importancia del Renacimiento, sino poner de manifiesto que se trata de un procedimiento al que periódicamente se ha recurrido, consistente en volver la vista atrás para buscar inspiración artística cuando la tendencia presente no resulta satisfactoria, aunque no siempre esos intentos se han visto acompañados de unos resultados tan brillantes. El Renacimiento ha supuesto, al mismo tiempo que un caso recurrente históricamente de esa vuelta al pasado, la culminación de una corriente artística en pintura y escultura que le ha hecho acreedor sin titubeos del calificativo de insuperable, dibujando las páginas más sublimes en la representación naturalista del objeto, entre otras muchas notas destacables, y convirtiéndolo en uno de los hitos fundamentales de la historia del arte.

***

Intemporalidad. El Renacimiento es quizás el mejor ejemplo de la intemporalidad del arte: el pasado se hace presente, se sublima y se eterniza por la vía de la influencia. ¿Qué sería del arte clásico si el Renacimiento no hubiera existido, y qué sería del arte en general? El Renacimiento recupera y actualiza el pasado, lo ensalza, y establece un canon estético eterno, perdurable hasta nosotros.

Desde el punto de vista de nuestra apuesta teórica por la permanencia de los fenómenos sociales, el Renacimiento constituye un puntal que avala la propuesta, al mostrar claramente desde la perspectiva artística al menos, cómo hay una continuidad histórica de acontecimientos de otros tiempos, y cómo la influencia despliega una gran vitalidad en momentos concretos, constituyendo un recurso de enlace histórico siempre disponible, y susceptible de actualizarse en cualquier ocasión, tal como con frecuencia ha tenido lugar, y de modo señalado en este caso.

El Renacimiento es un extraordinario periodo de la historia que mantiene una gran presencia entre nosotros, lo que aconteció allí no ha dejado de proyectar su influjo desde entonces, a la vez que es una muestra poderosa de muchas circunstancias y hechos que se han dado con anterioridad y que a buen seguro continuarán siempre. Como se ha apuntado, hemos escogido este momento histórico del arte, entre otras razones por ser un movimiento bidireccional, hacia atrás (en cuanto del pasado extrae su fuente de inspiración, enriqueciéndola) y hacia el futuro, puesto que al mismo tiempo proyecta sus grandes logros en el tiempo posterior,   dejando una huella indeleble en la historia y constituyendo un momento de una relevancia importantísima en el desarrollo estético universal. También su destacada personalidad nos ha decidido por él a la hora de abordarlo más en detalle; al igual que otros movimientos artísticos, como el románico o el gótico, el Renacimiento tiene unas

74

marcadas señas de identidad, pero su espectro es quizás mayor, en cierta medida holístico, por cuanto abarca la práctica totalidad de la creación humana, es decir las bellas artes, la ciencia, la filosofía, la política, etc.

El Renacimiento aporta a la historia universal del arte lo que se puede denominar *la pieza de la perfección estética naturalista*, dentro del conjunto o puzle que el arte representa. En este sentido, su rol en la historia del arte es totalmente intemporal, en la medida en que por derecho propio ha ocupado ese lugar de privilegio, y en cuanto ese papel está absolutamente vivo, es decir que no ha agotado su virtualidad en aquel momento, sino que desde entonces ha desplegado de modo permanente una acción absolutamente actual en todos los que tienen alguna relación con el mundo del arte.

***

Finalmente, de sublime momento estético puede ser catalogado sin duda esta época, difícilmente se encontrará otra en que hayan ocurrido tal cantidad de aportaciones valiosas para las artes y la cultura; efectivamente fue insuperable en muchos aspectos, y ello ha condicionado el posterior desarrollo artístico. Resulta ciertamente fabulosa la simple enumeración de nombres de ese momento, a la postre trascendentales en la historia del arte, solo en Florencia podemos citar, entre los pintores, a Cimabue, Giotto, Masaccio, Fray Angélico, Ucello, Ghirlandaio, los Lippi, Boticelli, Miguel Ángel o Leonardo. En Florencia trabajó además quien pasa por ser el padre de la historia del arte, Giorgio Vasari, que, al igual que muchos de los mencionados artistas, compaginaba con la misma maestría diferentes especialidades, en su caso la arquitectura, la pintura y la escritura. En el resto de la Toscana y de Italia encontramos infinidad de artistas grandiosos que brillaron en toda Europa.

El arte, inmutable. José Antonio Martínez

La vida social está integrada por un componente estético que alcanza diferentes grados de importancia, y el que se da en este periodo podemos catalogarlo sin duda de extraordinario, tanto por sus numerosas manifestaciones como por la grandiosidad y belleza de las mismas; son muchos y muy bellos los ejemplos de su existencia en varios órdenes artísticos y culturales, y su radio de influencia se ha dejado sentir con gran fuerza en Italia principalmente y desde aquí se ha expandido por buena parte de Europa. Basta con visitar Florencia, ciudad que es considerada su cuna, para advertir inmediatamente la enorme pujanza de ese fenómeno; la pintura, la escultura y la arquitectura están plagadas de obras notables de esa época que producen una admiración tal entre quienes las contemplan que incluso ha llegado a tipificarse un efecto psicológico peculiar (síndrome de Stendhal) que en algunos casos, ciertamente extremos, supera la capacidad de asombro de individuos con gran sensibilidad. Por primera vez la psiquiatra italiana G. Magherini califica como *síndrome* los efectos turbadores que determinadas obras artísticas producen en algunas personas, y que ella misma ha constatado en más de cien casos que se han producido tras visitar Florencia. Dicho síndrome toma su nombre del relato que Stendhal había hecho de su estado de ánimo al salir de la Santa Croce en Florencia en 1817, recogido en su obra *Nápoles y Florencia: un viaje de Milán a Reggio.*

Sin embargo, tal como de modo recurrente ha sucedido en otros momentos históricos, el Renacimiento constituye *un caso más de vuelta al pasado* como método para buscar una fuente de inspiración y una alternativa a una realidad tenida por *sombría* y escasamente estimulante, en este caso la Edad Media. Aunque sobre esta cuestión, autores como P. Burke mantienen que en realidad lo que se da es una continuación del Medievo y que la pretendida gran novedad del Renacimiento debe ser matizada por cuanto ya hay numerosos precedentes suyos con anterioridad, y además sus efectos se prolongarían más allá del que se considera su periodo clásico, los siglos XV y XVI.

El Renacimiento ha sido singular por ser sublimes sus resultados particulares, pero ha mantenido rasgos comunes con otras épocas en los procedimientos empleados, tales como: vuelta al pasado, genialidad, intemporalidad, vuelco de la sociedad con el arte, gran desarrollo del mecenazgo, etc. En este sentido, no puede dejar de ser tenido por un momento artístico equiparable en muchos aspectos a la Grecia clásica, si bien los éxitos que le han acompañado sean únicos en la historia del arte.

6. El cambio por el cambio

A continuación nos referiremos a una serie de movimientos artísticos, principalmente en el ámbito de la pintura, pero que comparten muchas de sus notas con las demás artes plásticas. En común tienen el hecho de buscar de un modo evidente el cambio, marcar las diferencias con el resto del arte anterior, aunque para ello hallen su inspiración en épocas pasadas, a las que dotan de una nueva dimensión. Son en general una consecuencia de la finalización del camino de la perfección artística, que se ha creído agotado. Pese a que a veces, cuando no se comprenden sus razones, se abusa quizás de la expresión de cambio por el cambio, tras ello puede verse en ocasiones una simple razón de subsistencia, es decir de cambiar para mantener las dosis de sorpresa y de mérito que en el arte siempre han de darse.

***

El arte, inmutable. José Antonio Martínez

El manierismo. Dentro del estilo renacentista puede incluirse el manierismo. "A la maniera de" decía Vasari, es decir que los pintores pintaban imitando a los grandes del final del Renacimiento italiano, en especial a Miguel Ángel (quien en sus últimas obras participa de este estilo), Leonardo o Rafael. Se trata de un estilo que, principalmente en pintura, pero también en escultura, da nombre al conjunto de artistas de finales del siglo XVI que retorcieron de modo notable las figuras, gestos y movimientos, y que rompieron el equilibrio renacentista, con una paleta poco natural, no terminando sus obras, difuminando sus figuras, y haciendo uso de una simbología difícil. En Italia destacan sobre todo, aparte de Miguel Ángel, Tintoretto, Veronés, Correggio, Vasari, Bronzino, Giambologna, Cellini, etc. pero también tuvo amplio seguimiento en el resto de Europa, donde sobresalieron autores como El Greco. En definitiva, prolonga forzadamente la época renacentista, y en nuestra opinión inicia el comienzo de una nueva, la del cambio por el cambio, o del cambio para subsistir.

***

El barroco. El barroco fue un movimiento artístico del siglo XVII y principio del XVIII, muy ligado al catolicismo, representó la reacción estética frente a la Reforma. Se utilizó el arte como un medio de afianzar el poder absoluto y el eclesiástico y dar a conocer el mensaje evangélico. En España *el Siglo de Oro* dio figuras como Velázquez (maestro del espacio y de la complejidad compositiva), Ribera, Zurbarán o Murillo; en Flandes, Rubens (prolífico autor, nos dejó un canon de belleza femenino muy particular); en los Países Bajos brillaron especialmente Vermeer (que sobresalió por la captación de la luz en el interior) y Rembrandt (maestro de la luz tenue), entre otros muchos; en Italia, destacan sobre todo Caravaggio (representante de la corriente naturalista, con su peculiar tenebrismo)

78

y los Carracci (clasicismo); en Francia con figuras como La Tour, y los clasicistas Poussin y Lorena. En general era un arte más recargado, donde la sorpresa y el ingenio cobraron especial protagonismo, buscando una idea central en torno a la cual se desarrollaba.

***

El rococó. Como una reacción al dramatismo y al estilo barroco, se desarrolló principalmente en Francia el rococó, cuya máxima expresión fue la fiesta galante. Se caracteriza por una temática cortesana, representándose generalmente las escenas al aire libre. Los colores son suaves, al pastel y muy delicados. Es un tipo de arte que representa sobre todo a la aristocracia y también son frecuentes los retratos, si bien más que el realismo, en ellos se pretende transmitir elegancia. El rococó surgió con una intención decorativa de los palacios.

Tuvo su mayor apogeo en las primeras décadas del siglo XVIII, aunque continuó a lo largo del siglo, siendo los autores más representativos Watteau, que ejerció gran influencia en Fragonard y Boucher, destacando como mecenas de la época Madame de Pompadour, la amante de Luis XV.

***

El neoclasicismo, como el Renacimiento, quiere ser una vuelta al pasado. La antigüedad clásica se puso de moda, destacando la temática de Grecia o Roma, sobre todo a raíz de descubrimientos como los de Pompeya y Herculano, en los que un papel tan decisivo tuvo el empeño del monarca español Carlos III, y la labor del también arqueólogo español Alcubierre. Aunque su origen se encuentra en Roma, se desarrolló fundamentalmente en Francia. El

El arte, inmutable. José Antonio Martínez

modelo clásico era tomado como un ejemplo lleno de virtudes y de brillantez, digno de imitación y seguimiento.

Se trata de una reacción de la burguesía frente al aristocrático arte rococó. Es la época de la revolución francesa y del enciclopedismo, autores como Diderot apoyaban el estilo clásico, sereno, que debía educar en la virtud frente a los vicios, concediéndole más importancia a la razón.

El color cedió protagonismo ante el dibujo, por lo que la pintura resultaba más fría, desaparecieron los tonos dorados y el pastel. Con un predominio claro de la temática histórica, las figuras no tenían defectos, con la excepción de autores como Goya o Blake, que con sus representaciones alejadas de la razón no se dejan encasillar en este estilo.

Decisiva fue la influencia de Winckelmann. Este autor considera que la perfección máxima y el ideal de belleza cabe situarlo en la Grecia del siglo V. a. C. principalmente en las esculturas griegas. Pasa por ser el fundador de la historia del arte, siendo además un gran arqueólogo. influyó mucho en los artistas de su tiempo.

Como autores destacados cabe señalar en Francia a Jacques Louis David y a Ingres, aunque éste no lo sea por la época en que pintó, sin embargo es tenido como uno de los grandes pintores de este estilo, por su temática, por el color y por la preferencia del dibujo sobre el color. Asimismo como figuras importantes de este movimiento fuera de Francia cabe mencionar, en Alemania: Mengs, y en España: Maella, Mayeu, Aparicio, Juan Antonio Ribera y Madrazo.

***

El arte, inmutable. José Antonio Martínez

El romanticismo fue una tendencia artística que abarcó casi cien años, desde 1770 hasta 1870, y supuso una clara reacción al neoclasicismo. Hay una primacía clara del color sobre el dibujo. Los sentimientos se anteponen a la razón y respecto a la temática, se observa un predominio de la Edad Media sobre la antigüedad clásica. La obra inacabada frente a la perfección de una perfecta se impone también en esta época. Fue un periodo de grandes idealismos, que contrastaba con la realidad prosaica del día a día. Se optó claramente por la naturaleza frente a la civilización. Se exaltaban las pasiones, la sensibilidad y la imaginación.

La nómina de pintores románticos la integran en Francia: Delacroix y Géricault principalmente; aunque Ingres perteneció a este periodo, sin embargo, como se ha dicho anteriormente, su estilo fue más neoclásico, sin dejar de reflejar en algunas obras una cierta sensualidad romántica. En España destaca la figura de Goya en cuanto a sus obras tardías, sobre todo las pinturas negras y su tratamiento de lo irracional. En Inglaterra es preciso mencionar a dos grandes autores, Constable y Turner, en los que se hace notar su gusto por el color, en detrimento del dibujo, sobre todo en el caso del segundo, ambos ejercieron una notable influencia posterior.

***

Los "ismos" del siglo XX. La pintura de finales del siglo XIX y del XX en Occidente si por algo se puede caracterizar es por su tremendo cambio, es decir por la multitud de tendencias y corrientes existentes y que se han sucedido con una enorme rapidez las unas a las otras, dando lugar a numerosas vanguardias. Su deseo de singularizarse ha llevado a los pintores de este periodo a una continua innovación tanto temática como estilística, transgrediendo en ocasiones la *ortodoxia* artística, como de un modo notable sucedió con los impresionistas, principalmente franceses, que se apartaron

81

radicalmente de los cánones oficiales de la pintura del momento, llegando a ser rechazados frontalmente por ese motivo, viendo cuestionado su arte, que solo posteriormente alcanzaría el reconocimiento que actualmente atesora, con claros precursores en los paisajistas ingleses, especialmente W. Turner y John Constable. En 1874 tiene lugar la primera gran exposición pictórica en París, se trataba de artistas para los que lo fundamental era la luz y el momento, relegando en parte la forma. El cuadro de Monet, *Impresión: le soleil levant* es el que sirve para que la crítica irónicamente atribuya al grupo el nombre de *impresionismo*. Curiosa al menos resulta la influencia que una derivación de ese movimiento ha tenido en disciplinas como la psicología. Nos referimos al hecho de que la pintura puntillista, desviación del primitivo impresionismo, ha tenido en la teoría de la *gestalt*, que sostiene que al igual que el conjunto de la percepción es capaz de lograr aunar un conjunto del que la realidad no muestra más que sus partes disociadas. Es la base del llamado fenómeno *phi*, que a su vez se encuentra tras la técnica cinematográfica, que hace percibir como escena en movimiento lo que no es más que una sucesión de fotogramas aislados.

En fin, se da el cambio por el cambio, el cambio como esencia del arte. Arte y moda van de la mano. Es un periodo de cambio dentro de un contexto cambiante en todos los órdenes culturales, aunque en el arte esa tendencia había comenzado antes.

Como *ismos* se suele citar al *cubismo*, considerado la primera vanguardia de la pintura del siglo XX, rompió totalmente con los cánones artísticos precedentes, particularmente con los renacentistas, especialmente con la perspectiva. En cierto sentido Cézanne supuso ya un precedente en el siglo XIX en cuanto había reducido las figuras a sus elementos esenciales. Los cubistas toman esos elementos y los plasman en un mismo plano, incluyendo a la vez varias representaciones de un mismo objeto. En alguna medida esa visión reflejaba también lo que en otros órdenes apuntaban teorías como la del psicoanálisis o la de la relatividad, que señalaban que la realidad no es exactamente como aparece a nuestros ojos. Por su parte, la fotografía había liberado a la pintura de la labor de reflejo de la realidad, y abría otro campo para el arte. Surge especialmente en París a partir de 1907, y tiene entre sus figuras más destacadas a Picasso, Braque o Juan Gris. También por esas fechas surge en Italia principalmente *el futurismo* impulsado por Marinetti, cuyos representantes más célebres fueron Boccioni, Balla o Carrá, que pretendían iniciar un nuevo tipo de arte, rompiendo con todo lo anterior, y reflejando los nuevos tiempos, la máquina, la velocidad o el movimiento.

El *dadaísmo* ha sido uno de los movimientos más radicales, especialmente porque cuestionaba todos los precedentes. En el año 1916, en el Cabaret Voltaire de Zurich, surge un grupo de artistas que, desilusionados por el ambiente de la época, ponen en tela de juicio todas las corrientes artísticas y creativas anteriores y optan por el caos, por el sinsentido, por la duda total, en todos los órdenes, incluido el artístico. Este movimiento, denominado *dadaísmo* (expresión que en realidad no significaba nada), proponía suprimir la barrera entre el arte y la realidad, y cuestionaba la existencia misma del arte. Hugo Ball y Tristán Tzara son algunos de sus nombres más reconocidos. Surgido este movimiento en Suiza, de allí pasó a Nueva York, Alemania y otros países europeos. Notables fueron los *collages* y fotomontajes, que incorporaban muchos elementos de la vida ordinaria (fotografías, textos, instrumentos, etc.), firmados sin más.

El expresionismo es un movimiento que pretende llamar la atención sobre las circunstancias desagradables que les envuelven. Se caracteriza por el uso del color de modo descarnado, por dar cuenta de los sentimientos, y por ser una reacción frente al impresionismo y su naturalismo, destaca por las sensaciones desagradables que transmiten sus obras. Dentro de este movimiento se encuadran asimismo otros como el *fauvismo*, (de *fauve*, "fiera" en francés), un tipo de pintura expresionista que transgrede el uso del color y mezcla deliberadamente los colores intensos, se caracteriza por un cromatismo antinatural. Matisse o Braque son algunos de sus principales representantes.

La pintura metafísica, de De Chirico y Carrá principalmente, con sus célebres ciudades vacías, objetos aislados, yuxtapuestos y su dimensión onírica, aparte del mundo real, físico, supuso una destacada novedad en el breve periodo entre 1917 y 1920. Resultó un claro precedente del surrealismo, y mantuvo su influjo durante mucho tiempo aunque su vigencia primera fue reducida.

El surrealismo tiene, a su vez, una corriente abstracta que crea un universo propio, como Miró, y otra figurativa, como Dalí, Magritte, etc. Tratan estos autores a partir de 1920 de representar una deformación de la realidad, tal como el mundo de los sueños o nuestro inconsciente nos podían sugerir (no hay que olvidar que estaban en plena ebullición las ideas psicoanalistas, y que por ejemplo Dalí conocía y tenía amistad con Freud). Por otra parte, la teoría de la relatividad (Einstein había dado a conocer por entonces su famosa propuesta) sembraba muchas dudas respecto a que la realidad fuese tal como nuestros sentidos nos la presentan.

La pintura abstracta tiene en autores como el ruso Kandinsky uno de sus principales referentes. Su universo pictórico tenía en el color su elemento fundamental y pretendía liberarlo de la forma. En este sentido el holandés Piet Mondrian, y el movimiento surgido desde

1917 en torno a la revista *De Stijl*, crean composiciones con rectas y colores que trataban de alejarse de corsés estéticos anteriores.

El arte povera. A partir de los años sesenta, sobre todo en Italia, ha surgido un tipo de expresión artística que recupera elementos de la vida ordinaria, incluidos los materiales orgánicos, en general de escaso valor, tal como se deduce de su propia denominación. Pese a ello ha tenido una gran aceptación, sobre todo en Europa. Trata de huir de la comercialización del objeto artístico y pretende implicar al público.

Nuevas manifestaciones. Es preciso destacar además las videorrepresentaciones y nuevas manifestaciones artísticas, que buscan sobre todo la sorpresa, y que en numerosas ocasiones tienen como objeto la investigación y la experimentación con nuevos objetos e instrumentos, nos hacen explorar vías nuevas y nuevas formas expresivas. En este sentido cabe señalar una larga nómina de figuras como Pollock, De Kooning, Jaspers Johns, Rotkho, Warhol dentro del expresionismo abstracto americano o del pop art, o Hirst y los YBAs, Bacon, Richter, etc.

7. Consideraciones finales

Dentro de la trayectoria general del arte se observan dos grandes tendencias: a) una que ha buscado una mejoría de las reglas y resultados de la representación, hasta el punto de concluir en lo que podemos llamar una identidad entre el objeto representado y su representación, y que alcanzó uno de sus momentos culminantes en el Renacimiento, y b) otra tendencia que persigue el cambio por el cambio, intentando lograr así la sorpresa y el efecto estético, es en definitiva un cambio para subsistir, puesto que de otro modo dejaría de ser arte.

Hay numerosos casos de pintura independiente, aislada, no influenciada, que presenta unas claras coincidencias entre sí, tal ocurre entre las pinturas rupestres dispersas por todo el mundo. Por otra parte, pintura posterior, como la egipcia o la precolombina, absolutamente desconocedoras la una de la otra, muestran también ciertos rasgos de semejanza. El románico tiene asimismo paralelismos con algunos tipos de arte de la India, especialmente el del valle de Ajanta. En otros muchos supuestos también se pueden encontrar similitudes entre manifestaciones carentes de una influencia clara entre sí, lo que nos puede llevar a concluir sobre una cierta naturaleza común del fenómeno artístico, con unos rasgos más o menos permanentes.

Hay también pintura absolutamente dependiente, consecuencia clara de la influencia, es decir, del efecto que un determinado estilo u obra artística es capaz de provocar en zonas más o menos próximas. Hay, pues, focos activos, objeto de imitación, y otros que son el resultado de esos procesos, sin que esa posición sea siempre determinante de un valor superior o inferior del arte desplegado, así el Renacimiento que supuso un inicial plagio del arte clásico, acabó siendo igualmente uno de los principales referentes del arte de todos los tiempos.

Los cambios a veces han sido consecuencia de un nuevo estilo, o gusto, pero en otras ocasiones se han debido al éxito o uso de una nueva técnica, de un nuevo procedimiento o progreso en las reglas del arte pictórico, éste es el caso del propio arte renacentista, del manierismo, del barroco, o de la pintura de los siglos XIX y XX.

Ha habido momentos históricos que han sobresalido por encima de los demás en cuanto han catalizado y supuesto hitos fundamentales que han condicionado el arte posterior. Egipto, Grecia o el arte renacentista han sido referencias extraordinarias en el mundo del arte, aunque estas consideraciones están sujetas a vaivenes interpretativos en función del momento histórico.

Hasta el Renacimiento, la pintura puede decirse que experimentó un proceso evolutivo, de mejora técnica más o menos continuada, especialmente en el entorno occidental, si bien el valor artístico de los resultados no puede decirse que sea menor por el hecho de usar unos procedimientos más arcaicos. Ante la dificultad valorativa por comparación, hoy uno de los criterios fundamentales para la determinación de ese valor se sitúa en la antigüedad. A partir del Renacimiento, la pintura aborda un nuevo método, el de cambiar para sorprender, no para alcanzar un mayor dominio técnico. La moda y la pintura comienzan a ir más de la mano, entendiendo por moda los procesos de cambio caprichosos y más o menos acelerados, sin una clara razón aparente.

Lo que permanece en el ámbito artístico es el propósito estético, que resulta muy coincidente a través del tiempo. La influencia y la repulsa son pulsiones que inclinan a los artistas a seguir o a huir de un determinado canon en función de un cierto gusto que viene multicondicionado por factores culturales, políticos y del mismo hábitat.

¿Qué nos enseña, pues, el proceso y la historia del arte? Ante todo a respetar los diferentes gustos estéticos que históricamente se han sucedido, por entender que más allá de sus concreciones particulares, esas manifestaciones comparten una semejante intención y una voluntad de plasmar por medio del arte lo mejor y más distinguido del pensar y del sentir del hombre a través del tiempo, con una voluntad clara, en la inmensa mayoría de los casos, de trascender la realidad cotidiana, más pobre y prosaica, tratando de lograr una

El arte, inmutable. José Antonio Martínez

reivindicación del artista y de su época con vocación de eternidad.

Dentro de la especial dificultad que entraña la aproximación teórica a un fenómeno humano, el arte puede tenerse por un dominio individual y social en el que juegan un especial papel factores como: el deseo natural de todo artista de acercarse a la belleza, la influencia y la repulsa, el componente individual como causa última y principal de una obra estética, el mecenazgo, el espíritu del pueblo en que se desarrolla esa obra, junto con el azar, la historia y las circunstancias concretas que envuelven todo el proceso creativo, en estrecha relación con la cultura y con el pensamiento de la época.

Sin embargo, para el propósito que anima esta obra, podemos acabar señalando que las lecciones que del arte cabe extraer son las que a continuación se indican.

Siempre ha sido posible hablar de arte, desde los comienzos de la historia humana encontramos obras a las que atribuir sin la menor duda el calificativo de grandiosas, maravillosas, extraordinarias, bajo una consideración estética que se mantiene en sus grandes líneas a través del tiempo, por arcaicos y rudimentarios que hayan sido a veces los medios técnicos disponibles y por difíciles y poco favorables que hayan sido las condiciones ambientales.

La permanencia artística ha tenido una extraordinaria vigencia en supuestos concretos como el egipcio (que no ha sido el único) en que, pese a la existencia de los mecanismos que posibilitarían un arte cambiante, y habiendo conocido supuestos de radical cambio estético, éste fue rechazado claramente durante la práctica totalidad de su vasta vida (estamos hablando de un periodo de más de tres mil años) en estrecha relación con lo ocurrido en el proceso cultural de ese pueblo, en que todos los aspectos se han visto igualmente tocados por la mano de la estabilidad, por el gusto por su mantenimiento, y por el rechazo del cambio por el cambio, si bien la evolución técnica en todos los órdenes y el desarrollo social no han estado en absoluto ausentes.

En ocasiones el tipo de arte se ha supeditado a una clara finalidad ajena a lo estético propiamente dicho, que le ha llevado a rebajar el empeño por lo artístico, si bien el artista ha acabado por lograr extraordinarias manifestaciones, en muchos casos constreñidas por esas normas doctrinales, de carácter religioso principalmente, que no obstante se han visto desbordadas por una grandeza artística muy notable.

La búsqueda de la mejora técnica y de la perfección artística han estado siempre presentes como una de las principales opciones en el desarrollo del arte en toda su historia, si bien una vez alcanzado ese objetivo, la trayectoria estética ha derivado en otra dirección, la de la búsqueda de la sorpresa y de la innovación. Este es señaladamente el proceso que observamos en el caso del arte griego y renacentista en el primer sentido, y del arte posterior hasta nuestros días en cuanto a una búsqueda del cambio por el cambio, con la intención de lograr una sorpresa y una novedad que evite la repetición sin más.

Por todo ello, cabe concluir que el cambio en el arte no se ha rebelado como un procedimiento siempre presente, es más, en la mayor parte de la historia humana no lo ha sido, si bien desde el momento en que una buena dosis de perfección estética ha sido conseguida, ese cambio se ha instalado con una pluralidad de mecanismos, tiempos y variantes en el mundo del arte, de un modo principal en la cultura occidental, que por el efecto de los procesos de globalización ha extendido su radio más allá del propio ámbito geográfico clásico, pudiendo decirse que actualmente abarca la totalidad del planeta.

El arte, inmutable. José Antonio Martínez

Desde la presente perspectiva, y visto el proceso histórico, parece que el cambio continuará marcando la senda de los hechos artísticos, que para subsistir se verán obligados a seguir esa línea oscilante, si bien esta situación puede ser considerada como forzada y cuando resulte muy evidente y notoria, ese cambio en sí mismo puede llegar a producir saturación y rechazo. En este punto, y pese al carácter secundario del cambio respecto del arte, es preciso reconsiderar si realmente, dado que hoy en día es un fenómeno que condiciona tanto lo artístico, no se estará convirtiendo en algo esencial, en cuanto que, como se ha indicado anteriormente, sin cambio puede decirse que no hay arte, si bien es preciso tener en cuenta que ese cambio artístico actual es principalmente de matices y de elucidación de las potencialidades de que aún es susceptible el fenómeno artístico.

II. EL ARTE

1. La teoría social

Planteamiento

Nos enfrentamos al reto de una materia, la artística, que es tenida generalmente por paradigma de cambio evidente e incuestionable y que, abordada principalmente desde una perspectiva histórica, sirve para apoyar la argumentación del cambio social. Aquí trataremos de analizar posibles elementos comunes y trazas constantes, con la intención de someter a juicio ese planteamiento.

Hay una consideración implícita en muchas teorías sociales, según la cual basta con apuntar cualquier modificación para generalizar la naturaleza cambiante de la sociedad en su conjunto; esa extrapolación resulta precipitada en la mayoría de los casos, por más que el concreto cambio señalado pueda ser acertado; del mismo inconveniente adolecen los procesos artísticos, entendemos que sería aconsejable una actuación más sosegada a la hora de su valoración.

El tratamiento separado del arte respecto a los demás rasgos culturales y sociales ocasiona un problema añadido, por cuanto lo alejamos del hábitat natural, la sociedad, en que tiene lugar y con la que comparte absolutamente sus características más genuinas, como la causalidad, el alcance, el modo y la forma de sus manifestaciones.

El arte, inmutable. José Antonio Martínez

Respecto a la extensión de lo artístico a lo social, interesa ver en qué medida eso servirá para estudiar los demás fenómenos sociales. En cuanto el arte es algo visible, permite apreciar las diferencias entre estilos y obras y, por tratarse de fenómenos humanos, entre esos fenómenos. ¿Qué aporta, pues, el arte a nuestro propósito de situar el cambio social en sus justos términos? Creemos que la posibilidad de encarar el problema desde una perspectiva más visible, a la vez que analizar hasta qué punto un ámbito que es tenido por el paladín de la diferencia y del cambio, es en realidad susceptible de caer dentro de las mismas coordenadas que los demás fenómenos sociales, y por tanto sujetarse a una buena dosis de permanencia. Además, hay que tener en cuenta, como ya se ha venido apuntando, que la dimensión puramente visible y externa del arte no lo es tanto, puesto que tras esa apariencia hay toda una dimensión subjetiva y causal que es preciso tener en cuenta para abordar su verdadera naturaleza.

La separación de los estudios de los fenómenos sociales, en función de una tipología tradicionalmente establecida entre los mismos, no deja de ser artificiosa y puede ocasionar una dificultad adicional para su comprensión. Esa brecha entre materias tiene ya una importante tradición entre los teóricos, y de hecho ha dado lugar a la articulación disciplinar entre distintos contenidos, esa es la razón de ser de la historia del arte y de las demás disciplinas actualmente existentes. Sin embargo, esta situación no debe hacer olvidar que en todo caso se trata de una acción humana, con una dimensión individual y social, y por tanto (con independencia de su resultado, en este caso artístico) debe ser objeto de idéntico enfoque que los demás actos humanos, y su análisis quedaría muy mermado si únicamente se redujese al aspecto estético. Por tanto, el estudio del arte no puede por menos de resultar útil ya que se trata de una actividad absolutamente humana y social, y por ello participa de la misma naturaleza que las demás acciones humanas.

El arte, inmutable. José Antonio Martínez

En la obra artística, la teoría social se encuentra además con otro dilema más, el de su particularidad, es decir, en la mayoría de los casos esa obra es el resultado de la concepción y ejecución de un sujeto individual, con lo que cae fuera del objeto de estudio propio de lo que ahora se denomina sociología, por lo que si acaso debería ser analizada más propiamente por la psicología. Sin embargo, el conjunto de acciones artísticas suelen dar lugar a movimientos, a estilos determinados, y es esa dimensión global la que puede despertar el interés de la sociología. De todos modos, nos encontramos en un terreno muy escurridizo, en el que lo individual y lo social encuentran una difícil línea divisoria. Es necesario tener en cuenta que el arte no es ajeno a su entorno, sino que sobre todo es su consecuencia, no resulta imaginable la producción artística al margen del contexto o del hábitat en que surge, por tanto el apoyo a los artistas por parte de la comunidad resulta fundamental para la existencia misma de esa labor, y la valoración de esa comunidad lo es asimismo para que esa actividad artística tenga sentido. Esa dependencia de lo social hace que el fenómeno artístico tenga que ser estudiado desde las disciplinas que se encargan de lo social, y no simplemente por las que analizan actos individuales.

¿En este sentido, cómo se puede entender la aplicación de las distintas teorías existentes sobre la materia artística?. Evidentemente todo el despliegue teórico expuesto anteriormente es susceptible de centrar su acción analítica sobre el fenómeno artístico. Así, si conjugamos el objeto artístico y la metodología y teoría disponibles, no será difícil imaginar resultados como los que se exponen a continuación.

Para un marxista, el arte, en cuanto elemento superestructural, vendría determinado por la infraestructura económica, de forma que su aparición estaría condicionada por las circunstancias económicas subyacentes y obedecería a la intención de las clases sociales intervinientes en ese proceso. Este modo de abordar la cuestión serviría, quizás, para justificar el nacimiento, la existencia y la duración de esa actividad, pero a todas luces se encuentra lejos de poder dar cuenta de los matices, de la genialidad, de los rasgos que singularizan una obra de arte, y que en definitiva le confieren ese carácter distintivo. Cuando el propio Marx, en el *18 Brumario de Luis Napoleón,* intenta aclarar la inevitabilidad histórica de que un sujeto, en su opinión mediocre y vulgar, lograse el poder en Francia, no resulta en absoluto convincente y ha quedado más bien como un anecdótico intento de explicar la historia de acuerdo con el método marxista. De modo similar ese procedimiento se revela incapaz para dar cuenta de los rasgos distintivos del arte y del artista, si bien puede resultar útil para una aproximación al hábitat, a las circunstancias sociales que pueden haber coadyuvado a que ese resultado final se haya producido.

Si la cuestión es abordada desde un punto de vista individual exclusivamente, es decir por una disciplina como puede ser la psicología, sin duda que penetrará con más exactitud – aunque siempre limitada - en la singularidad del autor de la misma, en sus motivaciones personales, en las aptitudes y actitudes que han llevado a esa persona en concreto y no a otra a embarcarse en esa actividad, y a lograr ese resultado reconocido, pero se encontrará a faltar la referencia al ambiente, a las circunstancias sociales que han influido en ese comportamiento y que en definitiva lo han hecho posible.

En general, ni los enfoques globales, ya sean estructuralistas, funcionalistas, marxistas, ... ni los individuales, de tipo fenomenológico o psicológico, parecen dar con la clave de la explicación en estos casos. Tampoco las teorías intermedias, que intentan combinar ambos aspectos, ofrecen resultados definitivos. El problema no solo es de metodología y de objeto, como hemos visto, sino que además encuentra un escollo insalvable en la dificultad de desvelar las circunstancias que influyen en último término en los fenómenos humanos y sociales, y que nos hacen desconfiar de la capacidad del hombre para alcanzar a descifrar por completo las causas y circunstancias de esos fenómenos.

***

Teorías

La historia de la humanidad es, entre otras muchas cosas, un intento de dar cuenta del hombre y de la sociedad; hasta ahora ha resultado, en cierta medida, baldío, pese a haber sido abordado de muy diferentes modos; incluso lo que pretendía ser un paradigma explicativo absoluto, la ciencia, ha sido considerado por algunos como un proceso dominado por lo social, y sus descubrimientos "definitivos" siempre han sido desbordados por otros posteriores.

Con carácter general, en relación a los fenómenos sociales, y los culturales y los artísticos lo son absolutamente, cabe preguntarse si es posible tratar con sentido un fenómeno social y aspirar a entenderlo con exactitud.

Muchas teorías intentan o han intentado explicar la realidad, el hombre, el conocimiento humano, la sociedad, el devenir o el cambio social, utilizando muy diversas metodologías. Veamos algunas aportaciones valiosas entre la multitud de las que se han presentado históricamente. Sin distinguir ni su orden cronológico ni su carácter filosófico, sociológico, histórico o antropológico, aludiremos a título simplemente enunciativo a algunas de ellas como muestra de su variedad.

95

El arte, inmutable. José Antonio Martínez

La conocida como *deconstrucción*, atribuida principalmente a Derrida, ha reflexionado sobre los fenómenos sociales, señalando como dificultad adicional su particularidad y su diferente significación dependiente de cada contexto. Las teorías que se incardinan en la genérica denominación de la *filosofía del lenguaje*, como las de Wittgenstein sobre los variados juegos del lenguaje, y que incluyen excelentes desarrollos por parte de autores tan notables como Frege, Peano, Russel, Ayer, Austin, los incluidos en el Círculo de Viena, etc. ponen de manifiesto las trampas que pueden producirse en el lenguaje si se vulneran sus reglas. En todos estos casos se viene a incidir sobre el cuidado que es preciso observar para referirse a la realidad, llamando la atención sobre las consecuencias de no tomar esas precauciones, y poniendo de relieve el carácter limitado que tienen las afirmaciones sobre la misma, sin aspirar nunca a llegar a su verdadera naturaleza.

Desde otro punto de vista, la sociología representa un modo de aclarar los fenómenos sociales del tipo que sean, entre ellos los artísticos, con posturas cuantitativas y cualitativas, con planteamientos como los de Durkheim, en un sentido cuantitativo, valorando los hechos sociales como cosas, o con una interpretación más cualitativa, la *sociología comprensiva* de Weber y sus *tipos ideales*.

Las digresiones de la escuela de Frankfurt (Horkheimer, Adorno, Benjamin, Marcuse...) sobre la cultura, especialmente sobre la cultura de masas (en línea con los planteamientos marxistas sobre la *falsa conciencia* y con el carácter irreversible del desarrollo social, esbozado por Weber), han venido a incidir de un modo *crítico* sobre la naturaleza de esa información, que pretende adocenar a las masas y crear una ideología alienante en la sociedad, de la que no hay salida. La llamada *teoría de la acción comunicativa* de Habermas pretende encontrar una solución más optimista a esa situación.

96

El arte, inmutable. José Antonio Martínez

El marxismo (Marx, Engels...), como es sabido, subordina la cultura, el arte, y en general la superestructura ideológica a la infraestructura económica, base de todo el desarrollo social, aunque desde dentro del propio marxismo, autores como Gramsci y Lukács hayan reclamado para la superestructura un mayor protagonismo y un papel menos secundario que el asignado por la ortodoxia, señalando la capacidad de la misma para influir decisivamente en la sociedad. La puesta en práctica del marxismo y su cristalización en el mundo intelectual ha encontrado insuperables dilemas, entre ellos el incumplimiento de sus predicciones salvíficas; permanece, sin embargo, la aplicación de unos métodos en el enfoque de la investigación social que atribuye preeminencia a los aspectos materiales, y que mantiene una amplia nómina de seguidores en las disciplinas humanas, aunque en continuo debate con su antagónica postura, la que sostiene la importancia de lo ideológico, y que ha encontrado en la obra weberiana uno de sus principales soportes.

La fenomenología, la microsociología, el interaccionismo simbólico, o la etnometodología (Husserl, Schütz, G.H.Mead, Garfinkel, E. Goffman, Berger, Luckmann...) ponen el énfasis en la realidad más inmediata del hombre, en los fenómenos cotidianos y diarios, frente a planteamientos más generales como los que sostienen los funcionalistas (Parsons, Merton, ...) o los estructuralistas, centrados en los análisis de la cultura o de la estructura social. Teorías intermedias, como la de la *estructuración* de Giddens, pretenden encontrar un equilibrio entre el estudio de la acción y de la estructura, polos opuestos en las ciencias sociales.

Frente a los grandes planteamientos que han llenado tantos periodos históricos, el último de ellos el marxista, otros más recientes tratan de evocar la importancia de una teoría de menor alcance, pero más adecuada para los tiempos actuales, sobre todo tras el descrédito en que han caído los anteriores. Así la *hermenéutica* de Gadamer o el llamado *pensamiento débil* de Vattimo pretenden llenar el hueco explicativo dejado por aquéllos mediante el recurso a la llamada *pequeña teoría*.

Nuevas visiones de la sociedad (Bell, Tourain, Castells, Beck, Rifkin, Toffler, Huntington…), basadas en el cambio, en la concepción de que todo está en continuo movimiento, aspiran a iluminar la marcha de la sociedad, de lo que sucede, proponiendo elementos clave que pueden caracterizar la nueva situación, ya sean: el desarrollo tecnológico, las propias dinámicas de cambio, o nuevas realidades como la denominada *hiperrealidad* por Baudrillard o Umberto Eco, en contraposición a la tradicional.

Hay teorías que abordan directamente los hechos de un modo plano, con la idea de que los hechos no tienen otro trasfondo, es decir que lo que aparece es lo que es, y otras que sospechan de esa apariencia, señalándola como el fruto de un inductor engañoso que pretende hacer pasar por real lo que no lo es (una especie de nueva versión de la caverna platónica). En este supuesto podemos situar a los pensadores que han sido tildados por Ricoeur (en una de las expresiones más citadas del siglo XX) como *los maestros de la sospecha*, Marx, Nietzsche y Freud, quienes cuestionarían la racionalidad dominante en círculos intelectuales, al sostener que la razón ocultaría la existencia de los auténticos factores de acción: respectivamente, el materialismo económico, la voluntad de poder o el inconsciente reprimido.

Asimismo no han dejado de ensayarse teorías desde otros variados puntos de vista, como la que ha pretendido extender caracteres desde el ámbito económico al social, particularmente notable es la que se ha venido en denominar *teoría de la elección racional* (Coleman,

Elster…), que pretende explicar la conducta de los grupos sociales sobre la base de un comportamiento tomado como paradigmático en las disciplinas económicas, según el cual los sujetos optan en cualquier circunstancia por el comportamiento que tienen por el más racional, de acuerdo con la información que manejan en ese instante.

Incluso desde una perspectiva histórica se han producido novedades teóricas, es el caso de la escuela de los Annales francesa (Bloch, Febvre, Le Golf, Braudel, …) o la historiografía británica reciente (P. Anderson, E. Hobsbawm, E. P. Thompson…), que aportan un enfoque distinto, basándose en los acontecimientos desde abajo, desde los grupos, contra la tendencia tradicional que analizaba la vida y actos de los grandes personajes y los grandes sucesos. Concepciones novedosas como la denominada *historia total* (parecida a la *Historia de las civilizaciones* de Braudel, y defendida entre otros por Peter Burke) son un modo de entender la historia desde una óptica de alcance, considerando grandes periodos, frente a la narración de los hechos concretos. Ha habido y hay consideraciones más teleológicas o historicistas (Vico, Hegel, Marx, Spengler, Toynbee, Fukuyama y otros) que ofrecen una visión dirigida de la historia, sujeta a un desarrollo y una finalidad reglados.

Visto el panorama de las disciplinas humanas, puede sostenerse que desde los orígenes el hombre ha intentado dar cuenta de sí mismo y de la realidad circundante, y para ello ha ido alumbrando toda una serie de posturas teóricas, desde las propias concepciones míticas, que aún persisten, hasta las más estrictamente racionales, aunque la línea divisoria no siempre se ve con claridad. Al principio todo era tenido por filosófico, siendo los filósofos los que se pronunciaban sobre lo humano, lo social, lo moral, lo real, el entendimiento, la religión o la ciencia. Las opiniones y teorías han sido muy numerosas y diversas, cada autor ha pretendido comprender mejor los hechos, sobre la base del cuestionamiento del resto de explicaciones, pero ninguna opinión ha llegado a ser tenida por todos como definitiva, aunque ciertamente algunas han aguantado mejor que otras el paso del tiempo.

En los dos últimos siglos principalmente, la concepción creciente de los cambios habidos en la sociedad ha dado lugar al nacimiento de una división disciplinar con la aparición de numerosas ramas del saber, de la mano de los respectivos especialistas en cada una de ellas, lo que ha hecho multiplicar las teorías existentes, si bien la situación comprensiva no ha mejorado, sino que se ha concretado y especializado, pero a grandes rasgos se mantiene en un semejante nivel explicativo, y las viejas teorías han sido reformuladas o revitalizadas con diversos matices por nuevos puntos de vista. Hay muchas más posturas, muchas opiniones, pero lo humano y lo social sigue sin ser predecible, medible y controlable, a diferencia de lo que ocurre con las ciencias naturales, perpetuo objetivo frustrado de sus hermanas *menores*, las disciplinas (ciencias) humanas.

No obstante, cabe preguntarse por los aspectos que han mejorado desde que el hombre ha comenzado a desarrollar esa capacidad reflexiva, qué ventajas se han producido tras tantos años de esa experiencia. Si admitimos que la variedad de soluciones es un dato positivo, sin duda el saldo será muy favorable, ya que el hombre ha oscilado desde una simple cuestión sobre la unidad de lo real bajo uno o pocos elementos (los presocráticos: Tales, Anaxágoras, Anaxímenes, Empédocles, Heráclito, Parménides, Pitágoras...), hasta las elaboraciones más completas, como las de Sócrates, Platón o Aristóteles, tanto sobre la naturaleza, como sobre el propio conocimiento, la política o la moral, sin desdeñar la ciencia y los métodos, ya deductivos o inductivos. Tras los desarrollos medievales del neoplatonismo, el agustinismo y el tomismo, la Edad Moderna comienza con una vigorosa pregunta sobre la capacidad de la razón para dar explicaciones, de la mano principalmente de notables pensadores como Descartes, Ockam, Spinoza, y con el inicio de un método científico (continuación del ya alumbrado por Aristóteles) gracias a la concepción de Bacon, en su célebre *Novum Organum*. Un hito fundamental en ese racionalismo lo supuso sin duda Kant, que de un modo magistral profundizó en la teoría del conocimiento, distinguiendo entre el *fenómeno* y el *noúmeno*, y las *formas a priori del entendimiento humano* (el tiempo y el espacio). Otro momento trascendental lo ha representado el empirismo inglés, por medio de autores de tanta valía argumentativa como Locke, Berkeley y sobre todo Hume, que dio un vuelco a la teoría del conocimiento, optando por la experiencia sensible como su principal fuente. El punto final de ese proceso teórico corresponde sin duda a un autor excepcional, Hegel, que culminó el idealismo, un sistema filosófico sobre la realidad y el conocimiento en el que se identifica lo racional y lo real, destacando el proceso dialéctico de la razón, y que provocó a partir de él toda una división entre teóricos de izquierda y de derecha, susceptibles de llegar a resultados opuestos. El pensamiento posterior, sin duda es un diálogo con las obras principalmente de Kant y Hegel, que a su vez, han reproducido el planteamiento que mucho antes habían esbozado de modo sublime Platón y Aristóteles. La fenomenología (Husserl, Heidegger...), el marxismo, Nietzsche, el estructuralismo, el giro lingüístico, el positivismo, ... son algunas de las numerosas corrientes del pensamiento y teorías que siguieron a ese momento y que aún dominan el panorama teórico reflexivo sobre la realidad.

Por otra parte, determinadas disciplinas surgidas a raíz de los cambios experimentados por la sociedad tras la revolución francesa fundamentalmente, se fijaron como objetivo dar cuenta de un modo más específico de la realidad social y del hombre. De modo destacado la sociología, la antropología, la historia, la lingüística, la economía, la psicología, son algunas de las ramas del saber que han surgido o que han renovado sus métodos en tiempos más recientes.

101

El arte, inmutable. José Antonio Martínez

Se ha producido un fraccionamiento del objeto de estudio y un esfuerzo importante en el uso de metodologías adecuadas para llegar a obtener resultados objetivables, contrastables, semejantes a los que han hecho progresar tanto a las ciencias de la naturaleza.

¿Qué resultados podemos decir que se han logrado a raíz de esta nueva situación doctrinal y de esa absoluta especialización? Se han explorado multitud de opciones, tanto metodológicas como de planteamiento, se ha conseguido acotar los objetos de estudio, tenerlos más controlados, a la vez que se ha desarrollado un cuerpo teórico de grandes dimensiones, que no puede ser alcanzado por todos los teóricos, sino que cada especialista se centra en el suyo propio. El mundo del conocimiento ha abierto ese nuevo modo de actuar, ventajoso en ciertos aspectos, como el de observar mejor hechos muy concretos, pero al mismo tiempo corre el riesgo cierto de perder la perspectiva holística, la valoración y estudio del objeto en su conjunto. El proceso no parece que tenga marcha atrás, la opción nueva es tenida por irreversible, y los resultados podemos decir que no son absolutamente alentadores, hay margen para la cuestión y para su puesta en entredicho.

***

Proceso histórico

En materia de disciplinas humanas las teorías han surgido, han alcanzado notoriedad mayor o menor y han decaído. Se han mantenido como un antecedente que ha engrosado la cada vez más vasta historia del pensamiento. A veces se incardinan en una corriente ya consagrada de ese pensamiento, en el que perviven como una variante más o menos notable. Hay autores que consiguen que sus propuestas teóricas sean relevantes o muy relevantes. Hay algunos, los menos, que logran figurar como hitos fundamentales de una época, de un movimiento. Nunca ha habido una teoría que haya resultado ser la definitiva, es decir, que haya alcanzado una hegemonía tal como para desplazar a todas las demás, erigiéndose en la única existente de forma permanente. Todas han visto cómo sus planteamientos han declinado o al menos se han puesto en tela de juicio.

Ha habido grandes países o determinadas zonas geográficas en las que ha florecido una corriente o unos determinados autores importantes y el resto ha seguido esas teorías. La Grecia clásica, Roma, Francia, Alemania, Gran Bretaña o Estados Unidos han sido y siguen siendo los escenarios principales de esa producción teórica mundial en el ámbito del pensamiento.

El monocausalismo de los autores presocráticos ha tenido su momento de aceptación, lo mismo que los planteamientos de Heráclito y Parménides, que continúan siendo objeto de análisis, e incluso postulados como el de Demócrito sobre la composición atómica de la naturaleza, se ha visto confirmado en cierta medida por la verificación científica, y por tanto podemos decir que aún mantiene su vigencia (si bien es preciso notar que estamos hablando de una actividad científica, ya que entonces la distinción entre el dominio de la ciencia y el de la filosofía no era tan nítida como en la actualidad).

Sócrates, Platón y Aristóteles pueden ser tenidos como los pioneros de la filosofía, son sus clásicos, y sus opiniones sobre los métodos, sobre la naturaleza, la moral, el conocimiento, y en suma sobre la capacidad de la razón para llegar a la comprensión de la realidad del hombre y del mundo, fijaron un mapa conceptual que desde entonces ha visto variaciones, pero que en sus aspectos fundamentales ya quedó prefigurado en aquellos tiempos, con independencia del papel asignado por cada uno de ellos a la experiencia sensible como causante de ese conocimiento. Descartes, Kant, Hume o Hegel fueron otros grandes pensadores que incidieron sobre esas mismas cuestiones, elaborando sistemas filosóficos propios, pero bebiendo absolutamente de esas fuentes clásicas.

A su vez, de ellos han arrancado otras doctrinas posteriores que han dominado el panorama intelectual de los últimos tiempos. Marx, Husserl o Wittgenstein han desarrollado propuestas que han tenido un amplio seguimiento, y que han supuesto en sus diferentes ámbitos una novedad relativa, ya que han seguido o catalizado corrientes previas. En este sentido Husserl ha optado por un despliegue de la potencia creadora del kantismo, en concreto la fenoménica. Marx ha reinterpretado y aglutinado diferentes propuestas de su época, las ha refundido y aplicado con una visión materialista a la transformación de la sociedad industrial de aquel momento. Wittgenstein ha culminado, por su parte, el denominado "giro lingüístico" que llevó a la otrora importante metafísica a un declive parece ser que irreversible, proponiendo implantar en el discurso filosófico un rigor semejante al de las ciencias de la naturaleza, desechando todo aquello que no se atuviese a unas estrictas normas de verificación (o *falsación* que diría Popper), si bien con posterioridad, en "Las investigaciones filosóficas" revisó los planteamientos mantenidos en "El tractatus logico-philosophicus".

En el siglo XIX comenzó un nuevo paradigma disciplinar, el que podemos denominar de la *especialización*. Como una consecuencia de la situación social imperante se produjo una revisión del estatuto de las disciplinas humanas, y tuvo lugar, como ya se ha indicado anteriormente, la aparición de nuevas disciplinas con sustantividad propia, como la sociología, la antropología, la economía, la estética, la psicología, la lingüística, con sus correspondientes cuerpos doctrinales.

El arte, inmutable. José Antonio Martínez

Por lo que a la sociología se refiere, que es la que más directamente atañe a nuestro presente objeto de estudio (el arte), vieron la luz una serie de teorías diferentes que buscaban describir el funcionamiento de la sociedad de un modo más exacto, tratando de lograr una medición e incluso una previsión de sus procesos. Sin embargo, pese a la pluralidad de teorías y de metodologías habilitadas, el resultado dista bastante de ser definitivo y se puede decir que el acierto de sus predicciones no se ha producido en absoluto, siendo desautorizado por la realidad de los hechos en la mayoría de los casos.

En este punto, quizás el caso más llamativo sea el del marxismo, que en realidad es una teoría muy amplia que abarca una pluralidad de ámbitos, y que a diferencia de la mayoría llevaba aparejada una prognosis social, la de la desaparición del capitalismo y la implantación gloriosa de una sociedad sin clases sociales. Curiosamente el estrepitoso fracaso de ese pronóstico ha acarreado en gran medida el descrédito de buena parte de sus planteamientos. Esa situación nos permite otear las consecuencias de cómo el tiempo ha afectado a las distintas teorías y acercarnos a la naturaleza del estatuto de las disciplinas humanas. Podemos aventurar que si todas las teorías llevasen anexa una propuesta de validación tan clara como el marxismo, posiblemente padecerían el mismo desprestigio, ya que hasta ahora el acierto no ha sido la norma, sino todo lo contrario, aunque para evitar ese efecto devastador la mayoría de ellas se quedan en análisis de la realidad y no pretenden ir más lejos, lo que si bien es importante, no obstante dista mucho de alcanzar el listón establecido por las ciencias de la naturaleza, tememos que por siempre inalcanzable para las disciplinas humanas.

La experiencia acumulada en lo que se puede denominar historia de las ideas, incluyendo tanto la filosofía como las demás disciplinas surgidas de su disgregación, lleva a formular alguna conclusión provisional. Hasta ahora no podemos hablar de una o unas pocas

105

teorías universalmente válidas y admitidas por la comunidad científica mundial; la relatividad, la provisionalidad y la aproximación son vocablos que cuadran mejor con las mismas; siempre han surgido matices, cuando no formulaciones completas, que han cuestionado las teorías precedentes y aún las coetáneas. En este sentido puede decirse que la situación no difiere en exceso de la de las ciencias de la naturaleza, pues también aquí pocas teorías se han revelado o mantienen inalterada su vigencia de forma continuada; si bien, la situación varía en que tanto el declive como la adopción de un nuevo paradigma científico suelen ser admitidos de modo mucho más unánime por la comunidad científica.

Como ocurre en las disciplinas humanas, en el ámbito artístico no se puede hablar con total exactitud ni del alcance, ni de la significación de una obra, ni de un autor, todo lo que cabe hacer es manifestar opiniones y consideraciones más o menos subjetivas. Si bien es posible aludir a la influencia, al cambio y a la permanencia de determinados rasgos artísticos, no podemos sin embargo concretar su auténtica medida y magnitud, tal como asimismo sucede en las demás ramas del saber referido a lo social y a lo humano. En este punto, pues, nada que decir sobre la peculiaridad de lo artístico respecto a las otras disciplinas humanas, pese a que en este dominio todo parezca ser más evidente, más visible.

Si nos aproximamos a la contemplación y valoración de una obra de arte, cabría decir que en la misma se observa la influencia de otra obra, o de otro estilo artístico, si comparten ciertos rasgos comunes y permanece un mismo patrón o canon artístico. Sin embargo, pronunciarse con total certeza sobre el alcance de esas circunstancias es imposible, y siempre nos encontraremos en un terreno lleno de subjetividad. El problema reside en la pluralidad de causas y en su diferente aportación al resultado artístico, averiguar con precisión la participación de cada una de ellas es una quimera imposible. Las teorías monocausales, que las ha habido y muy numerosas, pese a responder a un loable ejercicio de simplificación y suponer un atractivo proceso de aclaración, no reflejan lo que ocurren en la realidad, mucho más compleja y plural. Si bien es cierto que la obra artística tiene unos contornos concretos, limitados, claros y absolutamente precisos, sin embargo si queremos profundizar en su proceso de elaboración, en su tiempo, o en los motivos que llevaron a su autor a la ejecución de esa obra, y la influencia o circunstancias que subyacen a la misma, nos encontramos – desgraciadamente para la inteligibilidad de los hechos humanos y sociales – con una dificultad mucho mayor. Así pues, a lo evidente, que se refleja perfectamente en la obra artística, le corresponde una historicidad cuyo descifrado dista mucho de resultar sencillo, y entra de lleno en el mismo terreno de las demás disciplinas humanas. Por tanto, cada expresión artística atesora una manifestación y un proceso creativo y de consideración que lo hace único, y del que resulta difícil extraer una valoración exacta, por más que se puedan ofrecer unas líneas generales orientativas.

Así pues, ¿qué podemos decir de un fenómeno como el artístico?, ¿en qué medida hay novedad o copia?, ¿hasta qué punto hay genialidad en las obras artísticas?, ¿en qué proporción reflejan el sentir de su tiempo?, son algunas de las preguntas que resultan perfectamente pertinentes, pero cuya solución es extremadamente dificultosa. Ni las posturas simplistas, incluidas por supuesto las monocausales, aclaran la realidad, ni tampoco aquéllas que siguen la corriente quizás más al uso en estos momentos, es decir, las que tienen en el supuesto proceso continuado de cambio - en todos los órdenes de la vida - su principal razón explicativa.

Partiendo de la dificultad en la comprensión de los fenómenos sociales, un intento de reducir esa dificultad es ponerlos en relación con determinados elementos que son en buena medida responsables

107

de su existencia en todo tiempo y lugar. Lo que vale con carácter general para dar cuenta de dichos fenómenos, sirve igualmente para explicar muchos porqués de los hechos artísticos, sin olvidar, desde luego, la consideración que del fenómeno estético como "concepto abierto", y por tanto inasible para el hombre, ha hecho Wittgenstein en el "Tractatus lógico-philosophicus".

En primer lugar nos vamos a referir a la que puede ser tenida como una causa primaria de los mismos, es decir la naturaleza humana, en el sentido de que a ella obedece la necesidad que el hombre siempre ha tenido de expresar sus sentimientos mediante una exteriorización que ha encontrado el beneplácito de sus contemporáneos y que ha provocado reacciones de admiración y sorpresa en los mismos; esa actividad, común a todos los pueblos, ha tenido unas características muy diferentes en cada caso, aunque siempre haya mantenido unos comunes elementos. Dentro de ese marco común, tienen lugar particularidades y casos concretos que se deben a la acción individual de los sujetos y que o bien por su genialidad o por circunstancias quizás azarosas, han alcanzado resultados que han marcado hitos imprevisibles en la historia del arte.

Por otra parte, el hábitat, entendido en un sentido amplio, incluyendo desde la técnica a la ideología imperante en un cierto momento y lugar, ha influido de un modo determinado en unos concretos resultados artísticos. Con una consideración generosa, quizás podría abarcar también ese hábitat lo que algunos han venido a denominar "el espíritu del pueblo", *volkgeist*, es decir aquellos rasgos idiosincráticos de una colectividad que ayudan a definirla de un modo más o menos característico, y que hacen que determinados comportamientos y actitudes sean reputados como propios de esa colectividad por el hecho de ser frecuentes en su comportamiento; pues bien, es ese espíritu el responsable en muchos casos de una determinada orientación en el resultado artístico.

108

Concretados esos elementos, la conducta artística encuentra ya unas mínimas referencias causales que nos permiten acercarnos a su proceso creativo con una mayor pretensión explicativa, hasta donde se puede llegar en el intento de dar cuenta de ese tipo de fenómenos; sin embargo hay muchos aspectos que escapan a esa aclaración y que encuentran en el azar y en la historia particular su razón de ser.

2. Nuestra propuesta metodológica

Dada la naturaleza limitada de la explicación en el ámbito de lo social, se intentará *mostrar* en esta obra lo artístico en su conjunto y sus procesos, más que dar cuenta de ellos. Constituye un hecho palmario la dificultad de las disciplinas humanas para afrontar la aclaración y medición de los fenómenos propios de las mismas, en consecuencia hemos preferido un acercamiento al arte desde una perspectiva más centrada en su simple exposición, en poner de manifiesto esos hechos y fenómenos, simplemente señalando sus características, de modo que constituyan un material disponible para un ulterior uso teórico, en la medida en que pueda servir de base para construcciones posteriores. A tal fin hemos considerado oportuno agrupar los rasgos analizados en una serie de apartados, más o menos discutibles, pero que presentan la ventaja práctica de reconducir la amplia gama de aspectos hacia unos compartimentos determinados que harán más fácil la comparación y la clasificación de un fenómeno tan variado y complejo.

De la pluralidad de aspectos que pueden entrar en juego, proponemos un acercamiento metodológico a los fenómenos sociales teniendo en cuenta el efecto que en los mismos tiene la naturaleza humana, el papel de las individualidades, los condicionamientos del hábitat, la influencia del espíritu de los pueblos, y las consecuencias del azar y de la historia concreta en su nacimiento, desarrollo y evolución. En este sentido, en cuanto lo artístico es un fenómeno social, participa plenamente de la misma naturaleza y por tanto de la misma metodología.

Esos apartados los hemos reducido a la naturaleza humana, en cuanto ésta es un referente capital en la producción artística, puesto que de ella arranca, en nuestra opinión, la nota de la generalidad de su existencia. En segundo lugar, contamos con la individualidad, con el factor subjetivo, ya que en la mayoría de los casos la expresión artística es debida a la acción de una mente directora y ejecutora, con independencia de que en muchas ocasiones esa autoría haya permanecido en un segundo plano o en el anonimato. En tercer lugar, el hábitat, entendido en un sentido amplio, como marco de tipo cultural, económico, técnico, ambiental, etc. que influye directamente en el tipo y alcance de una obra determinada. En cuarto lugar queremos aludir a un hecho notable, y es que en parecidas circunstancias, a veces la producción artística ha tenido diferentes consecuencias debido a lo que de un modo general puede ser llamado el "espíritu de los pueblos", y que ha hecho que fructifique más o menos en función de ello el hecho artístico. Finalmente otro elemento que ha hecho sentir con fuerza su presencia en la realidad artística ha sido la historia y la azarosa vida de los acontecimientos, que han contribuido a que una obra de arte o estilo artístico no pueda por menos de ser tenido como la consecuencia natural de los hechos acaecidos en esa época.

***

Lo natural. ¿Qué es el arte?, ¿qué es lo bello?. Nada más lejos de la simplicidad en la respuesta, esa concepción ha experimentado muchos cambios relacionados con las variaciones del gusto y con el paso del tiempo. Basta echar la mirada al patrón de belleza femenina contemplando obras como las venus de Willendorf o de Samotracia, o las mujeres de Velázquez, Rubens, Picasso o Botero. Toda una disciplina, la estética, se ha encargado de afrontar esta cuestión y de ofrecer una solución a esta aparentemente inocente pregunta; desde los albores de los tiempos en la civilización occidental son multitud las referencias a la misma; dejando para más adelante una breve alusión a dicha materia, y a qué se ha ido entendiendo históricamente por "bello", vamos a mencionar seguidamente algunos provisionales rasgos del arte, soslayando la digresión sobre la mayor o menor identidad de ambos conceptos.

Por *arte* puede entenderse, entre otras cosas, un modo de reflejar valores, acontecimientos, admiración o momentos extraordinarios o habituales de la vida humana, pero al mismo tiempo ha sido una consecuencia del miedo, del deseo de alcanzar méritos ante fuerzas superiores, un poderoso instrumento para destacar y lograr notoriedad o riqueza, o simplemente el medio de exteriorizar una fuerza creativa que necesita ser plasmada de alguna manera. Ha habido una gran implicación del pueblo con el arte, con los artistas y con lo que representan, compartida por el poder en una relación causa-efecto de difícil precisión, y que ha llevado al fomento decidido de esta actividad, en una labor de mecenazgo muy a menudo presente en la historia. El arte, entendido como la conjunción de resultados y autores que lo han hecho posible, constituye indudablemente un patrimonio fundamental para la comunidad en que se produce, es uno de los elementos clave en la fijación de las señas de identidad de la misma, con la consiguiente importancia en la determinación de nacionalismos o localismos. En cuanto depositario de un indiscutible valor, el arte y lo que le rodea es objeto de una controversia y actividad como los demás bienes, con las características propias de ese tráfico, y por tanto la acción para acumularlo, compartirlo o disfrutarlo es una constante.

En cualquier caso, siempre lo bello ha conformado la vida humana, ha sido parte sustancial de su existencia y no conocemos sociedad ni cultura que haya carecido de ese componente, por encima de la valoración que se pueda hacer de los atributos concretos y de las manifestaciones particulares de los objetos tenidos por artísticos y bellos en un momento anterior. Incluso en los supuestos extremos en que una comunidad carezca de elementos considerados estéticamente significativos, no por ello prescinde del mismo concepto de belleza, con independencia de que mantenga una relación más distante con lo artístico. Por tanto, podemos decir que se trata de un fenómeno universal, de diferente intensidad ciertamente, pero al mismo tiempo absolutamente integrante de lo social, de modo que su presencia varía de una comunidad a otra, sus manifestaciones son más o menos intensas en cada una, pero ninguna carece de ellas.

En este punto es preciso distinguir entre la propia creación artística de una comunidad dada y la valoración que la misma atribuye a la obra artística pasada, y que de algún modo es patrimonio de esa comunidad. Aunque los cánones estéticos varíen de un tiempo a otro, la estima hacia el arte pasado suele mantenerse y sigue siendo considerado como bello y valioso, aunque en este punto haya habido excepciones.

El arte puede ser visto como la historia de una sensación humana universal, permanente, que unas veces ha tenido la necesidad de cambiar y otras no, al hilo de lo que ha ocurrido generalmente con la cultura, con el pensamiento de cada momento. Con claridad puede decirse que la esencia de la belleza no cambia, solo la forma, si bien el concepto actual de *arte* no se ha visto siempre ni en todos los lugares del modo en que ha empezado a ser considerado desde la Grecia clásica principalmente.

***

Lo individual. La capacidad y habilidad para las artes, incluida la pintura, se ha considerado como un don otorgado por Las Gracias de manera caprichosa a quien ellas disponían; es una creencia que se sigue reinterpretando como una cualidad innata que o se tiene o no, pero que no puede adquirirse por formación. Las individualidades han tenido una importancia y un reconocimiento variable en la producción artística; ha habido épocas en que la autoría se ha considerado muy relevante en el resultado de una determinada obra, y otras en que ese hecho ha pasado más inadvertido, siendo un aspecto de menor trascendencia. Calibrar hasta qué punto el resultado final es una consecuencia de la acción individual del artista, o ha de ser atribuido al uso de una determinada técnica, o al esfuerzo de una agrupación de artesanos o artistas, no siempre es tarea sencilla. En algunos casos la obra por su grandiosidad, extemporaneidad u originalidad es digna del calificativo de genial, pero en otros muchos es la consecuencia más o menos lógica de un esfuerzo colectivo, de una acción de conjunto, de una época o de una pluralidad de causas previas.

La singularidad del artista ha sido destacada principalmente a partir de la época renacentista, pero con anterioridad sorprende el caso griego, en que se produce un inusual protagonismo de los autores de esculturas y obras arquitectónicas. Fidias, Praxíteles, Policleto o Mirón son solo algunos de los que han alcanzado notoriedad universal desde ese momento.

El arte, inmutable. José Antonio Martínez

Ya mucho antes, en el antiguo Egipto, hubo nombres muy singulares que por sus méritos artísticos llegaron a alcanzar incluso el estatus de la divinidad, es el caso señalado de Imhotep, ya en la III dinastía, y otros muchos autores posteriores. No obstante se trata de casos aislados, ya que las obras se han considerado hasta fechas más recientes como el resultado de una acción artesanal, debidas a una clase social que, aunque virtuosa, no era merecedora de tanto reconocimiento. Por otra parte, en un sentido inverso, actualmente una gran parte de lo que es tenido por obra de arte, es debido en muchas ocasiones a la acción anónima de personas que no pasan a la posteridad en beneficio de artistas que únicamente ponen su nombre a la obra final.

Un aspecto que no suele ser considerado, pero que debe ser tenido en cuenta al abordar la significación de los individuos en la obra artística es el de la cantidad de sujetos relacionados con lo bello, es decir la relación entre el número de personas de una colectividad determinada y la cantidad de artistas que se dedican a esas tareas dentro de ese grupo. Es un dato muy variable históricamente y que aporta elementos interesantes a la valoración de la creación artística de cada pueblo o colectivo a lo largo del tiempo.

***

El hábitat y las novedades técnicas. La existencia de lo social está tremendamente condicionada por el entorno, por el conjunto de factores de tipo ambiental que lo rodean en cada momento histórico y en cada lugar. En este sentido, entendemos que el número de esos factores no debe ser reducido en aras de una pretendida simplicidad en la explicación y comprensión de lo social, tal como históricamente ha ocurrido. Ello sin duda ha resultado seductor, pero al mismo tiempo se ha demostrado inexacto y ha originado innumerables consecuencias perniciosas, que en nuestra opinión

114

desaconsejan seguir ese camino. Creemos mucho más acertado incorporar la pluralidad de causas y factores que se encuentran detrás de todos los procesos y realidades sociales, aunque sea más difícil su interpretación y comprensión.

La historia del arte está llena de novedades técnicas, de aportaciones importantes que han ido *mejorando* los resultados; las tendencias y nuevas corrientes han acompañado situaciones de ese tipo. Cuando la genialidad ha abierto un camino original, habitualmente se ha iniciado una época en que se ha explotado ese procedimiento hasta que el gusto ha cambiado y ha caído en desuso. No obstante, hay momentos en que se produce una innovación que se incorpora totalmente al acervo de medios disponibles y queda ya asumida para siempre, en tanto que otras son más pasajeras y mantienen solo una temporal vigencia; la perspectiva, por ejemplo, constituye un claro supuesto del primer caso, en tanto que el *sfumato* ha sido más residual desde su introducción. Sin embargo, hay numerosas ocasiones en que ese *progreso* artístico resulta cuestionable, y la novedad persigue únicamente la sorpresa, el cambio por el cambio, o romper con el pasado, aunque éste sea más perfecto desde un punto de vista técnico.

Desde siempre la técnica, los descubrimientos hechos por el hombre en cualquier ámbito, fueron inmediatamente incorporados a la actividad artística, existiendo una simbiosis absoluta entre ambos dominios, técnica y arte. Las columnas, el arco, la bóveda, los arbotantes y contrafuertes, las linternas, las vidrieras, las metopas y los triglifos, con sus innumerables variaciones regionales o temporales, son solamente una minúscula parte de la gran cantidad de recursos técnicos con que ha contado históricamente la arquitectura; otro tanto cabe decir de la escultura o de la pintura, en las que ha ido ganando terreno la reproducción cada vez más exacta de la realidad, hasta que, por resultar insuperable, ha dejado de ser su objetivo principal, centrándose más en la introducción de variaciones sobre lo ya alcanzado, sobre la base de la no repetición y de la sorpresa o asombro causados en el destinatario de la obra artística. No obstante, habitualmente han sido las modificaciones de los elementos más intemporales las que, por ejemplo en arquitectura, han permitido establecer las diferencias entre estilos distintos. Así el gótico se aparta del románico en el tipo de arco, de bóveda o de columnas, lo que ha permitido a estos templos alcanzar unas dimensiones y ligereza imposibles en el románico; o el retorcimiento de las columnas y la decoración recargada han sido propios del barroco, etc.

Hay que señalar, sin embargo, el exceso que se produce frecuentemente en este punto respecto a la importancia atribuida al cambio artístico, ya que muchas veces éste se debe solo al uso de una nueva técnica, y a menudo se olvida que en ese nuevo resultado subyacen idénticos planteamientos estéticos y permanecen tantos elementos integrantes del operar artístico que no es justo desvincular por completo estilos artísticos por la mera apariencia. Tan arte es un estilo como otro, y tan valioso debe entenderse el nuevo estilo como el antiguo, de hecho la historia vuelve a ponderarlos en su justa medida; si pretendemos aprehender en sus términos más exactos el fenómeno artístico, es preciso hacer el esfuerzo de trascender la diferencia más evidente y adentrarse en el alcance auténtico de sus elementos más genuinos. Particularmente significativo es el caso de las nuevas vanguardias del siglo XX, en que muchas veces el peso de la obra de arte corresponde en un altísimo porcentaje al empleo de una técnica o de un material determinado, que desde luego causa impacto en el observador, pero que quizás debería ser analizado a la vista de aspectos más profundos.

***

El arte, inmutable. José Antonio Martínez

El espíritu del pueblo. Otro elemento a considerar, y no de menor importancia, es la diferente aptitud y actitud de los pueblos para el arte, lo que suele ser utilizado, quizás en exceso, como elemento explicativo de los distintos niveles estéticos alcanzados en diversos lugares y momentos históricos, y que en realidad aleja una auténtica aclaración del fenómeno situándolo en un punto de incomprensión, de falta de medida. Pese a ello, no podemos negar la relevancia de este aspecto, que permite dar cuenta de situaciones que de otro modo resultarían inexplicables.

Además, el elemento artístico tiene otra connotación diferente en relación con el aspecto nacional, contribuyendo decisivamente a conformar ese conglomerado de percepciones que el nacionalismo sin duda constituye. El arte, lo bello, la cultura en general, es crucial para configurar el sentimiento nacionalista de un grupo   o colectividad, se trata de uno de los varios usos instrumentales de que el arte es susceptible, de sus consecuencias. En este sentido, si consideramos el caso italiano, los grandes autores y obras del Renacimiento tienen una trascendencia muy notable en cuanto referencias clásicas: cuando se evocan los nombres de Leonardo, Miguel Ángel o Rafael, Boticcelli, Giotto, Brunelleschi, y tantos otros, o cuando se cita la *Capilla Sixtina,* la *Gioconda* o la *Escuela de Atenas*, se toca una de las fibras más sensibles de Italia, lo mismo que si aludimos al Coliseo, al Foro Romano, a la Torre de Pisa o a Venecia; puede decirse que el mismo Renacimiento en su conjunto concita una parte muy importante de esa referencia histórica de los italianos y supone uno de esos momentos especiales en que el espíritu nacional, el *volkgeist*, se conforma de un modo más singular; en general eso mismo podemos decirlo de otros pueblos, aunque las señas de identidad tengan un componente muy variable en cada lugar.

El arte, inmutable. José Antonio Martínez

La aportación artística, con ser muy importante, no es la única que integra ese efecto; así el propio caso italiano presenta diferentes elementos, su ser nacional podemos decir que incluiría, aparte de la lengua, que es principal, otros aspectos como la fundamental historia de Roma, con todo lo que ha significado para Europa y para el mundo, además de otros ingredientes culturales como sus aportaciones gastronómicas o su habilidad para el diseño. En Francia podemos destacar, junto a aspectos artísticos - que también los hay, y muy notables, qué decir si no de la Torre Eiffel, Versalles, los impresionistas, El Louvre, o el hecho de ser cuna de importantes corrientes artísticas -, otros fenómenos de muy variado signo, hechos o personajes como la Revolución francesa, la guillotina o Napoleón, Molière o Montesquieu, asimismo claves para determinar su *grandeur.*

No todos los países han tenido ni una historia ni una influencia tan reseñable como Italia, Francia, Grecia, China, España o Inglaterra, y quizás no podamos encontrar una correlación exacta entre el sentimiento nacionalista y los logros objetivos de cada pueblo - de hecho Italia fue una de las últimas naciones europeas en aparecer como unidad política, junto con Alemania, pese a su colosal patrimonio cultural -, pero no cabe duda que el arte, cualquiera que sea su relevancia, en cuanto una importante manifestación de la cultura, tiene una especial significación para encarnar a la perfección ese sentimiento nacional. Casos singulares en la composición de lo que se puede denominar "espíritu popular" hay muchos, como ilustración cabe señalar lo que ocurre en el del pueblo egipcio, en el que tras la aparición del Islam se ha producido una ruptura ideológica radical con el pasado, pero el arte anterior sigue siendo valorado.

***

118

El arte, inmutable. José Antonio Martínez

Lo particular-temporal. El azar y la historia hacen en muchas ocasiones que los hechos sociales adquieran unos derroteros determinados, alejados de lo previsible, y el mundo del arte no es en absoluto ajeno a ello. Ocurre a veces que la realidad discurre por un camino que la sitúa en un lugar no contemplado, y en el ámbito artístico esa situación se ha presentado con mucha frecuencia, haciendo que por ejemplo una temática artística concreta sea la consecuencia inmediata de un determinado cuerpo doctrinal o religioso, como señaladamente ha sucedido con una gran parte de obras de arte. Así pues, más allá del efecto, natural o previsible podríamos decir, de tendencias y corrientes artísticas, muchas veces el arte es causado por hechos puntuales o debidos al azar, inexplicables en suma, ocasionándose un resultado estético que en absoluto se veía venir.

Ya que siempre una determinada ideología o confesión religiosa han hecho que el arte acabase mostrando esas creencias, las distintas religiones, con sus orígenes perfectamente localizables en el espacio y en el tiempo, son uno de los mejores ejemplos del efecto histórico del arte. Según la naturaleza del marco en el que ha tenido lugar esa expansión religiosa, así ha sido la tipología del consiguiente desarrollo artístico, de tal forma que, por ejemplo, en el caso de las religiones orientales o de la islámica, el arte ha adoptado los mismos rasgos - en relación con el cambio o permanencia - que la referencia que la ha generado, y la nota dominante ha sido en estos supuestos la permanencia, en tanto que en el caso del cristianismo, que ha surgido en el ámbito de la civilización occidental, el cambio – al menos formal - ha sido el aspecto dominante, pasando con una mayor frecuencia de un estilo a otros con el transcurso del tiempo, así el arte paleocristiano ha sido seguido del prerrománico, románico, gótico, renacentista, barroco, etc.

El arte, inmutable. José Antonio Martínez

No solo la religión o la ideología han operado como desencadenantes de tendencias artísticas, también individuos determinados han sido la causa de estilos o de notables obras, así mecenas como Pericles en la Grecia clásica o Luis XIV en Francia, son algunos de los casos en que el propósito de algunos hombres poderosos han dejado una profunda huella estética, y no solo en la temática, sino también en el estilo y en la técnica.

***

Comparación. Como instrumento para el análisis social en este ámbito, proponemos el uso de la comparación reflexiva. Un procedimiento que ha sido denostado en ocasiones, pero en materia de disciplinas humanas debe de tener un papel destacado para alcanzar datos relevantes sobre aspectos de la vida social. Lejos de resultar baladí, aporta elementos de juicio fundamentales para establecer directrices, matices vertebradores, y para configurar un modelo o un esquema de organización social, de marcha de los grandes sucesos de la historia. Ha sido y es habitual la consideración global de la historia desde un discurso evolutivo, cambiante, progresivo u ondulatorio; en todo caso, la comparación resulta imprescindible para determinar la calificación que haya de atribuirse a ese grado de sucesión, de continuidad o discontinuidad histórica que de modo mayoritario se ha predicado.

La identidad absoluta no es posible en el ámbito social y humano, como tampoco lo es en el plano de las ciencias de la naturaleza, salvo disciplinas concretas como la matemática o la lógica; sin embargo, pese a la inicial y evidente diferencia contextual, de espacio, tiempo y demás circunstancias que envuelven lo humano, sí que es posible mantener en suspenso el hecho incontestable de la diferencia subyacente, y centrarse en la comparación de los demás aspectos sobre los que es viable la actividad de medida, de puesta en paralelo y de determinación de elementos más o menos próximos; en este sentido entendemos que ha de ser forzosamente ilustrativo y valioso acometer esa comparación y mostrar los aspectos en que esa similitud no puede ser soslayada.

Importante en esa labor comparativa es determinar posibles fenómenos de influencia, cuando un hecho es capaz de generar otros de evidente o reconocido parecido, declarado expresamente o comprobado por otros medios; asimismo, el rechazo, implícito o explícito, es otro elemento integrante de la actividad comparativa; como lo es igualmente el de la misma semejanza, apreciada en términos que no pueden sino ser de carácter general y generoso, aunque sin forzar conclusiones chocantes con la evidencia, como también lo es el contrario fenómeno de la disparidad, que ha de ser tenida en cuenta con absoluto tiento y ponderación, y que necesariamente ha de contemplar aspectos relativos a la existencia misma de los fenómenos y de sus manifestaciones circunstanciales.

Creemos que el miedo a esa labor ha de ser desterrado, debiendo huir de los prejuicios de experiencias anteriores, ya que ningún daño puede derivarse de ello, al contrario, nos hará profundizar en la comprensión de lo humano y de lo social y nos familiarizará con otras épocas, permitiéndonos comprender la cercanía del ser humano a lo largo del tiempo, evitando que la mera distancia temporal nos prive de ese clave elemento instructivo que sin duda tiene el estudio de diferentes épocas. Nosotros abordamos un objetivo claro de consideración global de lo social, por tanto esa actividad comparativa es vital, y solo de ella y de la reflexión subsiguiente puede derivarse una conclusión válida para el propósito principal de nuestro trabajo, el estudio del cambio social.

3. Lo bello, naturaleza

Dificultad

Sin duda, el de belleza es un concepto de *difícil concreción*, pero todos saben a qué hace referencia. Hoy la disposición cultural del mundo, los avances técnicos y la cultura de masas han hecho incrementar la cantidad de experiencia estética de los ciudadanos. Sin embargo en absoluto se trata de una experiencia moderna, sino que desde siempre ha sido un factor cultural de primer orden, que ha merecido la consideración del hombre desde los primeros tiempos. Quizás una de las referencias más célebres haya sido la de Platón (*Fedro, Hipias mayor, El Banquete*, etc.), y su particular concepción de la Idea de Belleza, dotada de una existencia real en sí misma.

Cuando aludimos a lo *bello*, se sugieren una serie de calificativos como grandioso, sorprendente, magnífico, original, curioso, que hacen referencia a una sensación, satisfacción, deleite, que tienen que ver con la reacción que esa determinada cualidad de las cosas, de los objetos o naturaleza, provoca en la dimensión espiritual del sujeto receptor.

En este punto es pertinente invocar una cuestión que en el pasado fue objeto de una gran polémica, la de los "universales", es decir la denominación y conceptos de carácter general, con la polémica surgida en torno al modo de su concepción y representación, y su correspondencia con la realidad. Es decir, se trataba de ver si esos conceptos referidos a aspectos generales, existían o no (si tenían algún tipo de existencia real o no, en ese sentido los nominalistas, encabezados por Ockham, sostenían que no, en tanto que los

122

realistas, en sus dos diferentes modalidades, pensaban que sí). Sobre esta cuestión, autores como Hume principalmente, vendrían a mantener que la causalidad del conocimiento sólo es válida cuando se apoya en los datos sensibles, con lo que la generalización que no se produce desde el particular, desde la experiencia particular hasta la general, no respeta la verdadera naturaleza de la causalidad y por lo tanto no es legítima._

Con posterioridad Wittgenstein, y diversas teorías incardinables en la denominada filosofía del lenguaje, vendrían a recortar drásticamente el campo de lo que se puede decir con sentido respecto al mundo real (dando un golpe importante a procesos mentales como los que subyacen a planteamientos como los de los universales, y por consiguiente toda la metafísica). Pues bien, la representación del lenguaje no puede trasgredir las reglas del lenguaje, lo que evidentemente ocurre con todas las cuestiones metafísicas. En este aspecto, la estética es un dominio que para Wittgenstein cae fuera de lo que se puede decir con sentido.

Por otra parte, estamos hablando de un concepto que mantiene sus elementos esenciales de modo permanente. Nos encontramos ante un concepto que conserva sus notas características durante todo el tiempo, es decir que no ha variado históricamente, aunque sí lo hayan hecho los cánones de belleza durante todo ese periodo. Y no ha cambiado porque la esencia de lo que se entiende por tal tampoco ha variado, y cuando se hace referencia a algo bello, inmediatamente todos los individuos son conscientes de lo que se trata, con independencia de las peculiaridades propias de cada civilización y de cada cultura determinada, que desde luego han variado históricamente. Entendemos que no cambia el concepto, porque no cambia su esencia, ni sus elementos integrantes.

En el presente estudio nos hemos centrado en las artes plásticas, no hemos hecho apenas referencia a otras artes como la literatura, la música o el teatro, tan antiguas e importantes como la pintura o la escultura; Tampoco hemos tratado el tema de las nuevas artes, como el cine o la televisión. Ya hemos dicho que nuestro propósito no es el de abordar por completo ni agotar la materia artística, sino solo la de utilizar esta vía con la finalidad de indagar en la naturaleza de este aspecto de lo social para ayudar en su inteligencia, especialmente la del cambio social y profundizar en el mismo.

Si hay algunas notas que ayuden a caracterizar la belleza, quizás sean las de originalidad, grandeza y sorpresa. Se considera que algo es bello o artístico sólo si produce esas sensaciones. Sin embargo para lograr esos resultados ha sido necesario variar históricamente los procedimientos. Cuando las obras pictóricas eran rudimentarias, porque no se disponía de los medios técnicos precisos para más, cualquier mejora en el resultado final era abrazada como una maravillosa aportación digna del calificativo de bello. Cuando esas mejoras tocaron el techo de lo posible, entre otras razones porque la naturalidad ya era absoluta, se consideró bello y artístico todo aquello que supusiera una variación de los parámetros y cánones de belleza al uso.

No por ello la antigüedad estaba exenta de belleza, así no resulta difícil imaginar cómo los egipcios considerarían sus fantásticas obras como algo bello – por más que las mismas no fuesen destinadas principalmente para la contemplación popular, sino para el uso y disfrute de los muertos -, a pesar de que el canon era el mismo, en términos generales, durante tan extraordinario periodo de tiempo. El contenido de dichas obras o la misma grandiosidad eran más que suficientes para despertar la admiración y el beneplácito del pueblo egipcio.

Este es un dominio en el que cuadra perfectamente el doble enfoque

que en las disciplinas como la antropología se ha hecho muy habitual, el de la consideración *emic* y *etic* de los fenómenos, lo que viene a ser lo mismo que decir desde dentro o desde fuera de la misma. Podemos ver qué es lo bello desde dentro, es decir desde la comunidad en la que el arte se produce, se trata del arte presente, y aquella otra visión en la que se valoran otras obras de arte ajenas a la misma, es decir propias de otras culturas y/o de otros tiempos. Además habría que tener en cuenta que una cosa es la estima del arte presente (lo que tiene que ver con la producción artística), y otra la valoración del arte pasado, o del arte en general.

El arte es susceptible de una pluralidad de usos, el más directo sería el puramente contemplativo, es decir, destinado a la producción de una sensación satisfactoria, de placer por la sola visión de una obra bella. O el que consigue esa misma sensación, pero tiene además alguna otra finalidad, es decir la de conmemorar algún acontecimiento o suceso notable, o que va dirigida a impresionar a otros pueblos o países potencialmente enemigos, como ocurría con el arte mesopotámico (de unas dimensiones colosales, trataba de hacer desistir a los mismos de cualquier intención aviesa hacia un pueblo capaz de realizar tales obras). La extraordinaria muralla china tenía una intención defensiva, como la multitud de construcciones romanas o medievales también de ese tipo, o las de tipo utilitario, y hoy en día son objeto de una extraordinaria veneración artística, como lo son las iglesias, catedrales o templos funerarios tan frecuentes en casi todas las civilizaciones, descartada ya, en la mayoría de los casos, su primitiva utilidad. A veces, tienen otras intenciones distintas, buscan directamente la satisfacción de su mecenas o la impresión por su simple grandeza, riqueza y suntuosidad (Versalles o los palacios renacentistas).

***

125

El arte, inmutable. José Antonio Martínez

Elementos del concepto

Para acercarnos a "lo bello" vamos a utilizar ciertas categorías conceptuales, es decir, vamos a considerar cómo en el arte lo fundamental es llegar al espectador y provocar ciertas sensaciones y sentimientos del tipo de los que a continuación se enumeran, tales como grandioso, sorprendente, original, maravilloso, chocante, espectacular, rompedor, novedoso, bonito, sublime, grande, alto, pequeño, colorido, natural, antiguo, duradero, o qué dominio del color, de los pigmentos, de la técnica, qué veladuras, qué dominio de la luz, qué maravillosa representación de la realidad, descomposición de la misma, maestría en la composición, o en la fuerza expresiva; o cómo representa la perfección, cómo desafía la naturaleza y qué efectos consigue en cuanto a la altura y la delgadez de los muros, qué dificultades ha vencido para poder pintar en el interior de una cueva con poca luz y sin medios técnicos, qué dominio de las proporciones matemáticas y de la astronomía (por ejemplo las pirámides), qué cantidad de medios materiales y humanos ha empleado, cómo es posible que no haya cambiado en tanto tiempo, cómo ha evolucionado, cómo el espíritu del pueblo se ha centrado en el desarrollo artístico, cómo es posible que hubiese tantos mecenas y artistas en un momento tan concreto, cómo se empezó a venerar el arte y a desarrollar el museismo, el coleccionismo y el tráfico de obras de arte, cómo se valoraba a los artistas tanto en una época tan antigua (como en el caso de Imhotep y sus coetáneos), qué equipos de trabajo se pusieron en funcionamiento en aquél periodo, qué anonimato era capaz de desarrollar tales obras, cómo podían mover tales piedras, cómo el arte aislado precolombino tiene tantos elementos artísticos idénticos a otros del resto del mundo, cómo se pudo hacer aquello en épocas tan lejanas y escasas de medios. Cómo se podía destinar tanto dinero y recursos para hacer obras tan maravillosas en medio de tanta miseria. Cómo con tanta convulsión

El arte, inmutable. José Antonio Martínez

social se podía dedicar tanta energía al arte (como sucedió en la Italia renacentista, en la Atenas clásica o en la Roma del Imperio).

Otras valoraciones que nos acercan al concepto artístico son del tipo de las siguientes: impactante, oscuro, claro, nítido, absurdo, incomprensible, limitado, coherente con la ideología subyacente, reverente, irreverente, feo, desagradable, provocador, insultante, cambiante, efímero, grotesco, estúpido, adulador, provocador, reflejo o contradicción de lo social, o que llega a los sentimientos más profundos, es altruista, refleja los sentimientos de una determinada clase, conquista a la juventud, defiende a los ancianos, refleja los mitos religiosos, el naturalismo, el cuerpo humano, la piedad, la alegría, la salud, la belleza, la opulencia, la luz interior, los paisajes, la realidad, impresiona la retina, consigue el efecto sintético superando la diversidad cercana (común al impresionismo y al arte bizantino), representa el hieratismo, esconde el arte en grutas y cuevas, en pirámides, etc.

Otras veces las manifestaciones estéticas nos sorprenden por ser casos o expresión en que el arte se reutiliza o se destruye, o en que grandes genios han logrado sobresalir y no ser igualados, por autores que han iniciado un estilo y un movimiento artístico, arte que se ha copiado de un punto a otro, centros de influencia artística, o se han devastado obras artísticas como representación del poder o de una idea determinada, o se ha perseguido un tipo de arte en determinado momento por razones ideológicas, se ha utilizado el arte en ocasiones, o cómo el arte se ha identificado con el ocio y la depravación, o siempre ha estado presente en la historia humana y en todas las civilizaciones, a veces se ha infravalorado o sobrevalorado, ha desempeñado tan diferentes papeles (mágicos, estéticos, defensivos, de repulsa, religiosos, etc.). El hecho de ser único, de ser irrepetible, de dar sentido a un movimientos estético o de ser precursor, es un elemento clave en la valoración del arte y sirve para singularizar y a la vez para situar los diferentes estilos y obras en el conjunto integrado que es el arte: las piezas van encajando sobre la base de un acoplamiento en el que cobra sentido la diversidad, la pluralidad, la diferencia. En fin, con ser muchos los calificativos referidos, no son más que una pequeña cantidad de todos los que ahora y siempre han aludido y aluden a los numerosos matices de que es capaz la concepción de lo bello.

Veamos el tipo de adjetivos, exclamaciones y recursos lingüísticos que se utilizan para tales referencias: en realidad se trata de reconducir al lenguaje la esencia del arte. También podemos reconducir en último término a aspectos psicológicos todo lo que tiene que ver con el mundo del arte. Así vemos que lo fundamental en cuanto a las referencias artísticas hace referencia a la sorpresa, el agrado, el desagrado, lo original, lo grandioso, lo extraordinario, lo chocante, lo increíble, lo que se sale de lo común, lo misterioso, lo excelso, lo impresionante; hay conceptos más comprensivos que otros, unos con un mayor alcance y otros que son subsumibles bajo otras referencias lingüísticas. Hay un consenso social más o menos claro sobre los aspectos básicos del arte, aunque ello es discutible puesto que hay una gran manipulación sobre la valía de lo artístico, que depende de los dictados trazados con alcance variable, según tiempos y lugares, por individuos y entidades de muy diverso signo.

El arte es sobre todo calificación, exclamación, con independencia del tipo que sea. Es diversión intelectual. Es en definitiva la conjunción de una acción del autor unida a una exclamación del receptor. El concepto de arte está permanentemente abierto, es la suma de multitud de elementos y es tremendamente polisémico, presenta analogías con la distinción entre lengua y habla que hace Saussure.

La religión es respuesta al sentido de la vida. La ciencia es intento de mejorar la vida terrena, es un cambio por la vía del ensayo y el error. Pero hay que ver el tema que nos importa básicamente, el del cambio en el arte, y ver cómo de un estilo se pasa a otro, de una tendencia se ha ido hacia otra. ¿Ello ha supuesto realmente un cambio en el arte más allá de lo externo y de lo esencial? Todo es arte, todo se va integrando en el concepto de arte, toda la historia del arte completa y define el concepto de artístico, a diferencia de otras materias, en que solo sirve algún aspecto, por ejemplo la religión griega no sirve ahora, conserva un valor cultural pero no religioso. Toda obra de arte tiene un aspecto concreto y uno general (en cuanto es bello es general, y a la vez es singular, concreto, diferente a todo lo demás). Una obra es más bella si acumula más notas relevantes en el conjunto del arte, aunque algunas valen más, por ejemplo la de la antigüedad. Historia del arte y concepto del arte coinciden, a diferencia de otras historias, en que lo antiguo no se incorpora completamente al concepto, como ocurre con la ciencia.

***

Aspectos integrantes

El arte es una manifestación humana en la que confluyen una pluralidad de aspectos, el psicológico es quizás el principal, es decir todo aquello que forma parte de la motivación interna del autor, que le lleva a la creación, a reflejar externamente todo el impulso que lleva dentro. En esa motivación, a su vez el aspecto económico juega un papel determinante, es decir el hecho de ser una actividad retribuida, un medio para la consecución de bienes materiales, y para alcanzar objetivos sociales o personales.

Por otra parte, el religioso ha sido uno de los detonantes principales para que el hecho de la producción artística se haya puesto en marcha, siendo uno de los soportes básicos para su mantenimiento.

El arte, inmutable. José Antonio Martínez

Desligar arte de religión no es en absoluto fácil, son caras diferentes de un mismo actuar. Si esa separación es dificultosa, qué decir del deslinde entre arte y magia, parece que ello nos lleva a un momento previo al religioso, pero tampoco puede decirse que el componente mágico deba ser tenido por superado por la religión, sino que continúa vigente y convive completamente con él y con otras muchas manifestaciones, que por ser menos precisos podemos tildar de culturales, en una alusión clara a una serie de connotaciones amplias, más comprensivas y que podemos entender que cuadran mejor con la naturaleza de lo humano y de lo social, integrada por una amalgama compleja y conjunta de acciones totalmente interrelacionadas, y que solo a efectos de su consideración teórica son objeto de un tratamiento separado, pero no por ello se puede decir que ese modo de afrontar la realidad tenga una correspondencia exacta con la misma.

El aprecio que el arte ha despertado en el pueblo ha sido utilizado con mucha frecuencia por el poder para congraciarse con ese pueblo, para captar su agrado, para conseguir un elemento favorable a sus intereses. Ello ha sido manejado con mayor o menor habilidad por ese poder político, habiendo infinidad de ejemplos históricamente, constituyendo en muchas ocasiones una auténtica válvula por la que las tensiones sociales han encontrado el medio eficaz para liberar la presión que hacía insostenibles no pocas situaciones.

Íntimamente relacionado con el elemento psicológico, podemos aludir al auténtico aspecto artístico, es decir a la capacidad creativa y en ocasiones genial con la que algunos individuos nacen o adquieren a lo largo de su vida, y que les hace sentir la necesidad imperiosa de manifestarla de algún modo, transcendiendo la dimensión puramente interna del sujeto y, por suerte para el deleite estético de los demás, exteriorizándola.

El arte, inmutable. José Antonio Martínez

El establishment. El arte es un dominio siempre muy mediado por el *establishment*, como Marvin Harris ha puesto de relieve, y entre el observador final y la obra artística siempre hay una intermediación, que le da o quita valor. Generalmente adopta el ropaje de crítica o teoría especializada, y ante cualquier manifestación artística se apresta a ofrecer su opinión, su comentario, que a la postre resultará uno de los factores decisivos en el momento de ponderar la valía técnica de la misma. Cada vez más esos expertos en arte llenan las páginas o las portadas de los medios de comunicación de masas, y la mayoría de ciudadanos, legos en la materia, siguen fielmente sus dictados en cuanto a la guía del gusto colectivo que ellos representan. No son escasos los supuestos de engaño deliberado o de intencionales fraudes en esta materia. En cualquier caso se trata de opiniones formadas y cultivadas en un modo determinado de enfocar el hecho artístico, y su acción viene a privar de frescura la valoración y efecto que el mismo produce en el observador

Terreno de lo visual. El arte es el mundo de lo visual, desde nuestro punto de vista interesa porque nos permite *ver* el cambio, nos lo ofrece por los ojos, frente a otros dominios que se presentan más crípticos; aunque lo visible en el arte siempre encubre una pluralidad de aspectos que subyacen al proceso creativo y a la historia de ese fenómeno, y que es preciso abordar si se quiere tener una opinión más completa del mismo en su conjunto y de su verdadero alcance. El arte es un dominio especialmente significativo porque es muy evidente, más que otros como la filosofía, la política, etc. La religión también lo es porque suele permanecer idéntica.

Mantenimiento de la identidad. El arte desde el principio de los tiempos ya tiene todos los elementos propios y los ha mantenido hasta el presente, y sus cambios no difieren de los que tienen lugar en los demás aspectos culturales, por lo que debe estudiarse conjuntamente con ellos. ¿Qué es lo que hace diferente al cambio artístico del cambio religioso, de los cambios de la vida cotidiana, o del cambio científico? Ese es realmente el *quid* de la cuestión. En una primera aproximación, podemos decir que los cambios artísticos son compatibles entre sí, es decir admisibles, y en la mayoría de los casos son bienvenidos, por el contrario, en otros dominios no ocurre lo mismo. Las religiones son distintas entre sí y suelen considerarse entre ellas como incompatibles, habiendo sido causa de numerosos conflictos históricos, no puede decirse que haya habido cambios entre las religiones, sino exclusión mutua. Respecto a las instituciones políticas, se estima que una es la admisible y se pretende imponer a todas las demás, es decir que también hay exclusión. Por lo que hace referencia a la ciencia, podemos decir que solo hay un paradigma admitido, que también se trata de imponer a todos los demás. En la filosofía y el pensamiento, uno solo suele ser tenido en cada caso como válido y el anterior o anteriores se rechazan o se mantienen únicamente como dato histórico.

Moda. La moda es una variedad del cambio social. Referida al mundo artístico, supone la existencia de una directriz u orientación principal que marca la pauta por la que sigue el resto de los procedimientos artísticos. La frecuencia del cambio es quizás la característica principal del fenómeno de la moda, y el detonante del mismo suele ser la necesidad que siente el entorno valorativo y el hábitat en que esa obra o procedimiento artístico tiene lugar, para que se produzca ese cambio, debido a la saturación o cese del efecto sorprendente y admitido de determinado estímulo artístico.

Este fenómeno se produce generalmente en un entorno de satisfacción, de posibilidad de cambio, de suficiencia de recursos. Y tiene lugar en materias que tienen que ver con el gusto, con el mundo de la apariencia, de lo ostensible, de la figuración. Pues bien, el arte es un dominio especialmente idóneo para que fructifique.

En este sentido, a partir del siglo XIX puede decirse que comienza la existencia de la moda con los caracteres que actualmente tiene. Cabe preguntarse si con anterioridad se puede hablar de este tipo de fenómenos. Creemos que también antes podemos admitir la existencia del mismo, de modo señalado en Egipto, en Grecia, en Roma o en el Renacimiento se puede asimilar a un fenómeno como éste la existencia de tendencias, corrientes o estilos artísticos. Sin embargo la duración es quizás la mayor diferencia, puesto que es en época reciente cuando se produce un radical acortamiento de los plazos. En este punto también podemos llamar la atención sobre el papel que los medios de comunicación han empezado a jugar, y su necesidad de material nuevo o simplemente diferente para alimentar su propia existencia, lo permanente no es útil para ese menester y en cambio la variación, la novedad o el cambio artístico sí que resulta perfecto como materia noticiable, que por definición es lo nuevo y novedoso, no lo repetitivo, aunque no sea de un contenido superior, basta que sea diferente, distinto.

La tradición. Hay una cuestión curiosa que debe ser tenida en cuenta, y es la que hace referencia a aquellas zonas del mundo que no han tenido una tradición cultural tan rica y variada como la de Occidente, y que sin embargo ahora tienen un potencial económico y han alcanzado un nivel de desarrollo en todos los órdenes culturales – incluido el artístico- tan o más elevado que el occidental, lo que plantea la cuestión de la verdadera importancia de la herencia cultural, y nos lleva a preguntar si ésta realmente es un elemento tan crucial.

La filosofía, la política y el arte. Podemos decir que, al igual que ocurre con el canon clásico en la pintura, en estas materias también en cierta medida se puede sostener que todo está ya dicho desde aquella época. Es llamativa la coincidencia de desarrollo entre el arte y las elaboraciones teóricas y prácticas de los instrumentos de organización política. Curiosamente, ha sido en el periodo clásico griego cuando se produjo la eclosión de los procedimientos de organización comunitaria que han pervivido hasta nuestros días, y en aquel genial esbozo se plasmó toda la gama de opciones posibles en torno a esta cuestión. La democracia ateniense es paradigmática en muchos aspectos, y bajo ese periodo tuvo lugar el despliegue del gran desarrollo en todos los órdenes de la cultura y de la sociedad clásica. Se suele considerar que bajo Pericles se produjo la culminación de todo el esplendor cultural de la antigüedad; fue efectivamente él uno de los mayores mecenas que hicieron posible tan maravillosas obras artísticas, pero ha sido también en ese momento cuando tuvo lugar el origen de la filosofía, la ciencia y la política que tanto influirían desde entonces en la sociedad occidental. Su época, el siglo V a. de C. se conoce a veces como el siglo de Pericles, y su significación resultó fundamental en el arte, la literatura (Sófocles, Eurípides, ...), y de esa época data el embellecimiento de la ciudad de Atenas (La Acrópolis, incluido el Partenón, o los Propíleos).

Por otra parte, es preciso resaltar asimismo la semejanza entre el nivel de desarrollo alcanzado por el arte en el periodo clásico griego y el que la filosofía logró en aquella época. Los presocráticos primero, y luego el propio Sócrates, Platón y Aristóteles elaboraron una explicación tan subyugante de la naturaleza, del hombre y de la realidad, que ha marcado las líneas fundamentales por dónde ha ido todo el pensamiento posterior hasta nuestros días. De modo muy parejo, como hemos visto, las obras artísticas de ese periodo han jugado un papel determinante en la historia del arte general. ¿Hasta qué punto es legítimo extraer de este hecho sorprendente alguna correlación? Nosotros la creemos completamente plausible.

¿Es posible establecer ese paralelismo de modo absoluto? Nos topamos, sin embargo, con casos en que pese a una gran decadencia intelectual, no obstante las obras artísticas han destacado sobremanera, qué decir si no del románico y del gótico. ¿Quizás es que hay más factores determinantes de ese auge artístico que no tienen que ver directamente con el desarrollo cultural?. La cuestión no es baladí, y ha sido profusamente abordada por los tratadistas en numerosas ocasiones. La inspiración religiosa parece que era el factor determinante en el largo periodo medieval, y fue el que movió toda la acción creativa de tantos artistas y artesanos que lograron maravillosas muestras de su buen hacer. Sin embargo la individualidad no era tan acusada en este periodo y los autores tenían un halo artesanal que no les otorgaba aún la consideración de artistas, y en muchos casos, como seguiría ocurriendo en Flandes y en los Países Bajos, ni siquiera firmaban sus obras.

¿Mito? Bourdieu considera que el arte es una creación de la burguesía, y que realmente no existe. Como rasgo en cierta medida distintivo del presente momento, podemos señalar la importancia creciente que se está otorgando a las manifestaciones artísticas, en cuanto su contemplación y disfrute se consideran al alcance de cualquier individuo. Los agentes económicos han contribuido decisivamente a popularizar esta tendencia y de hecho constituye uno de los principales elementos integrantes de la cultura de masas.

Es uno de los motivos fundamentales para el desarrollo del turismo cultural, llegando a ser el sostén económico de determinados países que han puesto en valor su patrimonio artístico. Es el caso destacado de Egipto, Grecia, Italia, Francia, aunque la oferta turística tiene igualmente en este aspecto un ingrediente fundamental que complementa otros sectores como el paisajístico o ambiental. Este último es el caso de España, y en general de los países que han optado por este potente sector de la economía global, en que ese aspecto cultural resulta de vital importancia.

Sin embargo, la acción de los medios de comunicación se ha constituido en un factor clave en la difusión de estos valores artísticos entre la población mundial, hasta el punto que la pasión por el arte puede, sin duda, ser catalogada como uno de los principales elementos configuradores de la modernidad. Todo ciudadano siente como una aspiración propia la de la contemplación y disfrute de las manifestaciones artísticas, en cualquier lugar del mundo y en cualquier soporte. Con independencia de sus conocimientos artísticos y de su preparación técnica, se ha convertido en una necesidad cultural de primer orden, y ello lo saben y lo utilizan adecuadamente en su beneficio los agentes económicos a escala global.

No debe ser descartado el carácter mítico de esta tendencia, en cuanto dimensión exagerada, que es mantenida inconscientemente por la mayoría de la población. Actualmente es, pues, un claro factor de vida y satisfacción; antes el ciudadano solo podía contemplar unos pocos ejemplos de arte, ahora el arte es mundial, la experiencia artística se ha generalizado, y ya todo está al *alcance* de todos.

Con independencia de la crítica mantenida por determinados autores y corrientes de opinión sobre la instrumentalización interesada que determinados agentes sociales hacen de esta cuestión (Escuela de Frankfurt, principalmente), hemos de escapar de un cuestionamiento indiscriminado, y considerar los aspectos positivos que ello encierra, y que enlazan con el auténtico carácter de la belleza y del arte, que

136

cabe atribuir de un modo absolutamente general y permanente al hombre en cualquier cultura, tiempo y lugar.

Entendemos que se trata de algo absolutamente humano, enraizado desde siempre con el hombre y con su vida en sociedad, con independencia del uso que lógicamente el poder político y económico hace de esa tendencia en cada momento, en su propio interés.

Patrimonio de la Humanidad. Un aspecto relevante para el análisis es la actual situación respecto a lo que se denomina "Patrimonio de la Humanidad", y que como es sabido consiste en la declaración que la ONU hace de determinados bienes de interés cultural y artístico en todo el mundo, señalando los que entran a formar parte de un conjunto de esa naturaleza, con lo que no solo se les otorga un prestigioso reconocimiento de su valía artística, sino que se les dota de unas medidas de protección universalmente admitidas y respetadas.

Para nuestro enfoque, este hecho tiene una notable importancia por cuanto supone un reconocimiento a nivel global de las características de bello y artístico de muchas obras, monumentos o manifestaciones diversas. Se da por sentado, pues, un canon o una pluralidad de cánones estéticos dignos de lograr tal declaración, a la vez que se les considera dignos de la salvaguarda que los organismos internacionales les asignan. Ello tiene una extraordinaria repercusión económica, mediática y publicitaria, que les permite asegurar un estatus hasta ese momento no tan garantizado. Se ha entablado una competencia entre países y lugares por alcanzar tan alta y relevante distinción.

El arte, inmutable. José Antonio Martínez

Por tanto lo bello parece disponer de un parámetro para evaluarlo, se ha dado un paso más al que hasta ahora estaba disponible: la opinión de público, medios y especialistas sobre la valía de las obras de arte. Ahora se ha querido otorgar formalmente una carta de naturaleza que permite a los bienes agraciados colocarse en un nivel superior al de los que no lo poseen.

Ello no quiere decir que siempre esa distinción haya blindado o blinde a esos bienes de determinados ataques. Caso destacado del mismo supuso el de los talibanes respecto a los Budas gigantes en Afganistán, que pese a la oposición internacional no dudaron en su destrucción como una muestra del ejercicio absoluto de su soberanía frente a dictados externos. Sin embargo, ello no quiere decir que ignorasen el valor y el mérito de dichas obras, sino que justamente por ser valiosas las destruyeron, como un desafío internacional y por no coincidir con sus orientaciones religiosas de corte islámico, frente a otra de signo contrario, la budista en este caso.

Por otra parte, es permanente el debate entre los partidarios y detractores de la devolución del patrimonio cultural desde sus destinos actuales a sus países de procedencia, lo que entronca directamente con la cuestión nacionalista y la valorativa del arte. Célebre y eterna es la quimera mantenida entre determinados países, por ejemplo Grecia o Egipto, respecto a Gran Bretaña, Francia, Italia o Alemania, depositarias de una ingente cantidad de sus tesoros más preciados. Sobrecoge desde luego la visita al British Museum, uno tiene la impresión de encontrarse en el próximo Oriente, tal es la acumulación de obras asirias, persas, egipcias o griegas. Para unos, sin esa labor de recopilación, en el tiempo en que se produjo, no hubiera sido posible la conservación de tan excelso tesoro, para otros supone sin ambages un atentado claro a la soberanía y constituye el apresamiento de un botín inadmisible en un contexto mundial diferente a aquél en que tuvo lugar.

Artes minúsculos. El arte usualmente es cosa de profesionales, es decir que los individuos que no se dedican a ello no son aptos, en principio, más que para apreciar, admirar o valorar una obra artística y, si tienen capacidad económica suficiente, para adquirirla. Sin embargo, el arte en cuanto algo bello, que puede despertar admiración y alabanza, podría ser obra de una persona no profesional. No obstante, históricamente, las obras de arte han encumbrado a individuos que le han dedicado a ese menester toda su vida, suele exigir una dedicación exclusiva y son raros los casos de artistas a tiempo parcial.

Por otra parte, la sociedad industrial ha permitido, con su método de fabricación en serie, que lleguen a una inmensa mayoría de la población objetos estéticos, que atesoran un nivel de belleza que puede ser enorme, idéntico al que podría despertar el original, ya que puede tratarse de una reproducción del auténtico. No obstante el valor se reserva para el único, para el original, y la copia suele carecer de otro mérito que el de la mejor o peor reproducción de aquél, y del de los materiales empleados. Actualmente cuando hablamos de arte nos estamos refiriendo, en principio, a la obra original de un artista, aunque el mercado de la falsificación tiene una extraordinaria importancia en estos momentos, y además hay copias limitadas de un ejemplar que alcanzan asimismo una alta cotización. Según lo dicho, hoy es posible que un ciudadano medio disponga de una gran colección de libros de arte, o de gran cantidad de reproducciones artísticas.

En otro sentido, la vida del ciudadano actual está llena de experiencias estéticas, puesto que los medios de comunicación social se nutren en un altísimo porcentaje de contenidos de esa naturaleza, y por tanto es inevitable la recepción de todo ese mundo artístico, de forma que apenas es comparable lo que podemos denominar el volumen de experiencia estética entre el hombre actual y el del pasado, que salvo contadas excepciones apenas podía disfrutar de la obra u obras de arte más próximas a su hábitat. Otra cosa es la importancia y cómo sea vivida esa experiencia en cada caso, ya que es posible que sintiese más y con mayor intensidad esa experiencia un ciudadano medieval que tuviese que contribuir a la construcción de un templo religioso en su localidad o en sus proximidades.

Otro factor a tener en cuenta en este punto, es el del carácter de la experiencia estética en los tiempos modernos. En la medida en que una gran mayoría de la población tiene a su alcance ese mundo artístico, y en la medida que se trata de algo ya muy generalizado, es evidente que pierde valor en cuanto elemento distintivo que a su vez singularizaba al espectador que había tenido la posibilidad más mágica de contemplar de primera mano una obra de arte.

***

La estética

La reflexión sobre lo bello, sobre el arte, es lo propio de la estética, es un tipo de filosofía referida al mundo del arte. Baumgarten, Kant, Winckelmann, son algunos de los teóricos de la época moderna de esa disciplina, pero en la antigüedad había sido ya un tema muy tratado, por extrema puede ser tenida la postura de Platón que concebía lo bello como dotado de una existencia real y superior, que se encontraba a la base de su cosmogonía, junto con otras Ideas, como la del Bien.

En ocasiones lo bello ha sido entendido como la capacidad para representar la naturaleza tal cual es, pero ese concepto hace tiempo que ha dejado de ser así, sobre todo desde los cambios acaecidos tras la invención de la fotografía o de la fabricación en serie, que ha llevado a los artistas a apartarse, en la mayoría de los casos, de esa reproducción mecánica y a interpretar y variar esa realidad, dándole un toque personal. La permanencia de la idea de belleza es bastante opinable, así en algunas civilizaciones los objetos creados han tenido una misión simplemente mágica, mística, curativa, de miedo, instrumental, etc. Somos nosotros ahora los que, observando esos objetos, les atribuimos una condición de belleza que no ha sido en su momento su pretensión auténtica. No se puede generalizar en absoluto la opinión sobre la belleza a todas las culturas, tal como señala Harris, en otros pueblos la concepción de crear arte está ausente en la mayoría de las ocasiones.

De Baumgarten arranca el término "estética", pero los estudios sobre la belleza son muy antiguos. No es el momento de proceder a una recapitulación completa de los mismos, baste citar algunos de los puntos de vista ofrecidos desde esta disciplina y algunos de los autores más destacados que se han interesado por esta cuestión desde el principio de los tiempos.

Junto con las ideas de bondad y de verdad, la de belleza ha constituido el principal objeto de la filosofía. El valor estético ha sido vinculado por las teorías subjetivistas como dependiente del gusto de cada uno, en tanto que las teorías objetivistas lo relacionan con el mérito de la propia obra en sí, con independencia del observador, llegando algunos autores a formular una serie de propiedades que debe de reunir una obra de arte para ser tenida por tal, se citan como cánones generales los de unidad, complejidad e intensidad.

Por su relación con la moral, se ha entendido que el arte puede estar a su servicio (teoría moralista – Platón o Tolstoy), puede ser totalmente independiente (teoría esteticista), o guardar una relación adecuada con la moral (interaccionismo).

¿Debemos considerar aspectos ajenos a la obra de arte para su valoración? Los contextualistas sostienen que sí, frente a los aislacionistas que creen que únicamente hemos de centrarnos en la propia obra. En el primer caso, deben de tenerse en cuenta cuestiones tales como el resto de la obra del autor, o de otros autores, la época, los medios técnicos disponibles o la biografía del autor, su intención, etc.

Sobre la valoración del arte, es preciso distinguir entre la teoría formalista, que solo tiene en cuenta los colores, las líneas y su combinación en planos y superficies. La teoría de la expresión considera la significación pretendida con la obra, en relación con su representación de la realidad exterior o de determinados sentimientos. La teoría de la significación tiene en cuenta el arte como símbolo de los sentimientos del hombre más que como su expresión. Por otra parte, la verdad no es una cualidad valorable especialmente en su relación con el arte, es decir, que una obra no es más valiosa por su reflejo de esa verdad.

Algunos de los autores que se han destacado en sus opiniones y consideraciones respecto al arte históricamente han sido: Platón, Aristóteles (el valor catártico del arte, en su *Poética*..), los estoicos, los epicúreos, los escépticos y los neoplatónicos. San Agustín, Sto. Tomás, Descartes, los empiristas ingleses, Kant, Baumgarten, Winckelmann, y Schiller, Fichte, Shelling, Hegel, Goethe, Hölderlin, Blake, V. Hugo, Kierkegaard, Schopenhauer, Wagner, Nietzsche, Collingwood, Oscar Wilde, Mallarmé, Allan Poe, Baudelaire, Saint-Simon, Fourier, Proudhon, Tolstoy, Dilthey, Simmel, Croce, Bloch, Lukács, Benjamin, Adorno, Eco, etc.

Lo que más nos interesa a nosotros de la estética en el presente estudio es la polivalencia de las opiniones, su validez intemporal, su vigencia continuada, lo que viene a añadir un trascendental argumento a la defensa de la permanencia de lo artístico, en donde la filosofía del arte y la estética juegan un papel muy importante.

4. El factor individual: autores y mecenas

La actividad artística no suele ser espontánea, sino que con frecuencia determinados agentes favorecen su aparición. Históricamente muchos mecanismos se han puesto en marcha para inducir esa acción, el poder político, el religioso o el económico figuran entre los primeros. Analizada en el resto del libro la acción de los autores, corresponde en este punto centrarse más en el papel del mecenazgo, tal como se aborda seguidamente.

***

Beneficios mutuos. El beneficio no solo ha sido para el artista, también el mecenas obtiene una recompensa por ello. Incluso si se trata de una actividad completamente altruista, por simple amor al arte, la satisfacción que siente cuando ve el modo en que surgen las obras artísticas y siente que es debido a sí mismo debe de bastar para colmar sus pretensiones. Pero, si no es solo esa su intención o si exclusivamente es otra diferente, por más peregrina que pueda antojarse, en cualquier caso obtendrá seguramente un placer que recompensará sin duda el esfuerzo realizado.

Históricamente encontramos variedad de motivos inductores de una labor de mecenazgo. Si comenzamos por el caso egipcio, es fácil comprender el papel que el faraón y la jerarquía subsiguiente debió desempeñar en la ejecución de las magníficas construcciones, dadas las creencias de aquella sociedad, y la permanencia de las mismas durante tan extraordinario periodo de tiempo. En realidad se trataba de la acción de todo el estado, perfectamente dispuesto a cumplir los dictados de un código de conducta completamente reglado y que llevaba a organizar toda la vida de los diferentes estamentos sociales alrededor de las mismas. El faraón era la cúspide de aquella perfecta pirámide social que estaba absolutamente predestinado a ocupar su puesto en los designios que tenía predeterminados, y por ello casi no cabe hablar de una acción libre, sino que únicamente podía disponer el modo en que debía de ser concretada la acción artística, pero dicha labor era ciertamente ineludible (desde la disposición de una tumba suntuosa, el templo funerario, el secreto que debía envolver todo aquél proceso, y los grandes rasgos a que debía atenerse estaban decididos desde el comienzo del reinado de cualquier faraón). Únicamente el acopio de materiales, la cantidad de recursos disponibles o la elección de la ubicación se dejaban a la decisión real, así como la elección del arquitecto director, dentro de un margen de decisión también razonablemente supervisada por el poderoso clero y por la burocracia superior. En general todos los faraones actuaban y así debían de hacerlo como unos grandes promotores y comitentes de obras colosales, en buena medida esa era su misión y su obligación.

Las cosas no estaban tan claras en Grecia, por eso la labor de fomento de la creación artística fue aquí el resultado de una mayor liberalidad. Caso señalado de ello es el del arte minoico (importante precursor del arte griego), que precisamente recibe la denominación del rey que la hizo posible, Minos, en la isla de Creta, es el extraordinario resultado del apoyo decidido de este monarca.

El supuesto más celebrado ha sido sin duda el de Pericles, no por reiterado menos notable, que hizo una apuesta absolutamente decidida por el arte, lanzando a su ciudad, Atenas, a un absoluto

144

embellecimiento, contando con los más extraordinarios artistas de la antigüedad. Prueba de que fue una decisión personal de Pericles es que no era lo habitual en la región, de hecho las demás ciudades-estado griegas no hicieron lo propio, sino que centraron sus esfuerzos en cuestiones más prácticas, como preparar la guerra, cosa que por otra parte el líder ateniense tampoco descuidó. No obstante tampoco podemos suponer que Pericles inventó la belleza, sino que las obras artísticas disponibles en la región, evidentemente conocidas y celebradas en aquella época, sin duda debían provocar un innegable efecto imitador (desde las célebres construcciones minoicas, las imponentes pirámides egipcias, y los extraordinarios templos funerarios y palacios de Tebas, por ejemplo, hasta el templo judío de Salomón, o las renombradas y maravillosas obras de Babilonia o de Persépolis debían de ejercer una extraordinaria influencia en todo el orbe conocido, por penosas que fuesen las comunicaciones). Sin embargo el mérito de Pericles radica en tomar la decisión y destinar tan alta cantidad de recursos, habida cuenta las pequeñas cifras que caracterizaban todo lo ateniense, en realidad una reducida ciudad del Ática, que no podía competir con los datos de las civilizaciones que acometieron aquellas otras maravillosas obras que hemos referido.

Por haber aportado el nombre al fenómeno debe ser recordado sin duda Cayo Cilnio Mecenas, célebre benefactor romano de la época de Octavio, que apoyó decididamente a jóvenes poetas como Horacio y Virgilio.

Apoyo institucional a las artes, en un amplio sentido, brindó el imperio bizantino o el Islam, pero vamos a destacar el que sin duda más próximo tenemos, el de la Iglesia, que por necesidad se fue pasando al gusto por lo bello. Desde las manifestaciones más sencillas de los primeros templos prerrománicos se pasó a los románicos y posteriormente a las imponentes catedrales góticas. De la pintura y escultura primitivas de los primeros siglos y de la época medieval, se avanzó hasta el excelso Renacimiento, culminación del naturalismo. Tras la herida protestante, el barroco retomó con fuerza la labor de difundir en el arte el credo de la Contrarreforma por todo el vasto orbe católico. Desde Roma se apoyó con decisión toda la extraordinaria labor artística, siempre pareja al culto y confesión religiosa. Y los excesos en ese apoyo, desde el punto de vista espiritual, fueron los desencadenantes principales de la Reforma protestante. El mecenazgo de la Iglesia de Roma puede caracterizarse por su naturaleza institucional, por su constancia y permanencia a lo largo de los siglos, incluso, como hemos visto, por sus excesos en determinados momentos, por su necesidad, por sus extraordinarias dimensiones territoriales, por su gran importancia para el arte – constituyendo de hecho su principal fuente de inspiración y desarrollo-, y por contar con el beneplácito del pueblo y de los estamentos sociales. Entre los papas se estableció ciertamente una cierta competencia en la carrera por figurar entre los primeros en estos aspectos artísticos, y prueba de ello dan la multitud de obras que en Roma, principalmente, se deben a su iniciativa.

Así llegamos al caso más célebre de mecenazgo en nuestro entorno más cercano, la Italia del Renacimiento, donde la singular figura de los Médicis ejerció el papel de señera referencia. Por no abundar en los rasgos ya citados reiteradamente en este trabajo, baste con apuntar su habilidad para el manejo de los complicados hilos sociales de su tiempo, su constancia, su carácter eminentemente familiar, su buen gusto y el extraordinario éxito de su acción (bajo su patrocinio el patrimonio artístico universal se acrecentó con una gran cantidad de obras maestras), dándole todo ello el carácter de paradigmático a su mecenazgo.

Otros casos de acción benefactora para las artes podemos encontrar en las cortes y poderes políticos, que siempre vieron esa salida como un importante modo de contentar a sus súbditos, por más que en ocasiones ello fuese la causa de su final, como señaladamente ocurrió con la monarquía francesa por sus excesos estéticos en el siglo XVIII.

***

Padecimientos. Como ejemplos notables de que no siempre el mecenazgo ha ido seguido de satisfacción, hemos de citar dos de los mas notables casos de sufrimiento en la historia del fomento artístico, y en concreto en el Renacimiento italiano, podemos encontrarlos en dos de las figuras más destacadas, Miguel Ángel y Leonardo. En el caso del primero, su vida entera estuvo marcada por los encargos, en realidad se lo disputaban el Vaticano y los Médicis, y su capacidad era humana, por lo que no podía abarcar tantas cosas como se le adjudicaban. Para la tumba de Julio II, se había comprometido a realizar imponentes esculturas, pero solo pudo completar el grupo del Moisés. Por otra parte, para los Médicis se había comprometido a realizar las tumbas de algunos de ellos, pero al igual que ocurrió con los llamados Esclavos (priguioni), no pudo completarlos.

Por lo que respecta a Leonardo, es preciso referirse a los encargos recibidos para Santa María Novella en Florencia y el conocido como el Caballo *sforcesco* para esta noble familia milanesa. De fiasco sin paliativos puede ser tildado lo ocurrido con los frescos de Santa María, que se cayeron pese a los esfuerzos realizados para su conservación, y lo que ocurrió con el que pretendía ser una de las principales obras dedicadas a esa familia, y que acabó siendo blanco de los lanceros franceses cuando tomaron el castillo de los Sforza.

***

Motivaciones de los artistas. A veces no ha hecho falta que hubiese un impulso especial, el propio hábitat, es decir las condiciones ambientales (sociales, económicas, de prestigio, ...) han sido suficientes para que un determinado individuo haya decidido probar suerte en el mundo artístico y haya comenzado su labor.

El prestigio, el reconocimiento general, y lo que podríamos hoy en día calificar como el *caché* de un artista, eran también desde siempre importantes elementos potenciadores del arte. Si una producción artística contaba con el apoyo popular, esa circunstancia resultaba fundamental para que tanto el poder como los demás estamentos decidiesen contratar los servicios de un artista y no otro que no gozara de ese apoyo popular.

***

Casos célebres. Por mecenazgo parece querer indicarse la acción de uno o varios sujetos individuales, aunque ha habido casos en que linajes completos, u organizaciones determinadas se encuentran tras esa acción de fomento del arte y de la belleza.

Uno de los supuestos de mecenazgo más conocidos es, sin duda, el ya mencionado de los Médicis en Florencia, cuya acción de patrocinio figura por sus propios méritos entre las más paradigmáticas, en cuanto se ha extendido durante un largo periodo de tiempo, todo el que ese linaje ha estado en el poder. De una gran importancia económica, religiosa y política, esa familia ha tenido entre sus miembros varios individuos muy influyentes en todos los órdenes de la vida de la ciudad florentina y de la Italia de su tiempo. Otra de sus notas características ha sido la de la habilidad para el ejercicio del poder y de la promoción artística. Esa labor no ha estado en absoluto exenta de dificultades, algunos de sus miembros han sido objeto de atentados contra su propia vida (La conjura de los Pazzi), y padecieron en algunos momentos incluso la deportación (debido sobre todo al acoso por parte de las diatribas del dominico Savonarola), aunque fueron capaces de superarlos y retornar victoriosos a la ciudad del Arno. Bajo su influencia floreció en todo su esplendor el Renacimiento italiano, a la postre uno de los movimientos artísticos fundamentales de toda la historia del arte. La labor de los Médicis hay que enmarcarla en un contexto determinado, en que otras varias familias y poderes (Los Sforza de Milán, Los Este de Ferrara, Los Dux de Venecia, Los Borgia, o el propio Papado en Roma) desarrollaron una similar acción favorecedora de las artes, resultando muy difícil la precisión del papel de causa o efecto en los demás supuestos que rivalizaron con su mecenazgo en Italia.

El modo de articularse el mecenazgo ha sido ciertamente diverso. Lo habitual ha sido que se encargase una obra determinada a un artista, o que se le contratase para realizar una cantidad de ellas. Sin embargo no era infrecuente que hubiese concursos de ideas para realizar una cierta obra concreta, y que solo tras la resolución de ese concurso se encargase la obra al ganador (entre los más célebres, cabe citar el que tuvo lugar en Florencia para la confección de las puertas del Baptisterio, y que dio el triunfo a Ghiberti sobre Donatello o Brunelleschi, conservándose en el Bargello los modelos propuestos por cada uno de ellos).

Desde el principio de los tiempos puede decirse que se da el fenómeno del mecenazgo. Si nos remontamos a la antigua China, sin duda nos encontramos con una importante labor de fomento del arte.

Otro tanto cabe decir de Egipto. Si bien aquí cabe reseñar notas propias del fenómeno, como por ejemplo el hecho de tratarse de unas obras de unas extraordinarias dimensiones que requerían de una inmensa participación de mano de obra, y esa acción solo era posible que la acometiese el estado en su conjunto. La figura del artista, desde luego que existió, y ya se ha recogido en otro lugar una breve referencia a algunos de los grandes arquitectos y escultores egipcios, pero las imponentes realizaciones de su arte destacan sobre todo por sus colosales dimensiones y desde luego por la perfección de su factura, que no habría sido posible sin la intervención genial de tantos artistas, aunque el canon y la acumulación de conocimientos artísticos egipcios era enormemente consolidada y dejaba quizás menos espacio a la genialidad que en otras civilizaciones.

Mesopotamia es un supuesto de promoción artística de carácter real, en que las monarquías ejercieron el papel de promotoras de arte. Se trataba de obras de gran tamaño, centradas sobre todo en obras de carácter defensivo y palaciego, que daban muestra de la grandeza y poderío de quien era capaz de promoverlas. Ejercían de hecho un papel intimidador en sus posibles enemigos. Incluimos aquí monarquías como la asiria, la propiamente babilónica y la persa, que compartían una relativa similitud de rasgos artísticos, aunque ciertamente diferentes entre ellos, pero que a estos efectos, y por simplificar, pueden ser tratados en el mismo epígrafe.

El Islam es otro caso en que el arte ha sido objeto de un tratamiento especial. El arte religioso ha alcanzado aquí también una gran cantidad de manifestaciones, sobre todo debido a la construcción de mezquitas. Como lugares de culto, han sido objeto de una especial ornamentación, caracterizada sobre todo por unos rasgos bien característicos, como el arco de herradura u ojival, y una decoración en que predominan las representaciones geométricas, arabescos y vegetales, y en la que no hay figuras humanas, por prohibición expresa de su credo religioso. Pues bien, aquí el impulso artístico tiene unos rasgos similares a los de otros casos en que la religión ha sido el motivo fundamental para que el arte haya florecido.

Las religiones han sido quizás el principal móvil artístico de la historia. Con una finalidad religiosa han surgido muchas obras de arte, bien bajo el fomento de determinados poderes de ese tipo, o quizás por la propia inclinación religiosa del mismo artista. Puede decirse que eso ha sido una constante en la historia del arte, basta con revisar la misma para percatarse sin dificultad de la gran cantidad de obras que tienen esa temática. En Occidente el Papado ha ejercido una singular labor de mecenazgo, siendo quizás el principal, en cuanto institución que ha apoyado la ejecución de obras, y que desde las mismas catacumbas romanas han dejado una perenne muestra de su labor artística. En cuanto cabeza visible del cristianismo ha orientado e inspirado desde siempre la ejecución de obras (templos, pinturas y esculturas) que buscaban facilitar y afianzar la práctica del culto religioso en todos los lugares donde se iba implantando. En una época en que una gran parte de la población carecía de instrucción y era en gran medida analfabeta, el arte se convirtió en el medio idóneo para ilustrar esa carencia, y fue objeto de un apoyo decidido por parte de la propia Iglesia.

Dentro de la Iglesia, dado el tamaño de la misma, existía una organización territorial y funcional que en la práctica operaba descentralizando el poder, y en este sentido tanto las circunscripciones menores, como eran principalmente las diócesis a cuyo frente se encontraban los obispos, y por otra parte las instituciones religiosas, llamadas posteriormente órdenes religiosas (que desde muy pronto en la historia de la Iglesia comenzaron a encargarse de parcelas concretas dentro del vasto marco de la acción eclesiástica, o que le daban un enfoque determinado, priorizando una concreta parcela) han constituido un engranaje fundamental en el funcionamiento de la Iglesia. En este sentido, la promoción artística dentro de la Iglesia siempre ha experimentado el efecto de esa descentralización geográfica y funcional, y así la tipología local del arte sacro refleja perfectamente tanto el lugar de ubicación de las obras, como el encargo a que las mismas hayan obedecido.

El arte, inmutable. José Antonio Martínez

Perfectamente se puede distinguir entre las construcciones coloniales americanas del resto, lo mismo que el románico en función de las distintas regiones de Europa, o el gótico que ha calado más en unos países que en otros. Las peculiaridades locales son muy importantes en la historia del arte religioso en el seno de la Iglesia. De un modo singular cabe hacer una referencia al arte promovido tras la Reforma protestante a instancia de la conocida como la Iglesia del Gesù, es decir la iglesia que los jesuitas hicieron construir en Roma, bajo la dirección técnica de Vignola y Giacomo della Porta principalmente, y que fue propuesta como modelo constructivo de referencia en el resto del orbe católico, especialmente en el continente americano.

El mecenazgo se ha sido acomodando a los tiempos, la tipología del poder ha variado, poderosas corporaciones y organizaciones detentan posiciones influyentes, y con cierta frecuencia asumen papeles benefactores en muchos órdenes de la vida social, entre los que no es de menor relieve el artístico. Teniendo en cuenta la importancia que ese elemento tiene en la actualidad, resulta lógica y previsible la asunción de esa tarea por parte de esas organizaciones. Pues bien, son muchas y muy importantes las muestras de la labor de fomento que se han puesto en marcha. Así entidades bancarias, corporaciones industriales, y fundaciones de todo tipo se han lanzado a la promoción artística, dentro de un contexto en que se favorecen sus intereses, ya que esa actividad cuenta con una serie de apoyos institucionales por parte del poder, de modo que esa dedicación se compensa con una desgravación fiscal o con otra serie de medidas, entre las que no es de menor importancia la de ganarse el favor del público, que nos permiten cuando menos cuestionar su carácter absolutamente altruista.

***

Consideraciones finales. En general, podemos decir que la presencia del hecho favorecedor de las artes es una constante en la historia de la humanidad. Si bien ha revestido muy diferentes formas y manifestaciones, lo que no ha decaído ha sido el hecho en sí mismo, es decir la presencia continuada de una actividad que ha permitido a lo largo de la historia al arte contar con un importante soporte que ha favorecido de modo fundamental la dedicación de tantos artistas y la realización de multitud de obras de arte. El hecho de que las formas de ese apoyo hayan variado históricamente no nos hace cuestionar la existencia del fenómeno propiamente, sino que los cambios se enmarcan perfectamente en los límites admisibles para que un determinado fenómeno pueda seguir siendo tenido por el mismo.

Nos encontramos ante un fenómeno en el que el carácter permanente está completamente presente históricamente, aunque haya circunstancias particulares en cada caso, que no invalidan esa referencia general. Faltaría por ver si en las primeras pinturas rupestres la actividad pictórica y artística sería la ocurrencia de alguno de los habilidosos hombres de la época o si se habría producido a instancia de la organización social existente. Habida cuenta la cantidad y dispersión de las muestras encontradas en tantos lugares del mundo podemos decir que esas primeras pinturas obedecían a un poderoso sistema de creencias y organización social que impulsaba necesariamente a esa labor. Otra cosa es que al mismo tiempo aquellos individuos que tuviesen una mayor capacidad artística fuesen razonablemente los encargados de ponerla en práctica.

Como hemos visto, en Egipto, en China, en India, en Mesopotamia, en Creta, en Micenas y en Grecia, en Etruria y en Roma, en la Edad Media, ya bajo el cristianismo o el Islam, en el Renacimiento, o en el periodo del Barroco, en el Neoclasicismo, o en el siglo XIX y en el XX, el arte siempre ha ido estrechamente relacionado con una incesante actividad de fomento y promoción, sin la que no llegaría a existir ni a tener ni de lejos el alcance que históricamente ha revestido. Desde luego que las motivaciones personales de cada individuo son en muchas ocasiones de difícil concreción, pero desde luego por el resultado es perfectamente colegible su presencia indiscutiblemente.

Ha habido épocas y momentos en que esa promoción ha resultado más directamente visible y más patente, y otras en que se ha mantenido más difusa, pero si tenemos en cuenta la valía y cantidad de obras ejecutadas (desde luego, un criterio perfectamente admisible para calibrar su presencia) podemos reconocer su existencia de modo absoluto. Cuando esa labor es desempeñada por organizaciones, instituciones de larga duración (como jerarquías religiosas) u entidades territoriales (ciudades, regiones, repúblicas, estados o imperios) toda esa acción de fomento suele tener un carácter más diluido, por tratarse generalmente de una actividad continuada, constante, y por eso resulta más dificultoso señalar (salvo excepciones) su carácter puntual, a diferencia de aquellos casos en que esa labor de apoyo artístico es la obra de una determinada personalidad o entidad individual. De todos modos no se trata de una actividad constante e idéntica en todos los lugares y tiempos. De hecho puede decirse que hay y ha habido sociedades y pueblos mucho más proclives que otros para el arte.

Finalmente, resulta evidente que el impulso creativo es y ha sido una constante, y sin él la labor artística no hubiera sido la misma. Con ello no venimos a descubrir nada nuevo, únicamente destacar su latencia y su permanente efecto en la actividad artística, aunque en la historia se tiende a destacar sobre todo la labor que en este sentido se ha desarrollado en determinados momentos, lo que no quiere decir que no haya habido más casos. En realidad más que de una actividad puntual se trata de una actividad permanente (tanto en su aspecto interno, del propio creador, como desde fuera, por parte de entidades

154

que potencien esa labor).

5. Historia del arte

Es una cuestión susceptible de infinidad de tipologías y acepciones, vayan a continuación algunas pocas de las que es capaz el mundo del arte: arte para el pueblo – arte para minorías – arte para mayorías – arte rupturista – arte místico – arte popular y arte culto – arte genuino y arte importado – arte y los medios de comunicación – arte global – arte torpe y arte sofisticado – arte grande y arte pequeño – arte individual y arte de conjunto – arte íntimo y arte para ver – arte para ricos y arte para pobres – arte justo y arte injusto – focos artísticos y periferia artística – arte espontáneo y arte provocado – arte por estilos – arte por artistas individuales - arte aficionado y arte profesional – arte caro y arte barato – arte de una época y arte de todas las demás – arte de Occidente y arte de Oriente y de otros lugares – arte propio y arte ajeno – las bellas artes – las artes plásticas – las artes decorativas - las otras artes: literatura y música – artes modernos: el cine, la fotografía, la televisión – las artes clásicas: pintura, escultura y arquitectura – arte efímero y arte eterno – arte *povera* – arte absurdo, o irracional y arte racional – arte intelectual o derivado de una opinión, creencia y arte independiente de ella – arte diacrónico o arte total – arte abstracto – arte bello y arte feo – arte mundano, pecaminoso, y arte virtuoso y espiritual - arte para inculcar el bien y para el mal - arte estático y arte cambiante – arte imperfecto y arte más perfecto – arte colectivo y arte individual – arte y el espíritu nacional de un pueblo – arte y hábitat – arte y naturaleza humana – arte por casualidad e imprevisible y arte

155

previsible – arte genial – arte por acumulación de conocimientos – arte por mecenazgo – arte original y arte copiado o falsificado - arte para divertir, para entretener, para gozar – arte engañoso, arte demagógico – arte perseguido y arte protegido. Por encima de toda esa tipología, y cualquier otra que pueda ser invocada, el arte es recognoscible siempre, en cualquiera de sus manifestaciones. Es capaz de superar todas esas diferencias y tonalidades a través de unos elementos permanentes que le hacen ser identificado con claridad.

***

Orígenes. La historia del arte es considerada como aquella disciplina que recoge la historia de los contenidos artísticos, y sus autores, aunque incide sobre todo en la diversidad, en la variedad de contenidos. Tradicionalmente hay cierto acuerdo en considerar a Vasari como el precursor de la misma, quien plenamente consciente de la grandeza de los pintores, escultores y arquitectos de su época, procedió a incorporar sus vidas y circunstancias a una magnífica obra, que a la postre resultaría fundamental, y una referencia básica para acercarse a cuanto tiene que ver con el arte de esa época.

Sin embargo no era ésta una novedad absoluta, quizás sí en cuanto a la referencia tan sistemática a tan vasto conjunto de autores y obras, pero no absolutamente por cuanto hay importantes precedentes. Llama especialmente la atención la obra de Vitruvio, *De Arquitectura*, que aludía a las técnicas arquitectónicas que se consideraban adecuadas en su época, allá por los años 50 d.C. Fue una obra traducida de nuevo en la Roma del Renacimiento y que ejerció una notabilísima influencia. El propio Leonardo dedicó atención al fenómeno teórico que rodeaba al arte, y se tomó la molestia de recogerlo de forma maravillosa en sus extraordinarios y holísticos *Cuadernos,* en este sentido hay que citar su celebérrimo dibujo *Hombre de Vitruvio.* B. Alberti, fue otro extraordinario autor

156

que durante el Renacimiento dedicó atención al arte teórico, y que ejerció un gran influjo con su *De Pictura*.

La pintura flamenca, tradicionalmente más artesanal y menos academicista, se mostró mucho más ajena a estos planteamientos teoréticos, aunque no absolutamente carente de ellos, así destaca la obra de Jean Pélegrin: *De artificiali perspectiva*. Posteriormente la teoría ejerció una importancia fundamental, y la formación comenzó a ser imprescindible en el ejercicio de todos estos artistas. Los gremios de pintores, especialmente en la Toscana fueron precursores de las actuales escuelas de Bellas Artes, y comenzaron a acumular los recursos necesarios para formar estos profesionales. Ya hemos hecho especial mención al fenómeno del mecenazgo, a su papel trascendental en el desarrollo del arte, y por supuesto que de la pintura en todos los tiempos.

Como en otras muchas materias, en la historia del arte se habla de un doble origen: el clásico y el moderno, siempre en referencia al mundo occidental, en el resto del mundo apenas se hace referencia a estas cuestiones, al menos hasta la época reciente, parece que allí ni hay universidades ni las ha habido nunca, pero lo cierto es que ahora sin tener esa tradición cultural enseguida se han colocado al mismo nivel de Occidente.

***

Enfoques. Es una rama de la historia y como tal comparte sus mismos métodos. La historia del arte puede ser enfocada de diferentes modos. Diacrónicamente, siguiendo un desarrollo sucesivo en el tiempo, es lo habitual. Aunque aquí, como pretendemos un análisis más global, preferimos hacerlo por materias, de forma sincrónica, es decir agrupando las manifestaciones artísticas en función de una catalogación previamente acotada, exponiendo los temas de forma más sincrónica, como si se diesen al mismo tiempo.

Cronológico. El modo habitual de exponer la historia del arte es el cronológico. Es decir, se comienza desde sus orígenes en la pintura rupestre, y se continúa con el arte de Egipto, Mesopotamia, el griego (incluido el minoico o cretense y el micénico) y posteriormente con el romano, aludiendo previamente al etrusco. Al mismo tiempo se suele hacer una breve alusión al arte chino, al indio y al japonés.

Eso por lo que respecta al arte en sus orígenes y en la antigüedad. A continuación se suele exponer el arte en la Edad Media del siguiente modo: arte paleocristiano, arte bizantino y arte islámico. De igual modo se hace una referencia al arte de esa época en China, la India y Japón. Además se suele tratar igualmente el arte precolombino y el arte africano. En esa misma época se aborda más extensamente el románico, el gótico y el Renacimiento.

Este es realmente el inicio de la historia en la época moderna: se comienza con el Renacimiento, el manierismo, el barroco, el rococó, el neoclasicismo, el romanticismo, el arte en el siglo XIX y el XX. Más o menos es lo que hemos hecho en el principio de este estudio. Este enfoque cronológico de la historia del arte, como en general el que se hace en cualquier aspecto histórico, produce el efecto de acentuar el sentido cambiante de los fenómenos, ya que al tratarlos unos al lado de otros da la impresión de incrementarse ese cambio.

Sin embargo, cuando se abordan los fenómenos artísticos desde un punto de vista técnico, se aproximan mucho más los rasgos analizados. Así se produce un inevitable acercamiento entre técnicas, soportes y procedimientos artísticos, y ello nos permite ver igualmente las diferencias en su caso.

El arte, inmutable. José Antonio Martínez

Si prescindimos de esos aspectos históricos y estudiamos el arte por materias, se nos muestra mucho mejor su naturaleza auténtica. Eso es lo que hemos pretendido hacer en este capítulo. Cuando analizamos cronológicamente el arte, se produce el efecto de que al ver un nuevo estilo o manifestación, podemos relacionarlo principalmente con el arte inmediatamente anterior, pero resulta mucho más difícil relacionarlo con el resto del arte que le ha precedido. Por eso al analizar manifestaciones artísticas alejadas en el tiempo o en el espacio, tendemos a centrarnos en sus diferencias más que en sus semejanzas.

Sin embargo, y a diferencia de la historia en general, la del arte no se ha enfocado generalmente al modo de la escuela de los Annales, ni desde abajo, sino fundamentalmente desde arriba, y ese arriba es el resultado, la obra o el autor concreto, al menos desde el punto de vista de las artes plásticas. Los autores marxistas solo han justificado la existencia del arte cuando era beneficioso para la sociedad.

Por estilos artísticos. Es un modo de tratar sobre todo los resultados artísticos, más que el fenómeno artístico y el proceso que lleva a esa producción. Es un concepto amplio, al que podemos referirnos desde una plural aproximación. Desde el punto de vista del arte occidental, sería aquél fenómeno que alude a un conjunto de manifestaciones que presentan unos rasgos comunes en cuanto a sus elementos externos principalmente, así hablamos del románico, del gótico o del impresionismo. Sin embargo en otro sentido, también podemos hacer referencia a un tipo de arte genuino y propio de un país o comunidad, como el mesopotámico, el islámico o el egipcio.

Es un recurso de la sistemática, de la teoría del arte, que sirve para agrupar manifestaciones concretas y recogerlas en una amalgama más amplia. Desde luego que facilita el estudio y la clasificación de obras de arte, aunque puede tener la desventaja de agrupar

159

impropiamente elementos que son diferentes y les resta originalidad, en cuanto les atribuye unos rasgos generales. Siempre hay aspectos que se escapan a esa clasificación y que son propios del artista, del autor de la obra, pero es el modo habitual de tratar el arte.

Cuando se habla del arte propio de un pueblo determinado, en el que hay menos cambio, se suele hablar de canon. Aunque ambos aspectos se relacionan y tienen que ver, hay algunas diferencias: el canon hace referencia al conjunto de rasgos técnicos que desde luego se dan en un estilo artístico, pero parece que este último abarca más aspectos que los estrictamente técnicos, y por otra parte hace referencia a elementos más variables, a un cambio mayor.

El estilo se nutre de obras artísticas, sin ellas no puede existir, y cuando éstas son muy significativas e importantes, el estilo tiene en ellas un referente fundamental. Ha de incluir todos los elementos que singularizan dichas obras.

El enfoque por estilos nos lleva a tipificar determinadas características comunes de una pluralidad de obras y a generalizarlas. En realidad nos encontramos en el fenómeno medieval de los universales y de las clases. Se centra el estudio en los elementos comunes, relegando las diferencias y la individualidad, aunque también se valora el individuo y el genio, pero en cuanto sublima, encumbra y marca la tipología del estilo.

***

Historia total. Bajo la perspectiva de un tratamiento global, del conjunto integrador de matices que entendemos que es el arte, vamos a referir a continuación solo algunos casos como muestra de su encaje en ese conjunto global, valorando singularidades que aportan consideraciones importantes por tratarse del estilo original (pintura

160

rupestre), por su permanencia (la egipcia), por su carácter exótico y sincrético, es decir aglutinador de pluralidad de corrientes (la india) y finalmente, la que hace referencia al canon clásico con sus derivaciones occidentales (la griega).

La pintura rupestre. La pintura rupestre es pintura, es arte, es permanente y es tremendamente duradera. Es pintura por cuanto reúne los requisitos de una manifestación de esa naturaleza, es decir aglutina los elementos típicos de la misma, tales como una representación plana de una realidad, realizada de un modo más o menos figurativo, y con una técnica depurada que le han permitido resistir el paso del tiempo de un modo extraordinario.

Es arte con mayúsculas, por cuanto se trata de una actividad humana que resulta magnífica en cuanto a su calidad, a su grado de dificultad, a los sentimientos que provoca en el espectador, en cuanto a los contenidos y al grado de dificultad que ha tenido que vencer para existir durante tanto tiempo. Es permanente en el sentido de que el canon estético que ha seguido se ha mantenido durante el mayor periodo histórico conocido. Ya sea incorporando o no, o más o menos, la figura humana, podemos adivinar unos claros rasgos de familia en la mayoría de las pinturas rupestres.

Ello nos lleva a formular interesantes cuestiones sobre ese punto. No podemos suponer una influencia clara entre unos pintores y otros del planeta, ya que ese es el marco geográfico en el que hay manifestaciones de ese tipo. Obviamente las comunicaciones eran extraordinariamente dificultosas y por ello no cabe hablar de que unos pintores imitasen lo que habían visto en otros lugares, al menos en cuanto a las pinturas más alejadas espacialmente. Y sin embargo hay toda una serie de rasgos comunes que nos permiten agrupar este tipo de pinturas por otros elementos además del soporte (rupestre) y lo rudimentario. Ciertamente la temática, la finalidad, la significación y el modo de plasmar sus circunstancias presentan una similitud de rasgos que nos hacen pensar en que lo pictórico, y quizás también lo artístico tienen una naturaleza propia que persiste más allá de las concretas manifestaciones de que sea objeto en cada caso concreto. En el fondo es una consecuencia de la naturaleza humana que se ve en cierto modo impelida a dar salida a un impulso en gran medida universal. En este sentido estas pinturas constituyen un excelente medio para la reflexión sobre esa materia, por cuanto nos sitúan frente a frente con ellas y no dejan mucho lugar a la duda, ya que si en lugares absolutamente distantes e incomunicados se lleva a cabo una actividad artística con tal grado de semejanza sin que tengan puntos de contacto, resulta evidente que otras razones han de existir para que ello se produzca, y la conclusión nos conduce razonablemente a pensar que la naturaleza humana es el único rasgo común que permite que ello sea así.

Son las primeras, y ello debe ser tenido en cuenta debidamente para ser aprovechado en su justa medida y valía, es un dato que no debe ser menospreciado, ya que nos sitúa ante la genuina manifestación artística sin el efecto de la influencia externa, y ello merece ser analizado en toda su auténtica dimensión. El arte se revela como una actividad fundamental de la existencia humana, en la medida en que se produce por más difíciles que sean las circunstancias vitales del hombre, lo que nos hace cuestionar algunas apreciaciones que vinculan la existencia de este fenómeno con la abundancia de medios materiales y con la tranquilidad de la vida social, lo que desde luego está muy lejos de suceder en la época del hombre de las cavernas, y pese a ello la actividad artística no ha dejado de existir en esa época de un modo que podemos decir constante. Sin embargo es necesario llamar la atención sobre la significación de los distintos tipos de manifestaciones culturales, como las que estamos analizando. Hay que suponer que el alcance de las pinturas rupestres, en muchas o quizás en la mayoría de las ocasiones, no fuese el mismo que el de la

162

pintura de otros tiempos posteriores. Es generalmente admitido que buscaban sobre todo una finalidad mágica, es decir que se hacían pensando en favorecer la existencia fundamentalmente, más que con una idea altruista o de buscar lo bello por sí mismo. Sin embargo tampoco podemos dejar de comentar su grandeza, es decir que sobrepasan extraordinariamente la calidad y perfección necesarias para satisfacer únicamente una finalidad instrumental y se trata de auténticas obras de arte, en el más pleno sentido de la expresión. Efectivamente, es enorme la belleza que traslucen las obras no solo de Altamira o de Lascaux, sino de numerosas cuevas y abrigos que acogen este tipo de pintura, lo que nos permite concluir con rotundidad que el pintor prehistórico no solo buscaba la utilidad directa sino que se dejó llevar absolutamente por el deseo de plasmar algo bello, en ocasiones absolutamente bello.

Son tremendamente duraderas y ello nos lleva asimismo a la reflexión sobre la necesidad de que esa pintura tuviese esa naturaleza. Efectivamente, para la finalidad que buscaba el pintor prehistórico hubiera bastado con una actividad mucho más efímera, no era preciso tanto empeño en hallar los pigmentos que empleó para ello, y si lo hizo así cabe suponer que fue por un deseo de que su obra durase, que sobreviviera en el tiempo a la cortedad de la existencia del hombre de aquella época, y que fuese una especie de legado para los individuos que vendrían después. Entramos en el terreno de la suposición evidentemente, pero en este caso, por la lejanía en el tiempo y por la escasez de información adicional es una forma legítima de acercarse a la comprensión de aquella lejana época.

Egipto. En este caso se trata del canon artístico quizás más uniforme y duradero de la historia. Esta es probablemente la característica más notable del arte egipcio y le infunde una peculiaridad absoluta que lo

163

hace completamente particular, inconfundible y dotado de una personalidad propia.

Es cierto que comparte notas con algunos de los tipos de arte de la zona, así el denominado canon de perfil, o el de la jerarquía, y algunas otras también las encontramos en el arte mesopotámico, o en el persa, en el griego, o en el etrusco, pero es la conjunción de caracteres, la ejecución continuada de acuerdo a tan estrictas normas artísticas, la observancia tan extrema de las mismas lo que le da al arte del antiguo Egipto sus auténticas señas de identidad. En ocasiones se ha hecho eco de novedades técnicas como la incorporación fructífera de los tonos azules, por la vía del lapislázuli que asumió desde el contacto con los pueblos mesopotámicos.

Hay, no obstante, una peculiaridad extraordinariamente importante y significativa y es que dentro de esa absoluta uniformidad formal, también en el arte egipcio se ha dado la ruptura, la posibilidad cierta de hacer las cosas de otro modo absolutamente diferente. Es decir, que la capacidad de hacerlo era un hecho, pero si no ocurrió fue porque los que marcaban la pauta de la obra artística no lo estimaron conveniente y oportuno. Nos estamos refiriendo principalmente, aunque no únicamente, a la denominada revolución de Amarna, a las novedades que en la vida del pueblo egipcio introdujo de modo radical Amenotep IV, conocido como Akenaton, y que llevó a cabo la que quizás es la principal novedad dentro de la vida y del arte egipcio. En lo religioso se pasó por primera vez en la historia humana al monoteísmo, es decir se dejaron de lado las numerosas deidades que hasta entonces venían siendo objeto de la mayor de las veneraciones, para centrar todo el culto y adoración en un único dios, Atón, el dios del disco solar. La capital del reino también fue desplazada a Aketatón, las poderosas clases sacerdotales fueron marginadas en beneficio de los sacerdotes de Atón, y lo que más concierne a nuestro estudio, las magníficas obras artísticas del antiguo Egipto cambiaron radicalmente su ejecución formal, abandonando en buena medida su estricto formalismo y abordando de modo decidido una representación mucho más naturalista del objeto representado. Este cambio radical tuvo lugar, en la XVIII dinastía, entre los años 1350 y el 1333. a. C. en el breve espacio de tiempo que duró el reinado de Akenatón, si bien cabe señalar que ya durante el reinado de su padre y predecesor, Amenhotep III, se venía preparando el terreno para tal cambio. Una vez desaparecido este faraón, las cosas volvieron a su cauce tradicional, el monoteísmo fue abandonado, se recuperó el tradicional politeísmo y las formas del arte egipcio volvieron por sus fueros.

Será necesario esperar hasta los momentos finales del imperio egipcio para encontrar otro cambio artístico similar al que en línea naturalista tuvo lugar con Akenatón. Se trata de las denominadas pinturas de El Fayum, es decir aquellos retratos de las momias pintados sobre tabla, y que acompañaban generalmente los enterramientos en las tumbas. Desde luego que esos célebres retratos reproducían lo más fielmente posible el rostro de los difuntos, y son obras de artistas ya bajo la órbita de los faraones ptolemaicos, que llegaron a Egipto tras la victoria de Alejandro y que impusieron una estética de origen griego. Por tanto solo impropiamente se puede hablar de arte egipcio, más bien es otra su fuente. Este tipo de retratos, que en un número cercano al centenar fueron hallados en la zona de El Fayum, de ahí su denominación, ejercieron una notable influencia en la pintura posterior, como la romana o bizantina y la de los primeros cristianos.

India. En la India antigua a las manifestaciones artísticas les suele ser atribuidas varias notas, como el sincretismo, el sensualismo y la comunión con la naturaleza. El sincretismo hace referencia a la pluralidad de aspectos que aparecen en ellas y que tienen que ver a

165

su vez con la pluralidad de fuentes de inspiración que se dan, por una parte el hinduismo, que a su vez es un crisol de elementos de muy diversa procedencia, y por otra el budismo, que se desgaja del anterior y que de hecho ha supuesto una radical ruptura con él, constituyéndose en uno de los principales motores de la espiritualidad en toda Asia, y que ha supuesto un poderoso motor artístico desde sus inicios. Pues bien, el arte de la India aglutina todos esos elementos, con la circunstancia añadida de la pluralidad de ramas y versiones que tanto desde el hinduismo como del budismo han surgido continuamente, y que contribuyen a la aparición de una notable variedad de matices estéticos y a una extraordinaria muestra de un arte original, propio y absolutamente identificable. En época más reciente una nueva religión, el islam, ha venido a sumarse desde fuera a esa pluralidad estética, siendo innumerables las obras de este tipo que engrosan el rico patrimonio artístico de la India.

Desde nuestro punto de vista, hay que resaltar la circunstancia esencial de suponer un caso de convivencia pacífica y continuada de una pluralidad de manifestaciones artísticas diversas, que poco tienen que ver las unas con las otras, y que son capaces de darse al mismo tiempo, constituyendo uno de los supuestos más notables de esa convivencia. Generalmente un estilo o una tendencia artística ha supuesto el abandono de los demás, pero en el caso de la India, la pacífica (ha habido y hay excepciones que sin embargo no desvirtúan esa consideración general) convivencia entre religiones, ha tenido una absoluta traslación artística, y las numerosas obras de arte del país son un perfecto reflejo de ello.

La sensualidad es otra de las notas que de modo principal se destacan a la hora de hablar del arte indio antiguo. De ello dan muestras tanto las obras que se enmarcan en la órbita hinduista, como en la del budismo. La proliferación de ese aspecto refleja hasta qué punto ese elemento está presente en esta cultura, y es abordada con una relativa naturalidad, sin que suponga motivo de escándalo en el observador, muy habituado a esa continua presencia.

El ámbito geográfico se circunscribe principalmente al del territorio indio, pero ha tenido una proyección externa en su zona muy importante, fundamentalmente por efecto de la que ha tenido el budismo, ya que el hinduismo se ha visto más circunscrito al territorio nacional.

El respeto a la naturaleza es otro de los ejes vertebradores del arte indio, que en cierta medida es compartido por el arte chino y asiático en general. Ello ha llevado a que las manifestaciones artísticas indias se muestren muy integradas en el entorno natural, y que la conjunción con el mismo sea una nota absolutamente predominante. En este sentido las sorprendentes construcciones del Valle de Ajanta son una excelente muestra, pasando absolutamente inadvertidas hasta el siglo XIX, en que por azar fue descubierto tan fabuloso tesoro, absolutamente camuflado en los recodos naturales de ese valle.

Desde el punto de vista técnico el arte indio antiguo está muy desarrollado, y es equiparable en muchos aspectos al que se produjo en otras partes, como por ejemplo durante el Renacimiento italiano. La arquitectura tiene un gran desarrollo técnico, predominan las formas curvas. Las obras escultóricas generalmente están integradas en la arquitectura, y no suelen ser exentas. Y la pintura al fresco es perfectamente conocida y alcanza un elevado nivel de desarrollo y de belleza.

Grecia. Incluiremos aquí, aunque sea un procedimiento en cierta medida impropio, el arte de Creta (arte minoico, en torno a un rey) y el arte de Micenas. Aunque se trata de un tipo de manifestación artística anterior, en cierta medida puede ser considerado como perteneciente al mismo entorno geográfico, susceptible de un tratamiento único y global. Además el nivel de interacción e influencia entre ellos es una razón añadida que justifica ese enfoque, que desde luego busca la simplicidad en el tratamiento.

El arte minoico, el más antiguo, es el que se desarrolló en la isla de Creta, y recibe su nombre sobre todo debido a la preeminencia que alcanzó el rey Minos, y tiene unas características muy concretas, que luego serán incorporadas en mayor o menor medida a las concretas manifestaciones estéticas de la zona. La pintura, la decoración de vasijas y los palacios serán una fuente importante de influencia para su entorno.

El arte micénico, posterior en el tiempo, se caracteriza por las ciclópeas dimensiones de sus construcciones arquitectónicas y por el uso de oro (como la célebre máscara considerada la de Agamenón).

En esta época se fija el canon clásico del arte. La escultura, la arquitectura y, por lo que sabemos, la pintura no fueron mejoradas. Se estableció un canon fundamental de belleza que no sería superado, y que constituiría un referente claro de belleza en la historia del arte a partir de ese momento. Los órdenes arquitectónicos dórico, jónico y corintio alcanzaron un protagonismo absoluto a partir de entonces y, aunque otros han venido a sumarse a ellos, sin embargo han gozado de un predominio importante históricamente.

***

Conjunto integrado y conocimiento acumulado. Los estilos van llenando huecos cuando hay conciencia de lo que es la historia del arte y de su significación, de los progresos y de qué cosas se pueden hacer porque aún no se han hecho.

El arte, inmutable. José Antonio Martínez

La historia del arte es la historia del conocimiento que se ha ido acumulando a lo largo de los años y de los siglos en materia artística. Sin embargo hay que tener en cuenta que para que un determinado conocimiento o una técnica pueda ser utilizada por generaciones sucesivas ha de ser conocida previamente en condiciones de ser asimilada por aquellos que puedan utilizarla. En este sentido podemos decir que hoy ese nivel de conocimientos es muy alto, pero en periodos anteriores no sucedía lo mismo, y a veces poblaciones coetáneas desconocían métodos o procedimientos técnicos que se utilizaban en zonas geográficas cercanas.

Actualmente y desde hace ya bastantes años ese nivel de conocimiento de lo artístico, entendiendo por tal todo aquello que tiene que ver con la producción de objetos bellos, ya es sobradamente conocido, salvo excepciones, por parte sobre todo de aquellos especialistas y autores que pueden utilizar esos conocimientos. De ahí que ahora nos encontramos ante un conjunto integrado de elementos que en otras épocas más remotas no tenía lugar, de forma que ese factor, junto con el de la originalidad – que es fundamental para que una obra de arte pueda ser tenida por tal y no se quede en una mera copia o plagio -, es crucial para el tipo de obra o de estilo que pueda tener cabida en ese conjunto integrado del arte mundial.

***

Zonas artísticas. La cantidad de arte en el mundo no es homogénea. En el estado actual de las cosas, desde el punto de vista de las obras de arte existentes, podemos decir que en Occidente se encuentra el mayor número de representaciones artísticas, hasta el punto que una primera interpretación del fenómeno artístico podría llevarnos a la conclusión de que estamos ante un fenómeno fundamentalmente

169

occidental.

Sin embargo, yacimientos arqueológicos, a los que actualmente se les atribuye un valor y naturaleza artística, se localizan en todo el mundo. Por tanto, el arte es un fenómeno universal, aunque asimétrico, es decir no con la misma presencia en todos los lugares.

Este fenómeno sin duda guarda una muy estrecha relación con los procesos culturales en el mundo. Occidente es uno (por no decir el principal, huyendo de un etnocentrismo inevitable) de los principales focos culturales, el otro eje estaría en India-China y Japón. Pues bien, resulta absolutamente consecuente que el arte (una de las principales muestras culturales) se encuentre en mayor medida también en esas localizaciones.

De todos modos, la situación actualmente en cuanto a la ubicación de obra de arte no se corresponde exactamente con la de la producción artística, ya que también debido a la valoración que en Occidente se ha dado al arte propio o ajeno, se ha producido un acopio de todo aquello que se ha tenido por bello y valioso desde un punto de vista artístico, y en este sentido el fenómeno museístico y coleccionista se ha hecho sentir en Occidente de una manera más acentuada que en otras partes del mundo, y por ello los grandes museos o colecciones se encuentran en Occidente. Sólo en la medida en que los procesos culturales y sociales han alcanzado una dimensión global, tal como sucede en todos los órdenes de la vida social, el localismo se desvirtúa a favor de una consideración planetaria, y en consecuencia se generaliza en la misma proporción esa tendencia de acopio de arte, y allí donde el capital se acumula, sea Occidente u Oriente, se produce sin distinción el fenómeno de concentración artística. No deja de ser sintomática, en este sentido, la reciente adquisición por parte de grandes fortunas orientales de algunas de las obras más caras de la pintura universal.

El arte, inmutable. José Antonio Martínez

En línea con lo expuesto anteriormente, decir que la producción artística se ha localizado y se localiza en grandes áreas: Oriente Medio, Mediterráneo, Europa y China, India y Japón, principalmente.

En torno al 15000 a. C. se datan las pinturas rupestres, Altamira y Lascaux son quizás las más célebres y conocidas, pero en numerosos puntos de Europa Occidental y Central se ubican otras muchas pinturas de esta época. También en África e incluso en Sudamérica se han encontrado otras numerosas pinturas de este tipo.

En Nubia, Egipto y Mesopotamia se halla una enorme cantidad de arquitectura, escultura y pintura a partir del año 3000 a.C. En torno al Nilo y al Eufrates y Tigris, se desarrollan culturas en las que el arte tiene un protagonismo extraordinario.

En el valle del Indo y en el resto del subcontinente indio, así como en China se localiza otra fuco importante de actividad artística.

En menor medida en el África subsahariana se ha ubicado una variada manifestación cultural que se ha dejado sentir en una pluralidad artística que aunque distinta, presenta asimismo una relativa unidad de rasgos definitorios.

En el centro y sur de América, antes de la conquista europea, encontramos asimismo una muy rica amalgama de culturas y manifestaciones artísticas que han dejado extraordinarios vestigios y que nos ilustran absolutamente sobre la forma de vida de aquella época.

El mar Mediterráneo, y principalmente Grecia (Creta, Micenas y la propia Grecia) fueron el escenario de un grandioso florecimiento artístico, que ha sentado las bases del arte occidental. Junto con Jonia (parte de la actual Turquía) y la Magna Grecia (Sur de Italia).

Posteriormente Roma llevó la cultura grecorromana a todos los confines del vasto imperio romano, por el norte de África, extremo Oriente y buena parte de Europa.

A partir de ese momento, Europa sería una zona de localización preferente de manifestaciones artísticas en que tuvo lugar la eclosión de numerosos movimientos, estilos y corrientes que dieron y continúan dando lugar a una incesante actividad estética.

Desde luego que se da una absoluta sintonía entre cultura y arte, de modo que ésta es una inevitable y lógica consecuencia de la primera. No hay sociedad ni agrupación humana en la que no se haya encontrado un reflejo artístico, que desde luego sirve para conocer mejor dicha cultura y para integrar ahora el patrimonio estético mundial.

Así pues, el arte es un fenómeno principalmente occidental en su tratamiento, aunque en su producción sea mundial; no obstante debido a los procesos de globalización, que han empezado hace muchos años, el interés se ha ido extendiendo a todo el planeta.

***

Los dos paradigmas: naturalismo y abstracción. Desde sus orígenes, al menos en Occidente, el arte ha ido pasando de un momento a otro, cada vez más próximo a la reproducción exacta de la realidad. Cuando eso ya resultó imposible por el avance de la técnica, por la calidad de los artistas, y por el desarrollo de la fotografía, el cine y los nuevos sistemas reproductivos de la industria, se culminó ese proceso, pero no por ello los artistas

172

dejaron de interesarse por la creación, y de ahí el nacimiento de numerosos movimientos que buscaron la sorpresa, la provocación o simplemente la exploración de nuevas vías por donde conducir sus habilidades artísticas.

Arte figurativo y arte abstracto son dos tipos de arte que en realidad tienen una pretensión idéntica, la de crear obras bellas, que sorprendan, que produzcan admiración y agrado del observador o del que la encarga. El medio empleado es lo que cambia: la reproducción del objeto dentro de unos parámetros de similitud entre una cosa y su representación es lo propio de la figuración, del arte naturalista, y prescindir de esa correspondencia es lo que caracteriza al arte abstracto.

Sin embargo ambos procedimientos pueden ser considerados como instrumentos para un mismo fin, y se irán alternando históricamente cuando sea necesario para lograr ese finalidad que toda obra de arte persigue.

Podemos decir que hasta el Renacimiento predominó, salvo excepciones, el medio naturalista de la representación pictórica, aunque numerosos elementos técnicos – de falta de dominio de los recursos adecuados para lograrlo, como la perspectiva, el color, etc. - han hecho que en unos periodos y estilos se lograse mucho mejor que en otros ese efecto. Sin embargo, no siempre el conocimiento técnico fue suficiente para que se optase por ese naturalismo, por ejemplo en Egipto no se buscaba directamente el objetivo representativo, aunque los pintores eran capaces de conseguir un resultado mucho más aproximado de la realidad del que efectivamente da muestra su pintura, de hecho el breve periodo de Amarna ilustra suficientemente sobre la capacidad naturalista de la pintura egipcia, aunque hay que decir que en la reproducción de animales sí se ampliaba la gama de detalles y reflejo de la realidad,

173

cosa que con los hombres, dioses y reyes no se hacía.

En el Renacimiento, el manierismo puede ser considerado como una subetapa artística que buscó la novedad en el retorcimiento de las figuras, si bien dejándose influir por las obras del periodo helenístico descubiertas entonces en Roma, en concreto el conjunto del Laocoonte.

Ante la imposibilidad de mejorar los logros conseguidos en el periodo renacentista clásico, sucesivos movimientos artísticos buscaron alterar la representación de la realidad para sorprender al destinatario final de la obra. Así pues, el manierismo primero, el barroco después, ahondando en el mismo procedimiento técnico de recargar las figuras, hasta llegar al rococó, han optado por ese nuevo sistema alejado de la realidad, que culminaría en la pintura del siglo XIX y XX.

***

La valoración artística es una cuestión que tiene mucho que ver con la cultura. Dentro de un mismo marco cultural, el arte se ve de un modo diferente. Al conocerse mejor, cualquier cambio u oscilación es percibido antes y por tanto se identifica antes y se aprecia mejor. En sentido contrario, cuando se trata de una manifestación artística extraña, ajena a nuestra referencia más inmediata, tardamos más en percibir esas variaciones, y tendemos a considerar que es más uniforme.

No quiere decirse que ello sea la causa por la que desde Occidente solemos considerar que el arte oriental u otras expresiones artísticas son menos cambiantes que las nuestras, puesto que en realidad sí que hay una base objetiva para considerar que el arte de Occidente ha experimentado históricamente muchos más procesos de cambio que el arte oriental, pero esa apreciación se ve acentuada por ese hecho.

Basta observar la pluralidad de estilos artísticos existentes para darse cuenta que en Occidente nos encontramos con una mayor cantidad. A ello ha contribuido igualmente el hecho de que la mayoría de los especialistas y tratadistas de arte son occidentales, y que es de aquí de donde ha partido la catalogación y estudio tradicional de la historia del arte.

No deja de ser un hecho fundamental que el arte propio es mejor conocido y por tanto nos damos cuenta más claramente de sus matices, de sus diferencias que del ajeno. Esto mismo ocurre en cualquier otra faceta de la vida social.

Ese hecho, junto con que la historia del arte haya estado dirigida y encabezada desde Occidente, lleva a que se agrande la valoración y consideración de lo occidental respecto al arte de otras zonas. Aunque eso quizás se encuentre actualmente en proceso de cambio, porque cada vez se valora y se aprecia más el arte foráneo.

***

Tipología

Arte cambiante y arte estático. Si observamos el proceso creativo general, vemos que ha habido diferentes velocidades en el cambio artístico, pero también casos de permanencia casi absoluta, y ello nos lleva a cuestionar el sentido, naturaleza y dirección de ese largo proceso. Desde que tenemos información, resulta que la humanidad ha creado objetos a los que ha dotado de una determinada significación, pero ha sido especialmente en Occidente donde se ha sentido la necesidad de ir cambiando, variando y evolucionando en

175

El arte, inmutable. José Antonio Martínez

la experiencia creativa. La razón de ello no es fácil de encontrar, pero podemos ligarla quizás a la disponibilidad de un tiempo de ocio, a los rasgos personales de sus individuos, a los propios creadores, etc. ¿Por qué el arte chino, el egipcio, o el de otras civilizaciones como las africanas o precolombinas fue mucho más estable?. ¿Podemos establecer paralelismos con otros ámbitos de la vida social de estos pueblos y culturas?, sin duda alguna, el arte es una manifestación cultural más, y en cuanto tal se ve sometida a los mismos avatares que el resto de elementos integrantes. Resulta ciertamente difícil precisar el auténtico peso específico de cada elemento, en algunos casos como por ejemplo el egipcio, parece que el factor geográfico jugó un determinante papel; en el caso chino ese efecto no resulta tan evidente, quizás la magnitud de su territorio ha influido para mantenerse durante tanto tiempo más impermeable a los influjos externos. Lo que sí que podemos decir es que el cambio artístico ni es un fenómeno universal, ni siquiera dentro de una misma cultura ha operado con una identidad de rasgos, puesto que ha variado bastante históricamente. Ello nos lleva a considerarlo como algo cultural, al albur de una pluralidad de circunstancias diversas. Sin embargo, sí que se observa la presencia de ese cambio con una mayor asiduidad en periodos recientes de la historia occidental, sobre todo, y transitando por unas vías que cada vez van más parejas a las del fenómeno de la moda, resultando ciertamente dificultosa la diferencia entre ellos. No tiene sentido desvincular el estudio del cambio artístico del cambio cultural. El arte cambiante depende de la percepción de saturación artística, de los avatares culturales, y con el sentimiento de la necesidad de ese cambio.

Cuando se produce un cambio muy rápido de manifestaciones artísticas, y cuando hay una aceleración de ellas, podemos decir que nos encontramos más propiamente ante una *moda*. Es decir un cambio acelerado que en realidad no tiene una justificación claramente perceptible, claramente justificada. Es un cambio por el cambio, un cambio que se busca a sí mismo y que pretende romper con lo anterior, con la tradición. Es un fenómeno que tiene que ver no solo con el arte sino también con otros muchos fenómenos sociales. Se trata de un marco social, en el que se busca dejar atrás lo cotidiano.

En el arte, un elemento que juega a favor de la existencia de ese proceso es quizás que el arte es por naturaleza algo original. Los medios de comunicación juegan un papel muy importante actualmente en la difusión del arte y por tanto se saturan antes los destinatarios, que continuamente tienen ante sus ojos infinidad de manifestaciones artísticas, por ello para garantizar la originalidad y la sorpresa que le confiere a la obra de arte su carácter distintivo, el artista se ve forzado a investigar y descubrir nuevos horizontes, a buscar nuevas vías por las que dar salida a su fuerza creativa, de forma que no se confunda con otras más o menos similares. De ahí la existencia del fenómeno de la moda en el arte, especialmente en cuanto a la producción artística, por supuesto,

Muchas veces la naturaleza de ese fenómeno lleva a que el arte que sigue esa tendencia tenga también un valor más efímero que aquél otro que no lo hace. Cada vez con mayor frecuencia se utilizan argumentos y medios más nimios para dar originalidad a una obra, porque hay un panorama finito de posibilidades de cambio. Siempre la naturaleza humana es capaz de sorprender, la capacidad imaginativa es muy grande, pero parece que ha de llegar algún momento en que esa posibilidad de sorpresa tenga un límite.

La moda tal como aquí se describe tiene unas connotaciones que la hacen casi exclusiva de Occidente, aunque también en otras zonas y momentos históricos se ha producido, aunque en menor medida que en la actualidad.

El arte, inmutable. José Antonio Martínez

Arte aislado y arte influido. El arte aislado tiene utilidad para un enfoque como el nuestro, por cuanto da una idea exacta de la verdadera naturaleza del fenómeno artístico en su auténtica dimensión. Como ejemplos importantes para analizar este tipo de arte podemos considerar algunos ciertamente paradigmáticos, aunque todos tienen unas dimensiones peculiares.

Vamos a referirnos al arte egipcio. el chino y al precolombino (dentro de sus grandes diferencias regionales, pero tratando su aislamiento en relación con el arte del resto del mundo). Lo mismo podría decirse del arte de determinados lugares como el de la Isla de Pascua en el Pacífico o el arte australiano, pero preferimos centrar la atención en los supuestos citados en primer lugar.

El arte egipcio y el chino tienen ciertamente el carácter de arte aislado, pero son diferentes entre sí y a su vez son diferentes del arte precolombino. En el caso de Egipto, el arte tiene unas notas absolutamente propias, distintas al de su entorno, aunque también comparte con él algunos aspectos. Sin embargo la extraordinariamente larga duración de más de 3000 años, la fidelidad a su canon tradicional – salvo muy contadas excepciones – lo hacen idóneo para el análisis de la permanencia artística y cultural. Se trata de una sociedad absolutamente estable, completamente conforme con sus rasgos ideológicos y con el arte que desempeña un papel tan importante.

El caso chino es similar en algunos aspectos. Se trata también de una sociedad muy independiente, aunque ello no quiera decir que no haya pasado por numerosas y graves vicisitudes. Aquí los cambios han sido mayores que Egipto, y la sociedad china ha tenido una historia mucho más accidentada. Pero su arte es también muy estable, aunque ha experimentado el influjo continuado del arte

178

indio, especialmente en cuanto que sus creencias religiosas han reflejado también la asunción del budismo que se produjo de modo importante en la cultura china.

Por su parte el arte precolombino – prescindiendo de las numerosas diferencias existentes entre las distintas manifestaciones existentes en todo ese vasto territorio que va desde Méjico hasta Sudamérica– sí que es considerado tradicionalmente por los antropólogos como un supuesto de "segunda tierra", es decir como un laboratorio ideal de contraste para los fenómenos de la sociedad occidental. En ese sentido tiene mucho interés por cuanto nos permite conocer cómo es y cómo opera el fenómeno artístico en distintas circunstancias.

El arte rupestre también, desde otro punto de vista, puede servir para ver el efecto del arte en condiciones de confinamiento, es decir desde un punto de vista de aislamiento. En este sentido se trata de un arte muy alejado del nuestro en el tiempo, y por lo tanto en él se muestran claramente los efectos y naturaleza de ese fenómeno.

Arte mágico. Para dar cuenta de un sistema de creencias muy frecuentemente se ha recurrido al arte. Cuando esas creencias no llegan a ser configuradas como un sistema religioso propiamente dicho, es decir que son menos elaboradas o no se articulan en una estructura tan acabada como la de las religiones que conocemos, podemos decir que se trata de un fenómeno mágico. Sin embargo, no todo es tan sencillo, muy a menudo este tipo de situaciones conviven perfectamente con esas otras manifestaciones religiosas, o se dan aisladas incluso en nuestro tiempo, cuando ya creíamos desterrado este tipo de episodios. Pues bien, las pinturas rupestres, muchas representaciones africanas o precolombinas obedecen a este tipo de catalogación. Se trata de un diálogo con seres o entidades externas, a las que se atribuyen grandes, graves e imprevisibles poderes sobre el

179

hombre, y se considera que una determinada obra artística puede ayudar en esa relación.

Aquí podríamos incluir también ciertas manifestaciones modernas de arte incomprensible, enigmático, cuya significación se nos escapa. Desde la *Tempestad* de Giorgione, muchas de las obras del siglo XX, del arte abstracto o conceptual, el arte sin sentido o absurdo, podrían asimilarse a este arte mágico, que pretendía por sí mismo causar un efecto en seres o entidades ajenos a nosotros.

Arte sobrevenido. Aquí hacemos referencia a la situación que se ha producido y que tiene lugar cuando una obra determinada adquiere la naturaleza de obra artística con posterioridad a la fecha de su ejecución. Es decir se trata de que se le asigna esa connotación por circunstancias sobrevenidas posteriormente. El paso del tiempo y su mantenimiento suelen ser factores importantes para que ese fenómeno tenga lugar. Algo que en su origen no era tenido por artístico, pasado un tiempo y ocurridas una serie de circunstancias llega a ser considerado como tal.

Eso podemos decir de aquellas obras que en su primera aparición no tenían esa pretensión, sino solo la de ser útiles para otros menesteres, y que después han llegado a adquirir un valor añadido de naturaleza artística. Ejemplos de ello poseemos muchísimos y solo a título de ejemplo podemos citar las obras del periodo romano, como los acueductos, las vías y calzadas, los puentes, las minas, y un largo etcétera.

Desde otro punto de vista, ha habido ocasiones en que determinadas obras *menores* en su momento han visto cómo eso ha cambiado con posterioridad. Ese es el caso señalado de la numerosa producción impresionista, del dadaísmo, del cubismo y de tantos otros

180

movimientos trasgresores que chocaron en su día con las normas académicas y que después han gozado de una extraordinaria valoración, pese al inicial menosprecio, burla o cuestionamiento.

La consideración del arte ha experimentado distintas vicisitudes con el transcurrir del tiempo, y la del incremento de valor no ha sido de menor importancia. También en sentido contrario, se ha producido una pérdida del valor asignado a determinados objetos u obras artísticas, aunque en menos ocasiones, especialmente como consecuencia de la implantación de determinadas ideologías de tipo radical. Así podemos aludir a la persecución de que fueron objeto artistas y creadores en la época del primer emperador de China, o en el periodo nazi, o más recientemente la destrucción por motivos religiosos de ciertas obras budistas a manos de radicales islamistas, entre otros muchos casos.

***

Finalidades

El arte ha desempeñado y desempeña una pluralidad de funciones y *finalidades*, tanto desde el punto de vista del autor, como del que lo encarga, financia o lo ordena. En muchas ocasiones el arte no ha tenido directamente la intención artística, sino que una determinada obra ha buscado fundamentalmente resolver alguna necesidad social como llevar agua de un lugar a otro salvando ciertos obstáculos (acueductos); o se ha buscado la extracción de un mineral (minas, y canales); o facilitar los desplazamientos desde un punto a otro, estableciendo vías seguras y acondicionadas para reducir el tiempo y mejorar ese desplazamiento, facilitando la superación de accidentes naturales (calzadas, puentes). Cuando estas obras se han hecho hace dos mil años y aún perduran y asombran por su calidad y por los conocimientos técnicos que atesoran, son consideradas indudablemente dignas del calificativo de artísticas y entran a formar parte del patrimonio de la humanidad.

Una modalidad de ese tipo de obras artísticas, puede ser considerada la ejecución de obras de finalidad militar, es decir aquéllas que han pretendido facilitar la defensa de una determinada ciudad o de una organización política. Nos encontramos así con obras del tipo de las murallas, empalizadas, castillos o fortalezas defensivas, de los palacios amurallados, campamentos militares, que con los años han dado lugar a numerosas ciudades, etc. Evidentemente que pretendían satisfacer una necesidad defensiva, pero por su grandeza, por el poderío que reflejan, por los conocimientos que suponen, por su duración, por su excelente ejecución, y por otros muchos aspectos son consideradas obras de arte, de un extraordinario valor cultural y artístico.

Con mucha frecuencia las obras de tipo militar conseguían su propósito defensivo a través de otro efecto colateral, asustando a sus posibles o previsibles rivales a través de la magnitud de los medios técnicos o arquitectónicos empleados, o buscaban situar a los beneficiarios de tales obras en una posición de ventaja sobre sus posibles rivales, es el caso señalado de los castillos, murallas, empalizadas, campamentos militares, y un largo etcétera de obras similares. Se buscaba directamente el efecto intimidatorio, haciendo desistir a sus rivales de intentos de conquista, a la vista de la dificultad que determinada construcción suponía para tal empresa.

Este es el caso señalado de obras tales como la gigantesca muralla china (de más de 5000 kilómetros de longitud y de una extraordinaria anchura, como para permitir la rápida circulación de contingentes militares por ella, que podían en un breve espacio de tiempo acudir de un lugar a otro y defender con enorme ventaja determinada posición. De la misma tipología son los castillos medievales, el muro de Adriano, y en general las construcciones mesopotámicas, micénicas, etc.

Se puede decir que mayoritariamente el arte ha tenido un carácter religioso: así sin ningún género de dudas lo han sido el egipcio, el mesopotámico, el griego, el cristiano, el islámico, el indio, el chino, el japonés, etc. En muchas ocasiones el arte ha sido concebido y ha tenido su razón de ser en el más allá, es decir en una concepción que parte de la existencia de otro mundo posterior a éste, en el cual el hombre tendrá otra vida.

Caso paradigmático de esta concepción ha sido el del antiguo Egipto, en el que los faraones y demás clases superiores se suponía que tendrían una vida extramundana, para lo cual se debían de preparar. Las tumbas, los templos funerarios y los palacios eran las construcciones que se habilitaban para esa ocasión. Como es sabido, primero fueron las pirámides, luego los hipogeos excavados en la roca (para evitar los continuos saqueos de que eran objeto), y junto a esas tumbas, los templos funerarios eran las construcciones principales que se destinaban a esos menesteres.

En la India antigua se dio una plural convivencia de creencias religiosas, desde el hinduismo en sus variadas formas hasta el budismo. La religión ha tenido y tiene una particular importancia en un país que ha sido la cuna de tan variadas religiones. En el hinduismo la rencarnación resulta fundamental, y por tanto han sido muy numerosas las construcciones destinadas a tal finalidad. Por otra parte, en el budismo ha mantenido una gran importancia el aspecto religioso y son muy numerosas las obras que tienen en las representaciones de Buda su motivo fundamental, aunque en la mayoría de los casos mantiene una concepción diferente al hinduismo, frente al que reaccionó.

El arte, inmutable. José Antonio Martínez

En China, cuna de dos corrientes espirituales como el confucianismo y el taoísmo, el más allá y la conjunción con la naturaleza juegan un papel fundamental, y sus manifestaciones artísticas tienen también un punto de referencia básico en esa cuestión.

¿Qué decir del cristianismo y del protagonismo que la vida futura ha tenido y tiene en el arte? ¿Cuántas pinturas y representaciones escultóricas y obras arquitectónicas han tenido su justificación en la concepción del más allá?. En realidad puede sostenerse con absoluta certeza que esa es su razón de ser fundamental. La vida más allá de la muerte es el principal argumento del cristianismo, que por la venida de Jesús se hizo posible.

El islam comparte con el cristianismo y con el judaísmo esa creencia en el ultramundo. Esa es la explicación de la existencia de tales religiones, y a esa convicción se han destinado infinidad de obras de arte en sus respectivos ámbitos.

Evidentemente las creencias y religiones que se han basado en el más allá son las que han hecho posible tantas obras y manifestaciones que han tenido esa referencia. Siempre ha sido así y hay razones suficientes para seguir pensando que así seguirá ocurriendo en el futuro. En todas las épocas se ha producido ese tipo de conductas artísticas, ha sido una constante en toda la larga historia del arte. Ello viene a acreditar la importancia del arte como transmisor y catalizador de una idea, por más sorprendente que ésta pueda parecer y por más inverosímil que se pueda presentar a nuestra vista y evidencia. El arte refleja, pues, perfectamente el modo en que el hombre y la sociedad ha concebido históricamente su existencia, ya sea en este mundo o en el otro, tal como acabamos de ver que ha ocurrido continuamente en el pasado.

El arte a veces ha sido y es concebido como un modo de

provocación, de causar una reacción en el observador, aunque no sea de agrado sino de repulsa, buscando llamar la atención, sorprender y en muchas ocasiones causar una respuesta, aunque sea adversa, en su destinatario. Este ha sido el caso de numerosos movimientos estéticos que se han desarrollado a finales del siglo XIX y en el siglo XX. Así podemos citar desde la propia existencia del impresionismo, el dadaísmo, el cubismo, e surrealismo, el fauvismo, y muchos más.

Con anterioridad, también se produjo ese mismo efecto en otros momentos históricos, tales como la época del antiguo Egipto, de Grecia o de Roma. Qué decir si no de las imponentes obras faraónicas, o de la construcción de la Acrópolis, o de los extraordinarios templos mesopotámicos en Korsabad, Ur, Nínive o Babilonia, o de la imponente muralla china o los gigantescos palacios micénicos. Evidentemente que se ha tratado de grandes obras que para su tiempo sin duda que han supuesto un extraordinario reto y que a buen seguro despertarían entre los ciudadanos que contemplaban tales desarrollos una reacción encontrada de grandeza y de excesivo esfuerzo, máxime cuando dichas obras tenían que ser realizadas en la mayoría de los casos a sus expensas y con su propio esfuerzo, y en muchas ocasiones dejándose su vida en el empeño.

En época más reciente, la provocación ha tenido y tiene nuevas connotaciones, supone de hecho un acto directo de choque con el observador, hasta el punto que se trata de buscar directamente su reacción, cuanto más airada mejor. En ocasiones encubre obras menores, que se quedan solo en eso, pero en otros muchos casos ha sido el inicio de movimientos artísticos que se han consagrado históricamente y que han supuesto una novedad y un valor añadido importante en la historia del arte.

Tal es lo que ha sucedido con los movimientos artísticos que hemos

185

señalado con anterioridad y que han pretendido muchas veces romper con la tradición artística y reivindicar un espacio nuevo en el mundo artístico. Singular es el caso del impresionismo que ha supuesto en primer lugar una reacción airada de la corriente academicista en la pintura, que en su momento fue objeto de mofas y burlas descaradas por parte de sus contemporáneos y que solo posteriormente fue objeto de un tímido reconocimiento que les ha venido sobre todo con el paso del tiempo.

Muchos de estos artistas ni siquiera pudieron disfrutar en vida de las alegrías que ese reconocimiento les aportaría una vez muertos. Es el caso notable de artistas como Van Gogh, o de muchos de los pintores de aquella época que ahora es tenida como una de las más gloriosas de la pintura universal, pero que en su momento apenas si alcanzó notoriedad.

Otro tanto cabe decir de los artistas que han engrosado la nómina de movimientos como los señalados. Especialmente significativo fue el movimiento del dadaísmo, que surgió en el célebre cabaret Voltaire de la ciudad suiza de Zúrich, y que buscaba principalmente poner en cuestión la concepción clásica del arte y los valores y méritos que desde siempre se le habían asignado. El célebre mingitorio o fuente de Duchamp, supuso una absoluta provocación para los cánones de belleza de la época y constituyó quizás la obra más emblemática de ese movimiento artístico en el que todo era provocación, desde el mismo nombre del movimiento, dadaísmo, que tomó de las primeras expresiones del ser humano, y que en realidad no significaba nada.

Otros muchos autores y movimientos artísticos han buscado la misma reacción, en este sentido singulares han sido los casos de la propia pintura abstracta, o de los surrealistas, que han dado rienda suelta a su capacidad creativa, llegando a los resultados más disparatados, imprevisibles y extravagantes que se pueda imaginar.

El arte, inmutable. José Antonio Martínez

Justamente en eso ha residido en muchas ocasiones su grandeza y la clave de su éxito, es decir en el hecho de que no han resultado previsibles, en su absoluta originalidad y en el hecho de quebrar absolutamente lo que hasta ese momento había sido el modo de trabajar y actuar propio del artista.

Sin embargo, si se analiza bien el fenómeno de la provocación, no deja de ser lógica su presencia en el mundo del arte, en donde la sorpresa, la originalidad, junto con la grandeza y la perfección desde luego, han sido los ingredientes principales de la razón de ser de su existencia y permanencia. Lo que pretendía romper absolutamente con la tradición artística, en realidad no ha sido sino un procedimiento absolutamente presente en la historia del arte, el de su renovación, el de su novedad y el de la originalidad, que es lo que ha hecho grande y genial muchas veces la existencia de lo bello. En general todos los movimientos y estilos artísticos han tenido una parte importante de ruptura y , qué duda cabe, también de provocación, al menos en el momento en que comenzó la andadura de cada uno de esos tipos de movimientos y estilos.

III. EL PROCESO ARTÍSTICO

A continuación se formulan una serie de consideraciones relativas a los procesos artísticos, comenzando por la influencia, es decir, por la existencia de propuestas estéticas que a veces cuajan y generan un cambio en otros modos artísticos. Esos cambios tienen un alcance relativo ya que permanece el arte autor del influjo y el conjunto del arte, que se refuerza con ese cambio.

1. Influencia (Reacción)

Casos

De entre la infinidad de supuestos, podemos señalar, como muestra, el conocido como *Matrimonio Arnolfini* (1434), de Jan van Eyck. Aparte de la minuciosidad típica de la pintura flamenca, incluye esta obra una sensación de profundidad mediante el recurso del espejo cóncavo, que tanto éxito tendría entre los pintores contemporáneos, llegando incluso Velázquez a utilizarlo en *Las Meninas*.

También en Flandes, otra obra muy notable, desde el punto de vista de la influencia que ejerció, fue la del *Tríptico Portinari* de Hugo van der Goes, pintada entre 1476 y 1478, que causó gran revuelo en la Florencia del Renacimiento, llamando poderosamente la atención

188

de los pintores locales, incluido el gran Leonardo, que cayeron en la cuenta de otro modo de pintar, el de la escuela flamenca, en que se dotaba de una gran naturalidad a los rostros de los personajes, en este caso el de los pastores.

En este sentido, es preciso destacar otro hecho relevante, el de los avatares de muchas obras artísticas, que viajaban de lugar en lugar de modo inopinado. Así, el citado *Matrimonio Arnolfini*, pasó de Flandes a la corte española, de aquí a Francia y posteriormente a Gran Bretaña (actualmente se encuentra en la National Gallery de Londres). Fue objeto de transacciones y cesiones hereditarias, fue botín de guerra y estuvo en paradero desconocido hasta que fue adquirido por 730 libras por esta galería en 1842. Otro ejemplo curioso de azaroso destino de los bienes culturales, y a la vez de la pugna que despertaban, sin ser propiamente una obra artística, lo constituye la misma piedra de *Rossetta*, que capturada por las tropas napoleónicas, cayó en manos inglesas y actualmente es uno de los principales tesoros y reclamos del British Museum.

Lo importante para nuestro estudio es el hecho de que allá por donde han pasado cierto tipo de obras han dejado huella. Se trata de una de las posibilidades desencadenante de la influencia técnica, otra es que los artistas fuesen al encuentro de las propias obras de arte, bebiendo directamente de las fuentes que podían ocasionar ese influjo.

Desde otro punto de vista, en un sentido más global, no podemos dejar de referirnos a la influencia que en la pintura ha tenido la existencia del conocido como "canon clásico", es decir el de la Grecia antigua, que se ha venido materializando históricamente con la permanencia de todo un conjunto de poses, temas y elementos que han mantenido hasta nuestros días una plena vigencia, más o menos explícita.

El arte, inmutable. José Antonio Martínez

En general, cabe aludir a la influencia como una serie de supuestos en que se da y ha dado una similitud, copia o plagio de maneras artísticas, en cuanto a la técnica o a la temática. Una de las principales notas a destacar en este fenómeno es la de la variedad, así veremos una pluralidad de casos de muy diferente tipología. En ocasiones la influencia ha tenido su origen en causas no artísticas propiamente dichas, como las ideológicas, literarias, políticas, culturales, etc.

Podemos empezar con el arte egipcio. Lo que más nos llama la atención en un principio es la gran duración de su canon artístico, a veces se pone como ejemplo de permanencia ya que ha encadenado uno de los periodos más largos en la historia humana, manteniendo una continuidad de más de tres mil años en que los rasgos artísticos fundamentales se han situado en unos márgenes estéticos muy delimitados y precisos. Sin embargo, no es posible desterrar por completo el fenómeno de la influencia, así como consecuencia del contacto con Babilonia, comenzó a ser empleado el azul, un recurso técnico que daría un enorme juego en su universo estético. Por otra parte es preciso indicar que el canon estático y de perfil, característico del arte egipcio, no ha sido exclusivo de él, siendo común al mesopotámico, al minoico o cretense y al micénico. Todo lo relacionado con el arte egipcio, desde los numerosos hallazgos arqueológicos que se produjeron históricamente, fue decisivo para el interés que esta milenaria cultura ha ido despertando en el mundo, y en donde el misterio ha sido causa de buena parte de su influjo.

A veces una única obra ha sido suficiente para desencadenar todo un movimiento o un estilo artístico. Quizás pueda ser visto de este modo el efecto que el descubrimiento del grupo del *Laocoonte* en 1506 produjo, generando una profunda trasformación en la pintura de la época renacentista, inclinando la tendencia hacia el abandono de la estética clásica, prescindiendo de la serenidad, el equilibrio y la composición que la caracterizaba. En otras ocasiones el origen de la influencia se ha debido al contacto con una cultura distinta, tal como sucedió con la bizantina respecto al Renacimiento. Asimismo, en ocasiones hallazgos arqueológicos han sido el motor de una renovación artística, así los de las ciudades romanas de Pompeya, Herculano o Stabia, en la primera mitad del siglo XVIII, influyeron en el desarrollo del neoclasicismo tras haber sido puestas al descubierto, gracias a la labor promovida decididamente por el rey Carlos III, y los esfuerzos del arqueólogo también español Alcubierre, dadas a conocer a través de obras de divulgación como *Le Antichitá di Ercolano*, publicado en 1757 por el empeño del monarca español, con un extraordinario despliegue de láminas que supusieron una gran inspiración para los artistas de la época.

Determinados movimientos, como el románico o el gótico, han sido el resultado de una generalización de los procedimientos artísticos por la vasta geografía europea. En estos casos los cánones estéticos han alcanzado una difusión mayor que en épocas anteriores, haciéndolos acreedores de la denominación de "estilos internacionales", ya que traspasaban las fronteras propias de los estados. La influencia se ha manifestado aquí como el resultado del establecimiento de unas normas artísticas que se han implantado y que han sido seguidas de un modo casi absoluto, aunque con variantes regionales, pero sin hacerles perder en ningún caso la referencia de familia que el estilo ha mantenido.

El Renacimiento es considerado el movimiento artístico y cultural que conectó absolutamente con el mundo clásico de Grecia, del que extrajo su principal inspiración. Se trata de un periodo amplio y de una gran significación en la historia humana, que trabajó con ahínco en la búsqueda de unas fuentes que revitalizó enormemente, contribuyendo a sacarlas de nuevo a la luz, destacando su importancia, colocándolas en el centro del mundo, y culminando una propuesta estética que es tenida por fundamental en la historia del arte. El Renacimiento a la vez que reactualizó el mundo clásico, supuso un referente clave en el arte y en la cultura, convirtiéndose en una fuente de inspiración para el arte posterior, hasta nuestros días. Se trata de un caso de doble influencia, pasiva y activa, en que a la vez que actúa como receptor de un tipo de canon estético, es decir como sujeto pasivo del fenómeno de la influencia, a la vez se constituye en un foco deslumbrante de cara al futuro. Sin embargo, no cabe simplificar el mecanismo de la influencia pasiva, no se trata de que una propuesta artística pasada determine otra futura, sino que ello en muchos casos se produce porque se busca esa influencia, porque se trabaja en ese sentido, y esa búsqueda es la que de modo decidido tuvo lugar en el Renacimiento italiano. Éste ha sido un caso paradigmático, en cuanto ha bebido ávidamente del pasado y al mismo tiempo ha influido en otros movimientos. Ha marcado la culminación de un canon estético que arrancó en el periodo glorioso de Grecia, y que configura lo que se conoce como el canon clásico, de perfección, equilibrio y mesura en la representación artística.

Podemos referirnos a influencias de tipo cultural, religioso, técnico, etc. Los frescos de Giotto en la *Capilla de la Arena* (o de los *Scrovegni*) en Padua o en *la Basílica superior de San Francisco* de Asís, así como los de Masaccio en la *Iglesia del Carmine* de Florencia, fueron pasos muy relevantes en la época, y constituyeron hitos trascendentales hacia el desarrollo del naturalismo en la pintura renacentista italiana. Son casos paradigmáticos de influencia técnica, e ilustran cómo un avance en una parcela artística determinada puede condicionar y suponer un progreso estético que llena un hueco en la historia, contribuyendo sin duda a mejorar las posibilidades expresivas de una disciplina artística. Como se ha señalado reiteradamente, el Renacimiento italiano fue el escenario de numerosas muestras de ese progreso técnico, debido a una acción interna, como la referida anteriormente, pero en otras ocasiones, fue el beneficiario de otros procedimientos externos de crucial significación, cual fue en su momento el realismo extremo característico de la pintura flamenca (que ejemplifica perfectamente el citado *Tríptico Portinari*, o el uso habitual del óleo en pintura, con el incremento de posibilidades que ello ofrecía). Asimismo, como se ha dicho, *El matrimonio Arnolfini*, es un caso importante de pintura flamenca que dio lugar a un proceso de imitación en cuanto al modo de tratar los temas reflejados, a su detalle y al gusto por lo minucioso. En general podemos decir que la pintura flamenca y de los Países Bajos (con el tratamiento de la luz, el óleo y el detalle) ha influido mucho en la pintura del resto de Europa.

La influencia es un fenómeno siempre presente en la historia de la pintura (y por supuesto que en las demás artes). La pintura griega ha influido en los retratos de *El Fayum*, el arte africano ha influido en Picasso, o los temas mitológicos en Goya. Son supuestos de carácter técnico, temático o mixto. También fundamental ha sido el factor geográfico, así el *Camino de Santiago* ha determinado la extensión del románico y del gótico, en cuanto tipos de arte internacionales. El arte bizantino ha condicionado buena parte del arte posterior. Es preciso destacar adecuadamente el papel de las escuelas artísticas, que funcionan como focos de influencia y cristalización de corrientes diversas, favoreciendo la profesionalización de los artistas: así ha ocurrido con la escuela florentina, la veneciana, la romana, o la flamenca en el Renacimiento. Asimismo claves en la evolución del arte posterior han sido descubrimientos técnicos como la perspectiva o el óleo, entre otros muchos. .

***

La reacción. Ejemplos claros de rechazo artístico, al menos en sus orígenes, han sido movimientos como el dadaísmo o el impresionismo, entre otros muchos. Un fenómeno que participa de ciertas notas comunes con la influencia es el que podemos considerar como su contrario, *el rechazo o la reacción*. En ocasiones en la historia del arte el poder de atracción de un determinado modo artístico (que es posible asimilar con la influencia) no es lo que ocasiona una corriente estética, sino que justamente lo que pone en marcha una nueva corriente artística es el fenómeno contrario, el del rechazo. Pensemos así en el dadaísmo, como tendencia artística que reaccionó contra el arte tradicional y de un modo radical contra la esencia misma de lo que se entendía hasta entonces por arte. Pero no es necesario acudir exclusivamente a casos excepcionales para ilustrar este ejemplo, podemos recurrir también a otros muchos supuestos que de modo "normal" han originado la aparición de los denominados "ismos" durante el siglo XX. Así el cubismo, el surrealismo, el fauvismo, o el expresionismo, suponen de hecho unos determinados modos de afirmarse artísticamente, sobre la base de una cierta repulsa a otros modos de enfocar el arte. Es preciso referirse también al rechazo que este tipo de movimientos ha generado a su vez. De sobra conocido es lo que sucedió con el impresionismo en sus orígenes, y con la mayoría de los restantes "ismos", a los que casi siempre acompañó una discutida aceptación.

***

Naturaleza. Cabe hacer una primera referencia a la naturaleza del fenómeno de la influencia con la intención de determinar de qué tipo se trata dentro del plan de análisis que hemos diseñado. En este sentido conviene discernir si nos encontramos ante un caso de cambio o de permanencia. Sin embargo, la cuestión se presenta ciertamente compleja puesto que si bien, por una parte, puede ser encuadrada dentro del cambio, en cuanto supone que un determinado tipo de hacer artístico es modificado como consecuencia de la acción de otro, al mismo tiempo resulta que el tipo de arte que ejerce el papel colonizador se ve, cuando se materializa, consolidado en buena medida en el ámbito donde consigue fructificar, siendo desde este punto de vista un supuesto claro de permanencia.

En la pintura, por sus concretas circunstancias, se hace especialmente frecuente y habitual el fenómeno de la influencia, es decir de la transmisión del modo, de las técnicas, de los temas, y en general de cuanto tiene que ver con ella. Es un factor fundamental del cambio, pero no solo del cambio artístico, sino también del cultural, del pensamiento en su conjunto, de la ideología, etc.

La influencia opera tanto en el plano de la producción artística (que viene a ser el supuesto más típico y frecuente), como en el de la consideración del arte, es decir de la opinión sobre el mismo, que a su vez es susceptible de generar cambios y determinar la producción artística. La historia está llena de casos en que un tipo de arte recibe el influjo de otro tipo diferente que es capaz de alterarlo; la otra vertiente del fenómeno es la del efecto sobre la consideración-opinión artística, aunque podemos pensar que ambos fenómenos al final van bastante parejos, puesto que no es posible que un tipo de arte sobreviva al margen de la opinión, aunque solo sea minoritaria, de un grupo social, no parece sensato pensar que algo así pudiese mantenerse mucho tiempo, así que damos por supuesto que la influencia opera sobre ambos aspectos de la realidad al mismo tiempo. La influencia es una consideración siempre presente en el tratamiento profesional sobre el arte, y de modo permanente es traída a colación como ilustración de la semejanza entre diferentes obras artísticas, y suele ser citada sin más al abordar distintos periodos, estilos o autores.

Los estilos y las escuelas son elementos clave en la consideración y funcionamiento de la influencia. Los primeros suponen la agrupación teórica de artistas o modos estéticos que guardan entre sí una cierta similitud y que participan de unas mismas características técnicas o temáticas. Ello choca en cierto modo con la originalidad y singularidad de cada obra, de cada autor, pero facilita el tratamiento del arte y forma parte del modo habitual en que los teóricos de cualquier disciplina se acercan a su objeto de análisis. Evidentemente dentro de un mismo estilo son muchas las notas que se comparten, los parecidos que se dan, y la influencia mutua es la norma. Con frecuencia los autores se congregan en escuelas, que actúan como eficaces instrumentos de formación y difusión de determinados procedimientos técnicos. Dentro de su ámbito propio, tanto los estilos como las escuelas tienen un importante papel homogeneizador, que por una parte facilita la adquisición de las pericias necesarias para el ejercicio de la actividad artística, pero por otra parte reduce la originalidad de cada autor. Todo ello hace que sea absolutamente inevitable la ósmosis, la copia y en definitiva la influencia entre maestros y alumnos, entre autores que toman, en mayor o menor medida ciertamente, muchos elementos del entorno en que se desenvuelve su actividad.

Para que la influencia, en cuanto fenómeno sociocultural, se ponga en marcha es preciso que tengan lugar unas previas circunstancias que son las que hacen posible su aparición. En concreto, la insatisfacción con el arte precedente, o una valoración superior del arte ajeno, son las dos premisas que se requieren para poder hablar de que la influencia despliegue su potencial. A veces esa "superioridad" o agrado por el arte ajeno es percibido así por los artistas como consecuencia de una cierta evidencia técnica, en otras ocasiones es fruto del hastío hacia un determinado estilo que ya ha agotado su capacidad de sorpresa o de satisfacción, y que toda obra artística debe ser capaz de provocar para justificar su existencia.

***

El arte, inmutable. José Antonio Martínez

El factor subjetivo, es decir los artistas, los autores que generan el arte, no pueden por menos de ser los protagonistas principales de todo lo que tiene que ver con el arte, y lógicamente con la cuestión que aquí estamos tratando, la de la influencia. Pintores que van y vienen, como Tiziano, Rubens, Leonardo, Miguel Ángel, Rafael, ... tienen muchísimo que ver con esa influencia. Son y han sido el factor polinizante que ha trasladado de un lugar a otro tanto las técnicas, como las temáticas pictóricas. En una época en que el contacto directo entre el autor y la obra artística era el único modo de entablar esa relación con el arte, ese desplazamiento era el factor clave para que la influencia se desencadenase. O bien la obra se desplazaba o bien era el artista el que debía trasladarse hasta ella para captar todo su potencial creativo. Otra cosa es determinar si ese desplazamiento, tanto el de los artistas como el de las obras, es la causa o el efecto en ese proceso de influencia. Evidentemente cuando el fenómeno de la influencia se inicia, puede arrastrar a muchos autores y originar una nueva corriente artística sin necesidad de que cada creador contraste individualmente los diferentes procedimientos técnicos. Algunos autores han experimentado no una sola, sino varias influencias en su vida, es muy frecuente esa situación: Velázquez, Ribera, Goya, Picasso, Modigliani, Richter, ... son claros ejemplos de ello.

Pintores influyentes en la época moderna suelen ser considerados Picasso, Cézanne, Duchamp, o agrupaciones como la de los prerrafaelistas en la segunda mitad del siglo XIX, así como los iconos de muchos movimientos artísticos que han comenzado a menudear en los últimos tiempos. Kandinsky, Mondrian, De Chirico, Modigliani, Malévich, Klimt, Dalí, Picabia, Pollock, de Kooning, Warhol, Richter, Qi Baishi, Zhan Daqian, Francis Bacon, Jaspers Johns, Rothko, etc. son algunos de los protagonistas, en cuanto autores significativos de la pintura moderna, pero ahora es preciso añadir toda una serie de galeristas, conservadores,

197

marchantes, propietarios, mecenas, periodistas o críticos que conforman, influyen y orientan la realidad artística en el mundo, desbancando incluso a los propios pintores. Todo ese conjunto es el que determina las líneas por donde debe discurrir el presente y el futuro en el arte mundial, y en definitiva el que controla los hilos que influyen en el destino o deriva del mismo en la actualidad. Puede decirse que también en otras épocas el protagonismo absoluto no correspondía exclusivamente a los autores, sin embargo hoy parece haber decrecido su peso en el conjunto del conglomerado artístico, en beneficio del resto de componentes, quizás (dicho con todos los reparos posibles) por cuanto la destreza y el dominio del *ars* no es actualmente tan decisiva como lo fue antaño.

***

Hábitat, espíritu del pueblo y circunstancias históricas. Los medios de comunicación, las noticias de otros modos de hacer las cosas, o de otras culturas; la originalidad, la seducción de otra propuesta artística, la vistosidad, la sorpresa, las mejoras que pueda aportar, el hastío de lo muy visto, son, entre otras, algunas de las causas de que se difunda y a veces cuaje una diferente tendencia en el arte.

Especial consideración debe merecer el actual proceso de globalización, en cuanto supone una acción generalizada de expansión a todos los niveles, incluido el artístico. En este contexto, todo lo que tiene que ver con el mundo de la estética llega de inmediato a los agentes intervinientes en este ámbito, y por supuesto hace que los cauces de la influencia sean enormemente fluidos. Por tanto, los localismos y particularidades resultan más difíciles de mantener y los procedimientos tienden a homogeneizarse, con la consiguiente generalización del hacer estético. La necesidad de una proximidad geográfica para que el fenómeno de la influencia pudiese iniciarse, ahora ya no es necesario, o al menos no en la misma medida que en épocas anteriores. Basta con que esa nueva tendencia consiga ubicarse en los canales de difusión oportunos para que inmediatamente sea conocida por los posibles destinatarios, sin embargo hay que señalar que ese acceso no es completamente automático ni indiscriminado, sino que es objeto de múltiples controles y filtros que modulan esa expansión, en función de los intereses subyacentes que dirigen todo el proceso globalizante. Es preciso, pues, distinguir lo que es técnicamente posible, de lo que ocurre realmente y, como se ha apuntado, no siempre el acceso es libre, ni se produce en todos los lugares de igual modo.

Nos encontramos con comunidades, pueblos o países más influenciables que otros. Así los egipcios antiguos no se caracterizaron ni por la difusión, ni por la recepción de procedimientos artísticos, mostrándose en casi toda su historia como una cultura estable, conforme consigo misma y ajena en buena medida al mundo exterior. El caso chino también puede ser calificado de hermético, de cerrado en sí mismo.

Bajo esta perspectiva, cabe abordar un desarrollo de diferentes circunstancias que favorecen o no ese influjo. Sin duda, las condiciones geográficas constituyen un elemento determinante, pero no es el único, ni siempre opera en la misma dirección ni con la misma potencia. Lo que para un pueblo es visto como una oportunidad de expansión, otro lo vive de manera diferente. Razones de difícil medida se encuentran en la base de estos diferentes resultados, unas veces puede ser puesto el acento en aspectos culturales, de tipo ideológico o económico, otras en su configuración social, pero en cualquier caso ni la causalidad suele ser única, ni resulta fácilmente determinable su alcance.

Generalmente ha resultado más sencillo atribuir sin más determinados calificativos a unos pueblos en función de su predominante trayectoria histórica, sin analizar en profundidad su etiología. Este modo general de proceder también ha servido en referencia al arte. Así, aparte de los referidos casos egipcio y chino, en que ha predominado un determinado tipo de cierre cultural, suele admitirse el carácter abierto de la Europa continental fundamentalmente, y de modo especial de sus áreas más centrales, en donde ha habido una clara transferencia y circulación de ideas y propuestas culturales de todo tipo.

Casos claros de influjo, actuando con una dimensión focal, podemos decir que han desarrollado históricamente la Grecia clásica, Francia o Italia. Desde el punto de vista artístico es claro su papel central y difusor de propuestas y tendencias, conservándose algunas de ellas incluso hasta nuestros días, aunque lo sean solo como referencias siempre presentes, y no se hallen activas.

En épocas relativamente recientes se han instalado determinados procedimientos que han copado los resortes por los que la influencia se desenvuelve. Lo que en periodos anteriores podría ser visto como un despliegue más o menos azaroso del fenómeno de la influencia, ahora se encuentra bajo el control y la acción constante de determinados agentes que toman parte decisiva en todo lo que tiene que ver con ello en función de determinados intereses de naturaleza compleja, pero tras los que se encuentra un claro componente económico, sin olvidar el carácter cultural y de dominio, que funcionan como un conglomerado de control y perpetuación de posiciones de poder indiscriminado y en definitiva de hegemonías evidentes. Manejar los hilos de la influencia artística resulta muy importante, aunque debe decirse que ello opera como una derivación de los demás mecanismos de difusión y fijación de modelos culturales en conjunto.

Bajo esta dinámica no cabe olvidar el papel que juega la moda, en cuanto referencia a modos de actuar periódicamente dirigidos, desde instancias fuertemente interesadas en ello, a evitar el hastío y la saturación en los destinatarios (lo que llevaría a buscar otras fuentes difusoras alternativas) y persiguiendo una evidente permanencia del *statu quo*. La estética ha caído, y puede decirse que cada vez más, en los dominios de la moda. Sin embargo, las fronteras entre el ámbito propio de la misma y el de los estilos artísticos distan de ser nítidas, puesto que en ambos casos se da una vigencia temporalmente limitada de ciertos cánones que apelan directamente al gusto o a la aceptación artística, en función de una directrices aparentemente aleatorias, que tienen que ver con la finalización de la satisfacción contemplativa. A medida que la vida de los estilos artísticos se ha acortado, la semejanza con el dominio de la moda se ha incrementado.

Conviene incidir sobre el carácter altamente dirigido de la influencia, sobre su naturaleza inducida, y sobre sus diferencias con el pasado. En épocas anteriores, las propuestas artísticas se presentaban como consecuencia de un desarrollo natural, surgían fundamentalmente de modo espontáneo, si bien en un marco más o menos profesionalizado y tendente a la producción artística. Recientemente las tendencias se formulan en ámbitos más globales, conviven a diario con otros modos de hacer, tienen una difusión más inmediata y de mayor alcance, aunque ese proceso es canalizado por el conglomerado que lo dirige a nivel mundial. En este punto, es preciso notar que, en la medida en que las diferentes propuestas tienen una presencia de mayor alcance y persistencia, sus posibilidades de despliegue aumentan, y eso es lo que está ocurriendo, por lo que el fenómeno de la influencia sobrepasa actualmente el marco geográfico que le caracterizó anteriormente.

El arte participa completamente de las notas del tráfico mercantil del que forma parte desde hace mucho tiempo, si bien hoy se observan algunas particularidades como la extraordinaria cotización que llegan a alcanzar algunas obras, la pugna por hacerse con determinadas piezas, el carácter de valor refugio del mercado del arte, la confrontación entre inversores públicos y privados, así como el papel que juegan los medios de comunicación, el *staff* artístico, la especulación en este mercado y la manipulación de que es objeto.

El procedimiento de la influencia se mantiene en términos parecidos desde siempre, pero hay particularidades ligadas al momento histórico que permiten distinguir épocas. Así actualmente acontecimientos históricos, no solo dentro del mundo de la pintura, han condicionado decisivamente las tendencias pictóricas. De una parte, el desarrollo de la ciencia y en particular el cine y la fotografía han hecho, en cierta medida, superflua la labor reproductiva que hasta entonces tenía la pintura. Desarrollos de reacción fueron el mismo impresionismo, centrando el interés en la luz, en la impresión estética, o el cubismo, rompiendo con la pintura precedente y con sus reglas sagradas de la perspectiva, ofreciendo varios puntos de vista simultáneos. La conflictiva situación social en Europa sumió en el desánimo a gran parte de la población, lo que tuvo su reflejo en el arte, dando lugar a movimientos como el dadaísmo, el fauvismo, el expresionismo o la pintura metafísica que ponían en tela de juicio el sentido del arte mismo, y su papel en una sociedad que distaba mucho de ser perfecta. La aparición de nuevos puntos de vista como el que el psicoanálisis alumbró, hizo tener en cuenta a determinados pintores mundos irracionales, oníricos, en obras de tipo surrealista. Otro de los principios básicos, el de la forma, experimentó una profunda transformación con la llegada del informalismo y de la pintura abstracta en sus diferentes presentaciones, etc.

Había una necesidad técnica e ideológica de romper con todo lo anterior, pero también una necesidad de singularizar los movimientos pictóricos y los propios artistas, en un mundo en el que la perfección

202

artística había alcanzado ya cotas muy altas con anterioridad, y en el que la novedad y la sorpresa son exigencias que se siguen manteniendo, a pesar de todo, como notas fundamentales en la expresión artística, considerándose siempre necesarias para poder hablar de arte. Quizás algún día eso cambie y la propia repetición pueda ser tenida también como artística. La influencia (y el rechazo) es la antesala del cambio, por cuanto es necesario que tenga lugar para que de un estilo se pase a otro.

2. Cambio

Aproximación

Como muestra de la gran cantidad de supuestos a los que podemos referirnos, podemos aludir a un cambio total, parcial, técnico, ideológico, cambio por el cambio, cambio lento y cambio rápido, cambio según la naturaleza de cada pueblo, cambio según otros aspectos culturales como la religión o la política. También podemos mencionar un cambio debido al mecenazgo, a la genialidad de algún autor, cambio acelerado, cambio formal, cambio de fondo, cambio reversible, cambio irreversible, cambio sin sentido, cambio con sentido, revolución o cambio de paradigma. Asimismo cabe hablar de permanencia y cambio, de no cambio, cambio interno o cambio externo, de cambio por influencia, cambio por saturación, cambio por insatisfacción, cambio por inercia, cambio por atracción, cambio por dominación, por marcar estilo y tendencia, cambio para bien o para mal, cambio de la elite o cambio de todo el colectivo artístico y de la sociedad, etc.

El arte, inmutable. José Antonio Martínez

Es posible referirse igualmente a los tiempos del cambio. Ha habido y hay cambios significativos en periodos de 10000, 5000, 1000, 200, 20 años o incluso de meses, por poner solo algunos supuestos. El tiempo es el factor clave e imprescindible en la valoración del cambio, y una nota fundamental es la de su heterogeneidad, es decir no está sujeta a criterios fijos ni previsibles, si bien parece que su cadencia se acentúa con fuerza en la medida en que nos acercamos a nuestra época.

Hay cambio debido al contacto con otros pueblos, cambio sin ese contacto; cambios compatibles con otros, cambios en un lugar solamente o cambios que afectan a muchos lugares o cambios internacionales, cambios en periodos de facilidad para su propagación o cambios en periodos y momentos no propicios para esos cambios; cambios desde arriba o cambios desde abajo, es decir cambios promovidos por los que marcan la pauta o por los que la sufren; cambios debidos a causas económicas o cambios debidos a otras causas. Cambios o simplemente distintos supuestos de arte. A veces se puede hablar de cambio o por su dilatado periodo de tiempo no es posible siquiera hablar de ese tipo de procesos porque no hay conciencia de que se trate de un cambio dado su carácter imperceptible o su extremadamente larga duración.

Cómo se pasa de un paradigma artístico a otro, o cómo de un proceso artístico se acuerda ir a otro, es realmente el *quid* de la cuestión. Es preciso analizar sus causas, sus motivaciones, su duración (la del antiguo proceso y la del nuevo), ver si se instaura o no un nuevo procedimiento o gusto por el cambio, las consecuencias de asumir ese cambio, ver si se toma el gusto por cambiar y eso se hace ya irreversible. También es preciso considerar si es todo una consecuencia del cambio social experimentado por la sociedad en sus grandes líneas ideológicas, entendiendo por tales las de naturaleza económica, política o religiosa. ¿Es realmente el sustrato económico

204

el determinante de todos los cambios, considerando entre ellos los de tipo superestructural, como suponía el marxismo,   o hay que darle un mayor protagonismo a esos aspectos ideológicos en el cambio social, como entendían Weber, Gramsci y otros.

El hecho de que las distintas manifestaciones artísticas sean tan visibles supone una clara ventaja, nos permite comprobar la pluralidad de expresiones, pero a la vez no todo es externo en el hecho artístico, es preciso abordar multitud de cuestiones colaterales, fundamentales para alcanzar el verdadero significado de lo que contemplamos, tales como su época, su autor, sus múltiples circunstancias, su sentido y explicación, el sentido estético, que aportan fundamentales aspectos a considerar para valorar la obra en su totalidad y darle la ponderación que se merece.

¿Hay realmente numerosos movimientos y tipos de arte, hay muchos cambios artísticos o resulta falaz hablar de ese cambio artístico, porque no hay una base para el cambio hasta épocas recientes, en concreto en el siglo XX, que es cuando puede decirse que realmente se empieza a producir todo un proceso acelerado de cambio dentro del mundo del arte que lleva consigo a un cambio permanente, similar a lo que ocurre con la moda y con otros fenómenos más asimilables a éste tipo de manifestaciones? ¿Es legítimo hablar y extrapolar a toda la historia humana ese tipo de indagación, o es más bien un sesgo cultural occidental y de nuestro siglo?

En este punto, resulta pertinente formularse algunas otras preguntas, cuya respuesta se antoja harto complicada: ¿Cabe la extrapolación de la consideración del cambio artístico a la del cambio social, se trata de lo mismo, o no es posible hablar siquiera de diferencias entre distintos ámbitos de lo humano y de lo social, sino que todo realmente es una misma cosa y un mismo supuesto, y todo debería ser objeto de un único tratamiento conceptual y doctrinal? ¿Se puede tratar de modo separado el cambio social y el artístico? ¿Es un buen procedimiento este tipo de extrapolación? Son cuestiones cuya respuesta debería poder derivarse del conjunto de esta obra.

***

Cambio artístico propio. *Los materiales.* Los materiales empleados por los pintores han experimentado una profunda transformación históricamente, y van desde los pigmentos en las paredes de las cavernas, hasta la pintura al temple, en seco, al fresco, la pintura en tabla o en lienzo, aparte de otros mucho más modernos e inmateriales. El uso de los primitivos pigmentos fue dejando paso al pastel, al carboncillo, al óleo, a la tinta, etc. Sin embargo, es preciso señalar que los materiales son compatibles entre sí y respecto a los usados en épocas anteriores, no por el hecho de que se haya comenzado a utilizar uno nuevo caen en desuso aquéllos, aunque a veces ello haya ocurrido.

La técnica pictórica ha vivido asimismo una gran variación a través del tiempo. En las esquemáticas figuras del arte rupestre se esbozaban los contornos y algún detalle menor de los objetos representados, empleando una paleta muy limitada por la escasez de recursos cromáticos. La pintura egipcia supuso un avance notable en el empleo del color, con muestras de un colorido mucho mayor; de todos modos los objetos se continuaron representando durante muchos años de frente o de perfil, pero de un modo plano, sin apenas profundidad. Fue necesario esperar hasta la llegada de pintores como Giotto o Masaccio para que esa profundidad, y por consiguiente la naturalidad, fuese haciéndose cada vez más notoria. Con ello el reflejo de la realidad fue cobrando más actualidad. Conseguido plasmar lo más exactamente posible lo que acontecía en derredor, los

206

pintores se platearon un paso superior, en este caso el de lograr retorcer las figuras, distorsionarlas en cierto modo, dándole un efecto más llamativo, así tenemos el manierismo, del que el mismo Miguel Ángel fue uno de sus principales ejemplos.

Sin embargo, sin el empleo de la perspectiva no hubiera tenido lugar ese efecto de acercamiento a la realidad, de esta época renacentista son los primeros supuestos de su uso. Destacan en este sentido tanto la perspectiva lineal, como la central, la aérea o la caballera, es decir sus distintas manifestaciones. Esta técnica fue sofisticándose con el paso del tiempo, y tuvo en las llamadas vanguardias del siglo XX un importante contrapunto con el cubismo, que desmontaba las figuras y colocaba en nivel de igualdad los diferentes planos de que era capaz la realidad. Desde luego que con la pintura abstracta y otros modos pictóricos de esta época, el reflejo de la realidad, al menos tal como hasta el siglo XIX se venía haciendo, perdió parte de la importancia que hasta entonces tenía.

Cabe citar como ejemplo de técnicas pictóricas el fresco, el seco, el estuco, el incausto, etc. siendo las mismas igualmente compatibles entre sí. Es decir, no son únicas ni excluyentes entre sí, sino plurales, no por el hecho de que se haya comenzado a utilizar una nueva técnica caen en desuso las anteriores, aunque a veces ello haya podido ocurrir.

La temática. El canon clásico, es decir el que desde el mundo griego ha supuesto un referente permanente en la historia del arte, que periódicamente se repite y que desde entonces no ha dejado de estar presente, tiene una serie de manifestaciones típicas como pueden ser la permanencia de las poses (ej. el *contrapposto*), tanto en pintura como en escultura, los temas mitológicos que continuamente se reiteran (ej. el de las tres gracias), etc.

El arte, inmutable. José Antonio Martínez

La temática pictórica ha experimentado un trascendental cambio a través de los tiempos. Las pinturas rupestres representaban escenas de la vida diaria, es decir, de animales con los que convivían, de una forma ciertamente esquemática, bien solos o siendo cazados por el hombre. En el periodo faraónico las pinturas hacían alusión a acontecimientos relativos al más allá, y la relación con los dioses. La decoración ornamental también había comenzado a ser importante en vasijas y en todo tipo de instrumentos, pero en general se utilizaban motivos alusivos a objetos naturales o relacionados con los dioses en los que creían, o bien seres mitológicos que ejercían un papel fundamental en sus relaciones con la naturaleza. En este sentido los motivos empleados por las tribus africanas y aquellas otras que compartían una parecida forma de vida eran semejantes.

En general puede decirse que la inspiración religiosa siempre ha sido importante en las representaciones de la pintura, así los templos budistas y cristianos están llenos de ornamentación alusiva a sus creencias. Sin embargo es muy importante tener presente y no confundir singularidad (que es lo que ocasionan desde el punto de vista artístico las religiones), con el cambio propiamente dicho.

Por lo que al cristianismo se refiere, desde sus orígenes allá en las catacumbas, siempre la pintura ha tenido importancia para invocar su credo. Ciertamente eran rudimentarios los primeros motivos, no mucho más allá de un pez o unas simples alusiones a Jesús y a su mensaje. Cuando la Iglesia comenzó a tomar fuerza y se inició su consolidación y expansión, se hizo necesario decorar todos los templos que se iban construyendo. El arte cristiano primitivo ganó en sofisticación y en importancia hasta llegar al románico: toda una corriente representativa se fue extendiendo por templos y cenobios, alcanzando todos los objetos que tenían que ver con el credo religioso. Los libros todavía no habían logrado la difusión que a partir del siglo XV les daría la imprenta, y por eso habían de ser elaborados minuciosamente a mano y reproducidos de uno en uno por los amanuenses, principalmente en los monasterios. Los códices, los libros miniados o los libros corales, son auténticas joyas, destacando sus letras, dibujos, pinturas y la misma caligrafía. En esta época la temática era ya ciertamente compleja, en general se trataban infinidad de escenas que tenían que ver con los sucesos que se narraban en la Biblia, tanto en el Antiguo, como en el Nuevo Testamento. Así, la vida de Jesús, la de la Virgen o S. José eran las escenas más reproducidas. Pero el Sacrificio de Isaac, Adán y Eva, Moisés, el Arca, eran igualmente motivo frecuente, si bien la representación de la muerte de Jesús, o el Padre (Pantocrátor) eran los más utilizados.

A partir de la Baja Edad Media, y sobre todo del Renacimiento comenzó un nuevo periodo en el que la pintura se hizo mucho más humana, había más escenas en que el hombre era el protagonista. Se fue paganizando la pintura, por medio de representaciones mitológicas, retratos, paisajes o bodegones.

Por su parte, en el Imperio Bizantino la pintura había alcanzado una notable importancia. Cuando se produjo la caída del imperio romano de Occidente, se inició una etapa de escasa relevancia artística con la llegada de los pueblos bárbaros, y fue el imperio Oriental el que tomó el relevo de la grandeza de Roma, siendo en Bizancio donde tuvo lugar la plasmación de lo más grandioso de la época. Las extraordinarias pinturas e iconos de aquellos momentos todavía llenan de belleza las paredes de numerosos templos, como los de Rávena o Constantinopla. Los mosaicos o las incrustaciones de oro eran algunos de los medios más empleados por aquellos maravillosos artistas, destacando los de Santa Sofía de Constantinopla o los de San Vital de Rávena, siendo magníficos los dedicados a Justiniano o Teodora, a los promotores de las obras, o al que las financió, por ejemplo a Juliano Argentario. Los motivos más utilizados eran las figuras del propio Jesús y sus apóstoles, junto con el cordero, palomas, patos, etc.

A partir del siglo VII comenzó la expansión del Islam, y con ello se inició asimismo la construcción de mezquitas, profusamente decoradas con motivos geométricos, vegetales o caligráficos (versículos del Corán, considerados por tanto sagrados), y con los famosos arabescos. En general no es una pintura anicónica, y de hecho sí que aparecen figuras humanas y de animales.

El Renacimiento constituye un paso importante hacia un mayor naturalismo, no solo por los temas, sino también por la técnica disponible. Se comienzan a representar figuras humanas, animales, paisajes, aunque convivan con lo religioso. De todos modos en la pintura flamenca era mucho más frecuente ese tipo de motivos, a los que se dotaba de una gran minuciosidad. Las batallas y los personajes de las cortes europeas acaparaban también la atención de muchos pintores, sobre todo cuando trabajaban por encargo, lo que sucedía en la mayoría de los casos.

La ruptura fundamental con los temas que podemos llamar clásicos se produjo sobre todo en el siglo XX, aunque con importantes precursores en el XIX. Una vez existente la fotografía, que ya se encargaba de reflejar perfectamente la realidad, la pintura buscó por otras vías su singularidad, no tuvo que centrarse sobre todo en ese cometido, y pudo experimentar otros cauces nuevos. El dadaísmo, la pintura conceptual o el surrealismo, por poner algunos ejemplos, supusieron novedades fundamentales en la representación de la realidad. Dejando a un lado el empleo de nuevas técnicas, la representación es afrontada de modo muy diferente y tiene lugar por medio del color simplemente o de una realidad deformada en función de las combinaciones que es capaz de crear nuestra mente y sus diversas instancias (como claramente ocurre con las que Freud describe en sus teorías, y que van mucho más allá de lo puramente racional). A veces la mera descripción de sus formas, o de sus aspectos fundamentales, adquiere una preeminencia que margina el fiel reflejo de una realidad que es vista de un modo completamente nuevo.

***

Naturaleza. El arte hoy es principalmente cambio. Dada su naturaleza, sólo puede existir si cambia, si no sería copia. Hay que decir que las distintas técnicas, temáticas y materiales son compatibles entre sí, no son ni han sido excluyentes. El arte es considerado como una de las facetas de la vida social en la que más cambios y más evidentes han sido, y pese a ello solo puede decirse con propiedad que el cambio artístico auténtico se aprecia en cuanto a la técnica o a los materiales, y siempre es preciso considerar el papel que en esos cambios tiene el hábitat en que se produce, entendido este en un sentido amplio.

¿Realmente podemos acceder a aspectos cuantitativos, objetivables, para medir, para concretar el cambio, o para extraer de los distintos procesos que se observan en el arte alguna lección y alguna consecuencia aclaratoria de los grandes procesos históricos?. De eso se trata principalmente. ¿Tiene el cambio artístico alguna peculiaridad respecto a otros procesos de cambio, como el religioso, el cultural, el político, el ideológico, el económico, el del conocimiento y de las disciplinas humanas, el de las ciencias de la naturaleza, el de la ciencia, el de la vida cotidiana, etc.?

¿Qué ocurre cuando del románico se pasó al gótico, o cuando en el siglo XX surgen toda una eclosión de estilos artísticos, los llamados *ismos, o* qué diferencias ha habido entre la pintura egipcia y la clásica griega? ¿Son todos los estilos iguales? ¿Hay arte por el arte y arte funcional o instrumental, como el rupestre, que no tenía una finalidad estética, sino mágica?, ¿Cómo han ido cambiando las opiniones estéticas en torno a las manifestaciones artísticas?.

Ahora el arte ha de provocar alguna reacción estética (positiva o negativa) en el espectador y ha de ser original. Hay estilos previsibles en cuanto a su existencia (es decir, estilos debidos a causas ideológicas, como las religiosas) o que son una consecuencia de un desarrollo técnico determinado,   También hay estilos debidos a la genialidad de algún o algunos autores.

Puede decirse que en la pintura ha habido una permanencia de las *poses* (ej. el *contrapposto*), de los *temas* (ej. el mitológico, etc.), y en general de la *pintura clásica* y de la *estética clásica* (en referencia a los griegos del periodo clásico), en el sentido que se dice que "desde entonces ya todo está prácticamente dicho en materia artística", y que se vuelve una y otra vez a insistir sobre lo mismo. En este sentido la reproducción naturalista y perfecta de la realidad ha sido una constante que se ha reiterado de forma continuada hasta la actualidad. Las grandes corrientes pictóricas, ya esbozadas desde el principio de los tiempos, incluida la pintura rupestre, han sido la pintura naturalista, la abstracta, la retórica (es decir la que ha tenido algún tipo de mensaje), etc.

¿Cabe extrapolar lo ocurrido en materia artística con lo sucedido en materias como la filosofía, la política, la literatura, el deporte, la ciencia, etc.?, Entendemos que completamente es lícita esa similitud, dentro de los márgenes aplicables en materias humanas. Sin embargo, quizás podamos ir más lejos y pensar que ya no solo desde esa época, sino que desde siempre el arte ya ha tenido las mismas características y ha cambiado realmente muy poco.

El arte, inmutable. José Antonio Martínez

En fin, entendemos que por lo menos tan lícito debería ser el planteamiento de optar por la permanencia y similitud entre fenómenos de distintas épocas, como la actitud hoy mayoritaria que da por supuesto el cambio y que renuncia a formular esa comparación, trata los fenómenos como diferentes y utiliza disciplinas y procedimientos nuevos para los distintos fenómenos, con la consecuencia distorsionante y el sesgo que ello acarrea.

***

La historia del arte como puzle, Para su adecuado enjuiciamiento, el arte no se debe enfocar de forma sincrónica, sino diacrónica, debe ser considerado globalmente, mundialmente, y con *s*us peculiaridades geográficas, es decir en Oriente y en Occidente. El cambio artístico puede ser calificado a grandes rasgos de circular, en tanto que el de la ciencia es más lineal, y el de la religión puede ser tenido por inexistente, dada su particular desvinculación del tiempo.

En un sentido, se viene dando por establecido que el arte es la máxima expresión del cambio, porque -sobre todo en nuestra cultura occidental- lo bello lleva aparejada la concepción de lo original, es decir lo que no se repite, y por tanto el cambio sería algo consustancial con la idea de arte, aunque haya excepciones a ese planteamiento, singularmente el Renacimiento, el manierismo o el neoclasicismo han sido ciertamente propuestas artísticas que vuelven sobre cánones ya existentes, aunque hay que decir que ese regreso se ha producido una vez transcurrido el tiempo necesario para que esa vuelta no sea repulsiva y resulte grata al observador, debido al olvido o a la lejanía del modelo imitado.

El arte, inmutable. *José Antonio Martínez*

El arte viene a ser como un puzle que se va realizando históricamente, pero no se podría decir si de modo indefinido o no, si tiene unos límites determinados o no, o si siempre estará inacabado. El Renacimiento completa y repite la pieza de la perfección estética naturalista clásica; las corrientes artísticas, como las que tuvieron lugar en Europa en el siglo XIX y XX, intentan ampliar ese puzle al no ser posible superar el nivel alcanzado en el Renacimiento, y continúan haciéndolo de modos diversos, variando el soporte, los materiales, las técnicas, la temática, o a través de nuevos descubrimientos científicos.

Podemos decir que el arte globalmente constituye un conjunto integrado por una gran cantidad, cada vez mayor, de obras y artistas que van sumando aportaciones valiosas, diferentes y sorprendentes por muy diversos motivos, de originalidad, perfección, tamaño, belleza, etc. que las hacen figurar por derecho propio en la gloriosa nómina del mundo del arte, de lo bello en suma.

Cada parcela de ese conjunto mantiene una relación con el todo de modo que sobresale o declina en función de una serie de circunstancias de difícil precisión, pero hay una interrelación fundamental entre ellas, de tal forma que el Renacimiento supuso una vuelta a lo clásico, variando una forma particular de entender el arte en la Edad Media, pero sin que ello haya supuesto un detrimento del gran patrimonio estético de ese periodo previo (si no qué decir de las imponentes catedrales góticas, de los maravillosos templos románicos, o de sus fabulosas representaciones pictóricas y escultóricas).

De ordinario una corriente artística es una reacción a otra u otras anteriores, así el manierismo supuso un cambio respecto al equilibrio anterior, lo mismo que el cubismo, el surrealismo o el dadaísmo fueron en su día una ruptura respecto al arte precedente. En general no suelen repetirse las tendencias artísticas, y así, la renacentista supuso desde el punto de vista de la historia del arte un momento culminante en que alcanzaron un gran protagonismo la perfección artística, la calidad en la elaboración de obras, lo sublime, aunque todos esos calificativos deban de ser empleados con mucha cautela en materia artística porque el gusto es muy variable y subjetivo, sin embargo podemos decir que hay momentos más universales, más duraderos y reconocidos históricamente.

***

Valoración de los cambios. El arte históricamente oscila entre lo simple, lo complejo, lo distinto. En unas civilizaciones cambia más que en otras, tal como señala Gombrich, también depende del carácter de cada pueblo. ¿Cambia la impresión en los destinatarios de ese arte? Podemos decir que no mucho.

La historia del arte está llena de acontecimientos en que se produce, como en muchos otros órdenes de la vida, una manipulación de la verdadera valía de las obras artísticas. Una cosa es la valoración por parte de los coetáneos de un determinado estilo, otra es la que históricamente se va produciendo, no siempre coinciden y con frecuencia se da un cierto etnocentrismo, es decir, una sobrevaloración de lo propio por parte de los que tienen los resortes de la creación de una fuente de opinión, los que manejan en definitiva la postura dominante.

De todos modos es lógico que el arte sea una consecuencia del marco en que se produce, y en este sentido es directamente deudor de las circunstancias económicas que le sirven de caldo de cultivo, especialmente el mecenazgo y los recursos materiales y de todo orden que propician su aparición y desarrollo. Las culturas artísticas periféricas se ven marginadas por las corrientes más exitosas, en los casos en que sus artistas no son absorbidos por la fuerza centrípeta de estos centros artísticos, siempre ligados al poder económico, político o religioso.

El fenómeno del *esnobismo,* consiste en que la crítica trata de ir por delante del gran público y apartarse de él y de sus gustos mayoritarios para reivindicar para sí misma una posición de liderazgo. Normalmente la valoración del arte, sobre todo actualmente, supone que el espectador va casi siempre con una idea preconcebida, y ya sabe a qué atenerse a la hora de juzgar. En este sentido autores como Wolfe o Eco señalan lo mediatizado que está ese acercamiento del observador al mundo del arte, que en buena medida supone ya una opinión hecha y que priva de toda espontaneidad su valoración. Harris denomina *stablisment* artístico al conjunto de elementos de intermediación de lo bello: críticos, periodistas, etc. que condicionan absolutamente el acercamiento del espectador a este mundo.

Por otra parte, es preciso establecer paralelismos entre el arte y la moda. Este fenómeno ha colonizado completamente el arte, ahora se ha hecho fundamental, generando un tipo de cambio por el cambio. Tiende a pensarse que la moda es algo irracional, pero no lo es, tal como lo ponen de relieve los trabajos microsociales de Simmel. Otro aspecto fundamental en este ámbito es el del cambio por el cambio, el de la moda, en suma. Es una fase del cambio, más menuda, más frecuente, un estadio diferente del cambio grueso, de siempre, que surge cuando la abundancia y saturación de recursos lo permiten. Estamos ante el dificultoso fenómeno de la moda, bajo el que se ocultan el deseo de agradar, de sobresalir, de diferenciarse. Se observa que en nuestro ámbito espacio-temporal la presencia de este fenómeno es cada vez más frecuente, y lo efímero va ganando terreno, en la medida en que muchos aspectos de la vida diaria van cayendo bajo el manto de esta peculiar envolvente de aceptación o no, que los hace por sí solos admisibles o inadmisibles. La utilidad, la eficacia, la racionalidad en suma, van perdiendo vigencia a manos de este nuevo mecanismo que determina qué elementos son obsoletos y carentes de sentido, qué parte de la realidad no resulta admisible estéticamente y que es más que suficiente para colocar cada día a más fenómenos en el marco de lo que es y de lo que no es válido socialmente.

El alcance de este nuevo manto es cada vez más amplio, y en muchos casos afecta no solo al arte, sino también a otros dominios tradicionalmente más inamovibles, como particularmente ocurre con la técnica e incluso con la ciencia, con la que se encuentra fuertemente vinculada. Así pues, de forma importante el mundo del arte se ha visto de lleno tocado por esta dinámica, y lo efímero es cada vez más una nota fundamental predicable de los movimientos artísticos y de los criterios utilizables para etiquetar la belleza, el arte en suma. Los hilos que se encuentran tras este nuevo procedimiento son movidos por intereses de los más variados signos, fundamentalmente económicos, al igual que sucede con otros muchos campos donde la moda impone su implacable ley. La escasa duración es uno de los aspectos más reseñables en este terreno, y es quizás la clave de su modo de operar, en una disposición temporal perfectamente estudiada, y que controla absolutamente los tiempos en que es permitido el cambio y la obsolescencia de los fenómenos.

Se suele decir que la irracionalidad es otro de sus ingredientes. Sin embargo no hay que confundir los medios de que se vale el fenómeno de la moda para convertir en *out* cualquier víctima (que desde luego es considerada como ridícula cuando ha pasado *su* tiempo, y para lo que sirve cualquier pretexto, por llamativo y provocador que sea), con que se trate de algo irracional, pues tal como ya hemos mencionado, son muchos los fines a los que sirve, y todos ellos son completamente racionales y manejados. Sus redes se

217

extienden por doquier, a través de los medios de comunicación y resulta cada vez más difícil escapar de sus acaparadores tentáculos.

***

¿Progreso o evolución en el arte?. ¿Hasta qué punto puede hablarse de progreso en el arte?. Desde un punto de vista técnico ha sido evidente que la escultura griega del periodo clásico resultó extraordinaria para su tiempo, y que ha constituido un modelo insuperable hasta nuestros días. Con posterioridad se produjo un declive que sólo pudo ser superado con la llegada del Renacimiento. En efecto, si comparamos las obras de aquel periodo glorioso con las de Miguel Ángel, Donatello o Cellini, podemos concluir que lo único que les separa es el tiempo (como puede comprobarse a la vista, por ejemplo, del *Doríforo* de Policleto o del *David* de Miguel Ángel, en ambos casos, con una extraordinaria fuerza expresiva y una magistral perfección de proporciones, los casi veinte siglos que median entre ellos se pueden tener por inexistentes).

En el dominio artístico creemos que la concepción evolutiva ha de ser matizada considerablemente. Entendiendo evolución como mejora, es evidente que ha habido muy diferentes momentos. Es cierto que el naturalismo, es decir el reflejo fiel de la realidad, ha ido ganando terreno en determinados periodos históricos, y hoy dispone la pintura de numerosos recursos para lograr ese efecto. Así la perspectiva lineal, la perspectiva aérea, la caballera o el difuminado, son medios que permiten al artista lograr más fácilmente un efecto de espacio y de profundidad que en otras épocas anteriores no existía, por ejemplo, en la pintura egipcia o en el románico. Por otra parte, respecto de la técnica, el uso de los modernos soportes ha representado un avance en cuanto a una mayor posibilidad de plasmación de expresiones artísticas. La piedra, la madera, el papiro,

218

el fresco, el lienzo o los modernos soportes han sido distintos momentos en el uso de los diversos procedimientos técnicos que han facilitado la práctica de la pintura.

La opinión de S. Kuhn sobre los cambios en la ciencia ha abierto una nueva vía para la exploración; suele entenderse que la ciencia avanza sobre conocimientos acumulativos que se van sobreponiendo unos a otros, sin embargo este autor considera que lo que sucede en la ciencia a veces es una revolución, es decir, tiene lugar una novedad técnica y eso acarrea la alteración del *paradigma* científico existente hasta ese momento y por consiguiente una novedad importante, aunque posteriormente el mismo autor haya cambiado su modo de pensar, hacia un cierto darwinismo. Esta concepción de Kuhn puede ser aprovechable en el terreno artístico, y no solo en el de la ciencia o en el de la sociología como ha ocurrido fundamentalmente. En efecto, en tanto en el proceso artístico confluyen una pluralidad de factores, y nos queremos referir especialmente al puramente técnico, como pudiera ser el de la perspectiva para la pintura, en esa medida ese componente ha experimentado una evolución similar al de otros del mismo tipo dentro de la ciencia, y por tanto también susceptible de unas notas comunes, en particular la del indudable progreso técnico. Desde un punto de vista antropológico, autores como M. Harris apuntan exactamente esto mismo refiriéndose a las culturas primitivas, a las que aplican sin duda esa evolución en cuanto usuarias de una técnica, de todos modos señalan la sofisticación de algunas de las manifestaciones artísticas de estos pueblos, equiparándolas completamente a otras actuales. En el arte, desde un punto de vista técnico sí que hay más recursos a disposición de los sujetos del fenómeno, no solo de los que intervienen en su producción sino también de los que lo han de ver, valorar o adquirir, pero ahí se acaba el progreso, en todo lo demás cabe hablar de permanencia.

El arte, inmutable. José Antonio Martínez

Por otra parte, respecto de la contemplación y la valoración de la obra, hay que decir que es también un elemento extraordinariamente importante. La historia y la formación que los espectadores han ido acumulando es un factor fundamental para conformar este ámbito. Desde la crítica y los medios de difusión de masas se generan continuamente opiniones y se instruye al público para que tenga un nivel de conocimiento de la historia del arte. La valoración del objeto artístico ya la incorpora normalmente el observador cuando se enfrenta con él, y ya dispone de toda una serie de elementos, que le predisponen y le advierten de lo que debe pensar y sentir si se encuentra ante un Velázquez, un Rembrandt o un Picasso. En este sentido, es cierto que desde el punto de vista del observador también hay más elementos para la valoración, pero eso tampoco es suficiente para sostener que ha habido progreso o evolución.

¿Cabe hablar de evolución en el mundo del arte? Creemos que escasamente, más bien se trata de los efectos del paradigma cambiario, es decir el que se produce en el siglo XVIII y que continúa. Cabe referirse a una pluralidad de aspectos en el paradigma único del arte: evolución, cambio, moda, aprendizaje, cansancio y saturación, recuerdo de lo bello, tendencias y cambio de las mismas, cambio visual y cambio real. Hoy en día se entiende que toda expresión artística ha de ser original, porque si no sería plagio, pero esa originalidad ocurre igualmente con cada tipo de acto humano, siempre es diferente e irrepetible, por su propia naturaleza espacio-temporal, no cabe pues hablar de copias, ni reproducciones. Hay cambio de técnicas, de temáticas, de modas, de épocas, pero siempre mantiene unos parámetros que lo hacen arte, que lo hacen auténtico y permanente.

Puede hablarse en un cierto sentido del fracaso de las explicaciones del cambio artístico. Hay un cambio al que se le busca una explicación, un sentido. Pero el movimiento del arte es antihistoricista, no tiene un sentido evolutivo, ni progresivo, únicamente se recuerdan los precedentes. Hay épocas sublimes, superiores a otras, no hay ni ciclos ni repeticiones, hay épocas semejantes. Los movimientos van y vienen, sí que se suelen quedar los procedimientos, aunque también hay épocas en que éstos desaparecen y hay un retroceso. Podemos entender que la moda (el cambio por el cambio) ha sustituido al progreso. En el arte ese proceso comienza en Occidente con el manierismo; en las disciplinas humanas empieza en el siglo XVIII con la sociología y otras disciplinas, y en las ciencias naturales se inicia ese cambio por el cambio en el siglo XX. Podemos decir que el cambio artístico vendrá por la maestría de los autores, por la originalidad, por la sorpresa en los materiales, en el soporte, en la técnica, en la temática, etc. La permanencia se deberá a que el puzle está muy completo ya, pero no hemos de olvidar que en otras épocas figuras como el Greco o el Bosco fueron originales.

3. Permanencia

Naturaleza

La permanencia no es un elemento independiente del proceso artístico, sino que es un aspecto indisociable del mismo que, junto con la influencia o reacción y el cambio, constituye un todo. En este sentido su tratamiento diferenciado obedece a razones expositivas únicamente, pero teniendo en cuenta su naturaleza indivisible dentro de ese todo conceptual: el arte y sus procesos. Por tanto, su naturaleza y notas ya han quedado debidamente reflejadas al abordar las dos fases previas, la influencia o reacción y el cambio, aunque en el presente epígrafe, que por lo demás tiene un carácter recopilatorio, se detallan algunas otras circunstancias reseñables.

Basta mencionar las reflexiones de autores como Platón (aunque cualquiera de las formuladas históricamente sobre la belleza sirven igualmente a nuestro propósito comparativo) para comprobar la plena vigencia de las mismas en cualquier momento, teniendo en cuenta cómo a pesar de su diversidad aparente, en todas ellas subyace una valoración del fenómeno ampliamente coincidente, de modo que su validez puede ser corroborada en cualquier época, aunque como siempre pueden ser invocados matices valorativos que son consustanciales con esta materia. Así, considerar bello lo justo, lo bueno, lo adecuado, lo satisfactorio al gusto personal, lo bien hecho, lo acorde con el objeto representado, es lo que ha ocurrido históricamente y tiene una completa actualidad. Podemos por tanto concluir que las opiniones en torno al arte permanecen básicamente en términos semejantes desde que hay constancia de las mismas, de modo que el concepto de lo artístico aparece ya configurado desde los primeros tiempos en sus notas esenciales. Tenemos, pues, una permanencia de los cánones estéticos, de los valores y de los pensamientos relativos a lo bello.

Desde una perspectiva técnica, puede sostenerse que se produce una cierta permanencia de la obra o del movimiento artístico que ejerce la influencia en la obra o movimiento sobre el que proyecta esa influencia, ya que aspectos o rasgos de la primera se incorporan a la segunda obra o movimiento, y eso es precisamente lo que justifica que se pueda hablar de influjo. Por tanto, en esa medida se da una permanencia de la obra desencadenante del proceso, si bien en la misma medida se produce una desactivación del antiguo modo de actuar y en ese sentido puede decirse que tiene lugar una reordenación del actuar estético y de los procedimientos artísticos, en base a un modo que gana hegemonía a costa de otro que la pierde. Sin embargo no siempre ese ha sido el procedimiento, hay casos en los que la influencia se busca de propósito, es el supuesto que se conoce como inspiración, en el que un autor acude a un foco del pasado para iluminar su obra, así, por ejemplo, se dice que Picasso recoge la influencia del arte primitivo, de modo que recupera elementos del pintar antiguo y lo trae de nuevo a la actualidad de su época, iniciando de paso una vanguardia pictórica del siglo XX, en cuyo caso se rescata del pasado un criterio artístico, añadiéndolo al presente más rabioso, y por tanto aquél tipo de manifestación artística recupera una permanencia que solo mantenía en cuanto dato histórico.

Por otra parte se produce un fenómeno de permanencia global, en cuanto el sistema artístico con cada aportación, con cada cambio estético, con cada movimiento, viene a afianzar su permanencia, viene a consolidarse como conjunto al ganar una mayor dimensión y al integrar en su seno más elementos constitutivos. En ese sentido se produce un afianzamiento del mismo sistema artístico, de modo que tras un primer momento de sorpresa, se produce en ese conjunto artístico una fase de acoplamiento que le da una consistencia superior a la que tendría de no existir ese nuevo sumando, en cuanto conjunto integrador que absorbe los cambios. Así pues, el arte se va completando con esos cambios, y lo que en un principio, en el momento de su aparición, es distintivo, con el tiempo se acomoda dentro de ese sistema, y por tanto movimientos, que han nacido con el propósito de romper con el pasado, como el dadaísmo y otros *ismos* del siglo XX, acaban formando parte de las páginas más gloriosas de la historia del arte.

***

Lo que se mantiene en el arte. Permanece la distribución de los espacios, tanto en arquitectura, como en pintura, como en escultura. La idea o intención de representar algo es una constante en las artes plásticas, ya se trate de la naturaleza o de un sentimiento o una idea. Por lo general se ocasiona una sensación, tanto en el autor como en el receptor, si bien esa reacción no ha sido idéntica en todas las épocas, así en el antiguo Egipto la finalidad de muchas pinturas no era estrictamente esa. Los autores o promotores han actuado libremente en dicha producción y han estado imbuidos de una mayor o menor intención trascendente de lo cotidiano. Las técnicas se han sucedido, pero ha permanecido todo un conjunto de medios e instrumentos susceptibles de   uso en cualquier momento, dependiendo de las diferentes épocas o ubicaciones. Es verdad que los temas objeto de representación han experimentado notables oscilaciones, en función de la ideología dominante en los distintos tiempos, pero el abanico no es ni ha sido ilimitado, y su vaivén discurre en la mayoría de los casos por caminos ya trazados con anterioridad. Los mismos procesos artísticos de las artes plásticas han experimentado cambios notables en casi todas sus facetas, pero incluso en ese mismo transcurrir se observan regularidades, retornos, frecuencias que hacen del mismo un elemento conocido, esperado y ya casi previsible, de modo que en los últimos tiempos acompaña de manera ya habitual la producción artística, deviniendo un elemento esencial en cuanto a su existencia, con independencia de   su particular concreción.

***

El paradigma único del arte. Es posible sostener que el arte se mantiene siempre el mismo por encima de los rasgos singulares de cada momento. Quizás sea una trivialidad lingüística, pero puestos en una balanza el aspecto general de una obra artística y su particular manifestación, el primero de los componentes no se verá desvirtuado por el segundo, tal como la experiencia acumulada nos permite concluir razonablemente. Digamos que la naturaleza del arte ha mantenido y sigue manteniendo una constancia y permanencia a

224

El arte, inmutable. José Antonio Martínez

pesar de los diferentes estilos, corrientes y movimientos artísticos que se han sucedido históricamente, por muy altisonantes y pretenciosas que hayan sido sus rasgos iniciales y por más rupturista que haya sido su presentación (que desde luego algunas lo han sido en grado absoluto). Pero si bien se ha producido un primer momento de impacto, de desconcierto, con el tiempo ese movimiento no ha hecho sino consolidar y acrecentar la naturaleza de lo que entendemos por arte. Por tanto, podemos señalar que el carácter unitario del arte, lejos de resquebrajarse, se va acrecentando con la sucesión de obras, estilos y producciones, de modo que incluso no resulta descabellado hablar de un canon artístico único.

Continuando con el desarrollo del punto anterior, hay que señalar que muchas veces, dentro de un mismo ámbito artístico se ha exagerado la diferencia entre distintos movimientos artísticos, recalcando la singularidad de determinados aspectos que en realidad y vista con una mayor perspectiva histórica no lo sería tanto. El arte griego clásico, el bizantino, el prerrománico, el románico, el gótico, el renacentista, el manierista, el barroco, el rococó, el neoclásico y el romántico presentan unos rasgos parecidos, un mismo conjunto de características que nos permiten configurarlos como un tipo de manifestación artística occidental, figurativa y con unas notas ciertamente homogéneas. El occidental es un canon que busca el cambio, y ese es uno de sus distintivos, desde el manierismo el arte occidental es un arte cambiante, porque ahí encuentra su fuerza. En este sentido podríamos reducir los diferentes tipos de arte a los siguientes: el primitivo (incluyendo el rupestre, el africano y el americano), el mesopotámico-egipcio, el oriental y el occidental. En todos estos tipos de arte, al menos por lo que a la pintura se refiere, a su vez se da una nota común, la de la representación figurativa, en cuanto todos ellos tratan de reflejar la naturaleza principalmente. Cuando la abstracción se consagró como una alternativa artística a la figuración, pareció que algo absolutamente diferente había surgido, sin embargo el hecho de que ese tipo de pintura sea frecuentemente combinada con la figuración en un mismo autor, junto con el simbolismo que encierra y las pretensiones a que obedece, nos llevan a concluir que nos encontramos básicamente con lo mismo de siempre. De hecho su existencia se ha integrado perfectamente con el resto de la pintura en el conjunto del arte, completando un dominio que sin ella sería más pobre. Incluso *se* puede decir que hay un solo paradigma artístico, que siempre se ha mantenido, el de la representación, ya sea de la naturaleza o de un sentimiento. Elementos fundamentales de ese paradigma artístico son el deseo de impresionar, de hacer algo bello y duradero, de agradar, etc.

Para concluir, será suficiente con citar algunas pocas de las consideraciones que desde diferentes ámbitos se han vertido sobre el carácter inmutable del fenómeno artístico. En este sentido Gertrude Stein, acreditada mecenas y conocedora del arte, haciendo ejercicio de su predilección por los aforismos, sostenía que en el mundo del arte nada cambia, únicamente la apariencia. Según opina S. Giedion, en su obra más celebrada, "El presente eterno", en el arte se ha ido ascendiendo peldaños que se mantienen siempre. Por su parte, Platón, como se ha dicho, aportó unas opiniones sobre la belleza, totalmente asumibles en cualquier época, como lo han sido muchas de las que otros autores vertieron en otros momentos.

IV. EPÍLOGO

En un primer acercamiento cabe preguntarse qué tiene que ver un Rothko con *El nacimiento de Venus* de Botticelli, aparentemente nada. Sin embargo, si analizamos el arte en profundidad, podemos pensar que la motivación y el efecto artístico se han mantenido idénticos, ambas obras pueden resultar igualmente subyugantes, si bien las de Rothko pueden   necesitar de una mayor dosis de formación o adiestramiento para poder ser apreciadas. Aunque los procesos artísticos (influencia, cambio y permanencia) han operado históricamente de muy diferentes maneras con unos resultados muy diversos, sin embargo la permanencia artística se nos presenta como la nota dominante.

¿Qué utilidad tiene para la teoría del cambio social el presente análisis del cambio artístico? Creemos que la de demostrar que éste es cuestionable en muchos aspectos y por ello, en tanto que partícipe del mismo proceso, el cambio social no debe ser tenido como inapelable, requiriendo una consideración más en profundidad en la que se tengan en cuenta todos los factores que intervienen.

***

Arte aparente. En una primera aproximación a la historia del arte, en este caso a la de la pintura principalmente (con la pretensión de que las conclusiones puedan hacerse extensibles a las demás artes plásticas y al arte en general), ha sido preciso abordar un mínimo recorrido por las diferentes etapas históricas.

227

El arte, inmutable. José Antonio Martínez

Desde los albores de los tiempos, el hombre ha sido capaz de producir manifestaciones culturales que sin duda se han hecho acreedoras al calificativo de artísticas. Las pinturas rupestres se sitúan al mismo nivel que cualquier otra de las que han venido con posterioridad, y en absoluto resultan menores. Tenemos, pues, que el arte desde su más lejano comienzo ya participa del calificativo estético como puede tenerlo la más acabada y compleja obra actual. Por tanto no podemos decir que el concepto de "artístico" sea privativo de un momento determinado de la historia, y en ese sentido el cambio no existe, puesto que el concepto comprende por igual cualquier manifestación histórica. Si a nivel conceptual no encontramos una variación, es preciso continuar analizando los diferentes momentos históricos para constatar si las distintas manifestaciones representan en su exterioridad un dato importante para apoyar una argumentación en pro o en contra del cambio artístico.

Efectivamente hay un dato incuestionable: a la vista de una obra determinada es posible determinar y encuadrarla en una época y en un movimiento concreto, lo que evidencia claramente que sí hay distinción entre esas obras, y que presentan entre ellas muchos rasgos y parecidos de familia que nos permiten afirmar sin duda que las diferencias existen. Así, en los grandes grupos que hemos abordado en la primera parte del estudio, y que coinciden con la consideración general que en la mayor parte de las historias del arte se reflejan, hay notas suficientes dentro de cada uno de ellos para sostener un evidente cambio y autonomía. De inmediato, y sin ser un gran especialista, es posible afirmar si la obra que observamos es bizantina, griega, egipcia, románica, gótica, renacentista, barroca, o, pongamos por caso, cubista o abstracta. Es decir, es posible fijar ya unas líneas por donde el arte ha discurrido, y que nos permiten trazar paralelismos, recurrencias y similitudes, haciendo posible extraer

228

generalizaciones y trascender la mera obra concreta, de forma que ya cabe hablar de movimientos, tendencias y agrupaciones que sin duda reducen considerablemente la singularidad de cada manifestación, haciendo que una gran cantidad de obras se encasillen en unos pocos conjuntos estéticos, de cuyas notas generales participan, y que les cobijan en una tipología generalmente aceptada, y que no es otra que la ya referida de prehistórica, egipcia, griega, románica, etc.

Por otra parte, es posible agrupar a su vez los diferentes movimientos en categorías más amplias, en función de si pretenden una perfección en la representación o no. Así es posible decir que por una parte el arte griego, el renacentista y el barroco, buscan especialmente esa calidad en la representación, en tanto que otros como el egipcio o el románico no lo hacían en la misma medida, predominando otras intenciones.

En general la historia de la pintura se puede dividir en dos grandes categorías, la figurativa y la abstracta. O se puede hablar de un proceso lineal de la pintura, frente a otros en que se vuelve la mirada al pasado, ya sea en la temática o en la técnica, como ocurrió con el Renacimiento o el neoclasicismo. Del mismo modo se puede agrupar en conformista con el momento y devenir histórico o rupturista, como sucedió con la revolución de Amarna en el seno de la más permanente de las estéticas, la egipcia, o con los *ismos* del siglo XX.

Por ello, creemos que es preciso conducirse con cautela a la hora de valorar el transcurso de la historia del arte como una sucesión de movimientos inconexos, aislados y contrapuestos entre sí, ya que la relación entre ellos, sus mutuas influencias y paralelismos, más bien nos llevan a apoyar su consideración como partes de un conjunto artístico, cada vez más integrado y donde cada una de las piezas tienen un lugar importante y determinante en la configuración del todo, de modo que entre todos ellos hay una gran congruencia. Por tanto resulta más que cuestionable la extendida opinión del arte como una sucesión de cambios aislados.

***

El arte. En la segunda parte del presente trabajo, hemos iniciado una serie de análisis dirigidos a un tratamiento más en profundidad de lo artístico, teniendo en cuenta los diferentes puntos de vista de que es posible esta cuestión. Para ello hemos iniciado una aproximación a la teoría general disponible en la materia, sin poder encontrar en ella una solución satisfactoria a los requerimientos precisos. Ciertamente los teóricos de las disciplinas sociales no han logrado encontrar "la solución definitiva" a ninguna de las preguntas sobre su objeto de estudio, quizás porque la respuesta no es única y porque su materia resulta inexplicable en su totalidad. Evidentemente ha habido muchos y muy valiosos acercamientos a ella, y la mayoría encierran aspectos que conviene conservar siempre, por más que lo habitual sea su rechazo ligero, sin caer en la cuenta de su mérito y de que han colmado ya la posibilidad de aproximación a la realidad de que el hombre es capaz, dada la complejidad de ese campo de análisis.

A la vista de ello hemos optado por una consideración personal del análisis, conforme con la disposición metodológica expuesta y basada en los siguientes puntos de apoyo: sobre un acuerdo en torno al concepto mismo de arte, y a lo que históricamente se ha entendido por tal, hemos ido avanzando en el desglose del mismo, con una primera referencia a los sujetos intervinientes, para continuar con el hábitat en que el mismo ha tenido lugar y con las circunstancias y condiciones en que se ha materializado a través de los tiempos el fenómeno artístico. Con todo ello se ha conformado un discurso expositivo de lo artístico más próximo a lo descriptivo que a lo explicativo, aplicando finalmente un elemento comparativo a la

230

información recogida, de modo que ha sido posible establecer un conjunto de todo lo estético en el que cada parte ha encajado debidamente y donde se ha podido valorar la integración de todos los aspectos conformantes del mismo.

Esa propuesta metodológica ha permitido disponer de un material apto para la comparación y útil para el fin propuesto: trascender el mero hecho concreto de las obras artísticas en su singularidad, hallando elementos comunes, factores equiparables y componentes homogéneos que nos han llevado a unos resultados generales en torno a lo estético sobre los que construir todo el subsiguiente cuerpo analítico en el que se sustenta la presente obra, de modo que los procesos artísticos dejan de tener el carácter errático y aleatorio que habitualmente se les confiere. Al menos esa ha sido la intención al abordar esta materia, tradicionalmente tan particular, tan alejada de generalizaciones y tan poco utilizada con una finalidad más allá del destino "natural", el de ilustrar sobre el gusto históricamente, un dominio sobre el que se ha dejado caer tradicionalmente el calificativo de indescifrable y sujeto al absoluto capricho de los artistas.

Ha sido posible localizar el elemento artístico al considerarlo como común a todos los pueblos, aunque sujeto a través de los tiempos a una valoración ciertamente diferente en función de momentos y lugares, pero siempre con un sustrato común, de modo que es posible distinguir su presencia inequívocamente allá donde hay una manifestación suya. Una vez fijado nuestro elemento de estudio de forma clara, se ha podido penetrar en su naturaleza, dirigiéndose hacia sus protagonistas principales, los autores y mecenas, sin desdeñar los receptores de las obras artísticas. El elemento subjetivo ha sido tratado con cierta minuciosidad, destacando su aspecto principal, su singularidad, pero al mismo tiempo se ha podido investigar en los rasgos que históricamente han acompañado siempre

El arte, inmutable. José Antonio Martínez

a dichos sujetos, estableciendo con nitidez su carácter necesario, su genialidad a veces, pero también su tipología, su parentesco y su equiparación en cualquier época, de forma que ha sido posible establecer en toda la historia humana la importancia de su evidente y fundamental aportación a la obra de arte, sin la que ésta no existiría, pero a la vez, al haber ocurrido siempre así, nos ha permitido restar su contribución a la valoración de conjunto del fenómeno artístico, con lo cual hemos ido reduciendo lo ininteligible de dicho fenómeno, cual si del despeje de una incógnita algebraica se tratara.

Con el mismo procedimiento hemos abordado los demás elementos constitutivos del fenómeno artístico: el hábitat, el espíritu de los pueblos, así como el azar y el proceso histórico que inevitablemente condicionan siempre cualquier experiencia humana. En un sentido amplio, todos estos aspectos conformantes de la realidad pueden ser entendidos como diferentes caras del hábitat, del entorno, y en tal sentido han sido en mayor o menor medida referidos en los diferentes apartados de la obra. Lo mismo que con el elemento subjetivo, este elemento, al tener una aportación variable, pero siempre presente e influyente en el resultado final de la obra artística, puede ser apartado de la esencia de dicha obra, que, como hemos dicho, siempre ha podido ser localizada y valorada.

De este modo, hemos llegado a la conclusión de que el arte puede ser estudiado al margen de ciertos elementos que se pueden tener por principales: los autores y el hábitat en el que ha tenido lugar. Es posible, pues, abordar su naturaleza a través de las diferentes obras de que disponemos, tras las cuales cabe hallar su esencia, por muy distintas y dispares que esas obras puedan parecer. Encontramos, por tanto, una permanencia de lo principal del fenómeno con independencia de sus particularidades históricas, y fijado así nuestro propósito, llegamos en la tercera parte del libro al análisis de los procesos subyacentes a lo estético, los que han permitido pasar de unos estilos a otros, que han hecho posible hablar de tantas diferencias entre ellos y que sirven de fundamento a la creencia tan extendida – por nosotros discutida - de que el arte es una sucesión inconexa entre movimientos, obras y autores, que nada o poco tienen que ver con lo anterior, y que en definitiva se enmarcan en una dinámica social de cambio y ruptura de los tiempos históricos en lo social.

***

Los procesos del arte. La historia del arte ha sido la sucesión temporal de una serie de distintos elementos y factores: autores, obras, receptores, estilos, escuelas, valoraciones, etc. El paso de unos a otros, como no podía ser de otra manera, ha estado siempre mediado por la existencia del tiempo y del espacio, pero todo ese devenir ha sido guiado por una dinámica, una acción controlada por la correlación entre la influencia que determinados aspectos estéticos han ejercido en el conglomerado artístico considerado en cada caso, de alcance variable en función de circunstancias tales como el marco cultural, el calado de ese foco de influencia, y el resto de circunstancias en cada momento.

Como consecuencia de ese impulso, en unos casos el mismo ha tenido éxito y se ha propagado ese arte y en otras no lo ha hecho. En el primer caso se habría generado un cambio, una transformación en el campo donde se ha implantado ese modo artístico *ex novo,* y éste es el segundo paso de ese proceso artístico, el del cambio, que culmina en una fase final, la que da lugar a su vez a una serie de efectos que conducen todos ellos a afianzar el conjunto artístico: de una parte el elemento que genera el cambio en otro ámbito, ve prolongada y extendida su existencia en esa nueva ubicación como consecuencia del éxito de su capacidad difusora; por otra parte, se reduce o desaparece un modo artístico como consecuencia de ese influjo, pero esa novedad no supone la implantación de un nuevo modo artístico sin más, con olvido del anterior, sino que el nuevo estilo o procedimiento supera o hace declinar otro, que no obstante queda, permanece en el conjunto integrado del arte, con su lección siempre dispuesta a ser enseñada (así el gótico disfruta de su grandeza por la presencia del románico, al que da una nueva dimensión). Por tanto, ese nuevo procedimiento origina un cambio ciertamente, pero avisando que ni su vigencia será eterna, ni que el arte anterior ha de desaparecer, sino que ambos pasarán a ser engullidos por el paso implacable del conjunto artístico, cuando otro nuevo modo de hacer desbanque, atribuyéndole el calificativo de *superado*, al que hasta ese momento era nuevo estilo, renovando así un proceso sin fin en que las cosas siempre acaban siendo igual y por tanto permaneciendo.

En todo caso es preciso tener en cuenta que los tres aspectos que aquí se señalan: influencia, cambio y permanencia, son realmente partes inseparables del proceso artístico, tratándose por tanto de sus distintas manifestaciones, que no se comprende sin la coexistencia de todas ellas.

∗∗∗

La influencia es el punto de partida de este proceso, ya sea en su vertiente positiva, induciendo a otros a hacer lo mismo, o en la negativa, llevando a que sea rechazado un determinado modo de actuar. Históricamente su existencia ha sido muy variable, y ha encontrado a veces terrenos muy abonados y otros en que ha existido una gran resistencia, ha habido pueblos que enseguida se han dejado seducir por una nueva corriente artística y otros en que no se ha contemplado esa posibilidad, perpetuando su propio concepto cultural.

El arte, inmutable. José Antonio Martínez

Ha habido focos, centros, que han irradiado la nueva luz, que siempre han tenido esa capacidad, y otros que han sido sujetos pasivos de esa influencia. Ésta ha sido de carácter meramente técnico, es decir de elementos que han supuesto una mejora para el arte, porque ha venido a resolver problemas de espacio, a mejorar la representación, a ampliar el abanico de modos artísticos, y en otras ocasiones ese influjo ha sido de tipo ideológico, por cuanto ha supuesto una trasformación de una temática, unos gustos nuevos, diferentes de los anteriores, que buscaban romper con lo establecido simplemente.

Ha bastado en ocasiones un solo autor, una sola obra, para poner en marcha todo el proceso artístico del cambio, si bien la norma general ha sido la de la acción conjunta, de sumar esfuerzos, de acumular aportaciones todos los agentes habitualmente intervinientes en la dinámica del desarrollo estético, en una envolvente compleja de factores mutuamente condicionados y dependientes. Así la presencia o conocimiento de un modo de hacer diferente ha llamado la atención de otro artista, que lo ha difundido entre sus iguales, cundiendo el ejemplo, e iniciándose así la etapa de consolidación del nuevo procedimiento.

A veces el inicio del proceso ha partido del seno de la misma comunidad creativa, sin necesidad de remontarse a una fuente exterior, y debido al azar, a la constancia en esa labor innovadora la mayoría de los casos, se ha generado una práctica que ha ido contando cada vez con más adeptos hasta lograr el beneplácito general.

Ha habido sociedades, pueblos y grupos más proclives a recibir o a buscar esa nueva dimensión. Habitualmente ambos aspectos se han dado juntos, es decir, quien ha sido favorable a la recepción de corrientes ajenas, también ha sido frecuente difusor de las propias, y viceversa, los pueblos que no han aceptado las ajenas tampoco se han caracterizado por el empeño en extender las propias.

Con el paso del tiempo, no obstante su carácter general, el fenómeno de la influencia puede ser graduado y estudiado en función de su diferente alcance, puesto que no todos los focos ni estilos han tenido la misma notoriedad ni permanencia. Así cabe hablar de una influencia universal, casi siempre presente en el mundo del arte, es el conocido como canon clásico, es decir el que se inició en la Grecia clásica y que ha dejado su impronta para siempre en el conjunto de la estética universal. Otros movimientos o escuelas, sin embargo, no han logrado el mismo éxito, siendo posible una enumeración amplia de su historia, así los casos de la influencia del arte bizantino o flamenco en el Renacimiento italiano. La influencia de la temática cristiana en el arte occidental, o del Corán en el arte islámico. Asimismo del mundo romano en el arte neoclásico, o de la temática medieval en el romanticismo. Caravaggio, iniciando el llamado *tenebrismo*, Rafael, con la composición, o Miguel Ángel, con su fuerza expresiva, han sido claros ejemplos de influencia en otros muchos pintores.

Un fenómeno similar, aunque no idéntico, es el de la *inspiración*, que hace referencia principalmente a la búsqueda que un autor localiza en otra cultura o época anterior; se trata más bien de una acción activa, en tanto que la influencia parece más bien ser un fenómeno inconsciente, no buscado de propósito, aunque cause el mismo efecto. Ejemplo de este procedimiento, aunque no siempre sea posible trazar con nitidez las fronteras con la influencia, es el de artistas más próximos a nosotros que bucearon a conciencia en momentos anteriores y en otros lugares, tratando de hallar unos rasgos que los distinguiesen de su entorno o que les hiciesen singularizar su arte. En este sentido, Gauguin, Cézanne o Picasso son algunos de los autores que se han distinguido por esa búsqueda, y a la vez por ejercer un notable influjo en otros.

***

El cambio no ha tenido la misma intensidad en Oriente que en Occidente, hay culturas que cambian mucho menos. En Occidente puede decirse que ha habido cambio hacia la calidad, ha habido un progreso, una evolución. El arte egipcio fue capaz de experimentar un cambio drástico y repentino (la revolución de Amarna, con Akenaton) a pesar de la enorme inercia permanente, volviendo tras ese breve periodo a su senda de continuidad artística. En Occidente también ha habido un cambio por el cambio, como viene ocurriendo desde el siglo XVIII, que se ha combinado con la idea de progreso, sustituyéndola en la actualidad.

La idea de superación, y de distinción, se ha ido convirtiendo en una constante en el arte, sobre todo en épocas más recientes. Si para ello hace falta modificar la idea de lo bello (que aparece como secundaria), e incorporar la fealdad u otros parámetros estéticos diferentes, se hace, y si además por esa vía es más fácil y sencillo crear, sorprender o provocar, será lógico el éxito de ese procedimiento, sobre todo a partir del Renacimiento, cuando los artistas han ido alcanzando un mayor protagonismo.

El cambio tiene, desde luego, su historia, habiendo desplegado una compleja tipología: así cabe hablar de cambio de progreso, de cambio por el cambio, de involución, de moda, etc. Cabe también hablar del negocio del cambio, del cambio como instrumento de otros propósitos, del cambio como un fin en sí mismo, de la exageración (mito) del cambio, y de la confusión deliberada en torno al fenómeno del cambio, con la pléyade de beneficiarios que le acompaña (teóricos, creadores, empresarios) y víctimas (a veces, aunque no siempre: la verdad, el avance, la mejora). El resultado de

237

todo ello es la situación actual.

El cambio en el arte, tal como está actualmente configurado, es un instrumento al servicio de la necesidad de distinguirse. En el momento en que el cambio por el cambio ya no distinga, ya no guste, habrá que buscar otras alternativas. Más que de progreso o evolución del arte, hay que hablar de "momentos", idas y venidas. En este sentido, la lección que el estudio del arte nos deja para las disciplinas humanas (en el fondo nuestro verdadero propósito) es que el arte va por delante de lo que ocurrirá cuando el cambio por el cambio explicativo de las disciplinas humanas (que pretenden dar cuenta de los cambios sociales y no de la sociedad) ya no satisfaga la curiosidad humana, habrá que buscar otras alternativas. Sin embargo, el arte podría subsistir en base a los matices de cada autor, que realmente son infinitos, así ocurrió con los distintos pintores del Renacimiento o de cualquier época, cada uno tiene su personalidad; hoy sucedería lo mismo, por ejemplo con la mayoría de los pintores que han alcanzado renombre, sean Lucien Freud, F. Bacon, etc. cada uno tiene su personalidad y se singularizan por muy diferentes caminos.

Si usamos el concepto de paradigma para referirnos al mundo del arte, hay que decir que básicamente ha habido dos, pero sin ser excluyentes entre sí. Por una parte, estaría el que ha buscado alcanzar y mejorar la reproducción de la realidad, y por otra, el que ha pretendido cambiar para lograr un nuevo matiz en la expresión artística; ambos han coexistido y seguirán haciéndolo. Sin embargo, aún sería posible sostener que en el arte, realmente solo ha habido un paradigma desde siempre, en línea con lo mantenido en el presente trabajo, ya que el segundo sería la única salida que le queda al arte cuando ha agotado sus opciones representativas, para seguir siendo arte, y por tanto subsistiendo como tal.

El arte, inmutable. José Antonio Martínez

***

La permanencia es la idea fuerza de esta obra, es decir, que nada cambia sustancialmente, incluido el arte. Se trata ciertamente de una opinión, de una impresión, pero no es aislada, en el mundo del arte ha habido coincidencias en el mismo sentido. Así la mecenas y escritora norteamericana afincada en Francia, que apoyó a una buena parte de artistas de principios del siglo XX, Gertrude Stein, sostenía el mismo criterio..

Por su parte uno de los grandes historiadores del arte, Sigfried Giedion, titula su obra más notable *El presente eterno,* en la que va desgranando, con una enorme cantidad de datos y referencias, la aparición en el arte en general, y en la arquitectura en particular, de los diferentes elementos que conforman el arte, y que una vez surgidos se han quedado ya para siempre entre nosotros.

No solo en los dominios de las artes plásticas directamente, sino también en el del pensamiento es absolutamente esclarecedor el carácter permanente si nos asomamos al mundo antiguo. Desde sus inicios la opinión del hombre sobre el papel y naturaleza del arte es absolutamente coincidente con el de nuestros días. Platón, en el *Hipias mayor*, en el *Fedro* o en el *Banquete* hace unas referencias tan universales sobre el arte, la belleza y lo que cabe entender por ello, que difícilmente puede decirse que los criterios presentes puedan añadir algo a lo expuesto por él. Desde luego que Platón no se encuentra solo en esas consideraciones, tanto antes como después de él, la gran cantidad de opiniones sobre la estética nos permiten constatar cómo sobre este dominio ya desde sus orígenes está casi todo dicho. Tanto antes de Baumgarten, que pasa por ser el iniciador de la disciplina estética, como a partir de entonces autores como Kant o Winckelmann, y tantos otros que han afrontado los más diversos aspectos de esta materia, han mantenido una opinión sobre el arte perfectamente válidas para el estudio, siempre está muy presente el objeto de discusión, siempre sabemos de qué estamos hablando, y en todo caso la concepción sostenida por ellos se puede estimar vigente en sus aspectos fundamentales, al menos como instrumento de análisis.

El arte como conjunto que aglutina los cambios. El arte se constituye en un conjunto que absorbe cualquier cambio o movimiento por rupturista que éstos hayan sido, así el cubismo, el dadaísmo, el informalismo, la pintura abstracta o metafísica tienen perfecto acomodo en la historia del arte.

El arte forma parte de un conjunto social cuya compartimentación resulta impropia, aunque la misma se haga por operatividad. Hay que tener en cuenta que el arte o la manifestación artística se halla integrada con la cultura, con la ciencia, con la religión, en definitiva con la sociedad. Pues bien, ese conjunto o conglomerado en que consiste el arte tiene evidentemente un componente conceptual, es una creación lingüística que refleja una realidad subyacente compuesta de multitud de elementos y aspectos de naturaleza tremendamente compleja, pero en la que se van diluyendo contornos y piezas para que al final todo vaya encajando en un único resultado que recibe una denominación, en este caso la de *arte*. Autores como Bourdieu han añadido importantes consideraciones al descifrado de ese todo, y han puesto de manifiesto aspectos que el fenómeno oculta, incluso de modo radical, señalando su inexistencia como tal, aludiendo a una mera creación interesada del mismo por parte de una determinada clase social, la burguesía.

Sin embargo, dejando a un lado esa visión u otras de parecidos enfoques, y aparcando, pues, discusiones sobre su sustancia, para el propósito de este estudio basta con aceptar la existencia del fenómeno del arte en sí, dando por buena su realidad más simple.

El arte, inmutable. José Antonio Martínez

Aunque pueda resultar cándida esa postura, no constituye nuestro objeto el análisis en profundidad del fenómeno, sino únicamente en cuanto hace referencia a sus cambios, y por tanto resulta secundaria esa naturaleza última de cada uno de sus elementos. Lo que sí es objeto de estudio es el proceso que ese arte experimenta, y en este sentido queremos incidir aquí en el resultante de ese proceso, que no es otro que un conjunto, una amalgama si se prefiere, que con cada aportación diferente, al menos en lo externo, se va robusteciendo y enriqueciendo. Ese conjunto cada vez incluye más registros, más elementos que lo hacen más completo, más inatacable.

No obstante la existencia de ese conjunto, desde los albores de los tiempos cada una de las distintas partes del mismo han presentado unas notas que las han hecho perfectamente idóneas para un conjunto que ha ido ganando en robustez con cada una de las piezas que se le han ido acoplando, por más dispares y contrarias que hayan podido parecer en un principio.

Un reflejo de lo que se mantiene en este apartado lo constituye la existencia de los recintos museográficos, cada vez más extendidos en el mundo a imitación de lo que ha sido habitual en Occidente. En los grandes centros del arte mundial se ha ido disponiendo una configuración expositiva en dos o tres espacios diferentes. Por una parte suele existir un museo de arte primitivo, otro de arte clásico y por último uno de arte moderno, fluctuando en función de la abundancia de muestras y la riqueza artística en cada caso. Cada vez más, las obras primitivas forman parte de los museos de arte en general, integrándose en uno solo (ej. El Louvre o el British Museum), y suelen tener una gran relevancia los museos de arte moderno o contemporáneo, con una datación variable, pero generalmente con piezas del siglo XX (MOMA, el Centro Pompidou, la Tate Moderm, El Centro de Arte Reina Sofía, etc.), donde tienen cabida aquellas corrientes que han surgido como alternativa al arte

El arte, inmutable. José Antonio Martínez

clásico, entendiendo por tal el existente hasta esos momentos. Sin embargo, esta duplicidad de espacios no obsta en absoluto a la ruptura entre ambos tipos de arte, sino que obedece a la gran cantidad de obras, a problemas evidentes de espacio, y al carácter inicialmente rupturista e innovador de las obras más recientes, pero resulta absolutamente clara su naturaleza artística y su carácter completamente asimilable con las obras del periodo anterior, por mucho que en numerosas ocasiones la clave de su éxito haya estado en la novedad radical, en la supuesta *ruptura* completa que ha acompañado su aparición.

En cualquier caso, el conjunto del arte en la actualidad se nutre de todas las épocas, de todas las obras de todos los periodos históricos, y no resulta concebible ni la exclusión de una época, ni de un tipo de obras, sino que todas gozan de un valor importante para el todo, siendo continuo objeto de coleccionistas, conservadores y propietarios la acumulación de piezas de todos los tiempos. La diferencia entre épocas se da por bienvenida, resulta fundamental para la existencia de ese todo, y es la clave que justifica la naturaleza de ese conjunto, en el que prima el carácter holístico sobre cada una de sus partes. Todas encajan, todas se han hecho acreedoras por derecho propio de un espacio en el conjunto, y con el tiempo se ha hecho perfectamente compatible su singularidad, su diferencia, con los rasgos que caracterizan el conglomerado artístico en general, y que son perfectamente recognoscibles en cada una de sus distintas épocas, poniendo de manifiesto unas notas que en todas se hallan presentes y que de modo inconfundible forman parte de todas, de forma que nos permite identificar lo artístico de modo indudable allí donde se encuentre y cualquiera que sea su apariencia particular, aunque el alcance de esa importancia sea consecuencia de una serie de valoraciones más o menos subjetivas y variables históricamente.

El cambio que se observa hoy en el arte, no impide el mantenimiento de sus principios esenciales. Pese a que la permanencia de las formas externas resulta actualmente antiestética, sin embargo subsiste la esencia artística: lo genial, lo grandioso, lo sorprendente, lo bello realmente. El arte hoy necesita el cambio para subsistir, pero es un cambio de las formas. Se valora mucho el pasado artístico, aunque la producción artística moderna sea diferente.

Resulta pertinente en este punto formular alguna consideración a la situación de los procesos relativos al arte, religión, vida cotidiana y ciencia. Entre religión y arte no ha habido un paralelismo en cuanto a sus procesos, el arte ha sido un reflejo de las creencias, ha cambiado externamente, y la religión, la creencia misma, se ha mantenido. Respecto a la ciencia, hay que decir que las técnicas artísticas (pintura al temple, al fresco, al seco, al óleo, incausto, etc.) sí que han seguido un proceso similar al de la ciencia. Cuando se habla de cambio hoy en día, es preciso matizar. En el terreno del arte (sensación estética), el cambio es de lo externo, no es interno, ni esencial. En la religión (alusión al sentido profundo de la vida) no hay ni cambio externo auténtico, ni cambio interno, lo que hay es más o menos creyentes, pero los que creen lo hacen del mismo modo de siempre. En las disciplinas humanas (dominio de la razón y del conocimiento) el cambio es exagerado, se parte del mito del cambio continuo y se desprecia la permanencia. En la ciencia (dominio de la utilidad material), el proceso sigue el mismo camino de siempre, desde sus orígenes, se rige por la regla del acierto y del error, se busca la mejora de resultados, el método científico se mantiene como desde su postulación. En el ámbito de la vida cotidiana y organización política y social, su dinámica viene motivada por la búsqueda de una mayor comodidad y facilidad, es decir, se mantiene en sus mismos términos.

***

El arte, inmutable. José Antonio Martínez

Utilidad del estudio sobre el arte para el análisis del cambio social.
El arte es un fenómeno social importante, de primera magnitud, y
como tal resulta muy ilustrativo para la sociología. ¿Cumple el
presente estudio el objetivo que nos hemos trazado, de aportar algo al
estudio del cambio social? Debe ser el lector el que se pronuncie
sobre ello, pero entendemos que introduce una serie de reflexiones
en torno al alcance del arte, a su carácter permanente a través del
tiempo, llamando la atención sobre aspectos que mantienen su
vigencia históricamente y que tienen una entidad tal como para
permitir sostener su naturaleza constante a pesar de las variaciones
que indudablemente añaden los diferentes estilos o cambios
temporales.

Tanto si partimos de un estudio externo, a la vista de sus
manifestaciones más visibles, como si consideramos los elementos
más ocultos y accedemos a sus partes integrantes, como si nos
aproximamos a los procesos que tienen lugar cuando de un
movimiento artístico, o de un estilo se ha pasado a otro, en todos
esos casos se puede constatar la existencia de unas constantes, de
unos elementos lo suficientemente parecidos como para mantener
con una razonable dosis de cautela que nos encontramos ante un
conjunto integrado por diferentes partes en el que se mantiene una
identidad tal entre ellas como para poder decir que el paso del
tiempo, lejos de introducir cambios profundos en su esencia, añade
aspectos que completan un todo que se va integrando y
robusteciendo cada vez más.

Es dominante la opinión de que el arte es uno de los paradigmas del
cambio, postura que contribuye a abonar la creencia más general de
que el cambio social resulta incuestionable. Sería suficiente para
nuestro propósito haber introducido una duda en esa afirmación tan
general, aconsejando la conveniencia de una investigación más en

profundidad sobre esa cuestión, sea el que sea el método elegido para ello, pero advirtiendo lo peligroso que resulta una aceptación sin más de esa premisa, sin analizarla en profundidad, sin afrontar un estudio de lo que ocurre en el mundo del arte, en el que de modo tan ligero se acepta un devenir tan cambiante y que, en nuestra opinión, no obedece en absoluto a la realidad de los hechos.

Al menos debería de concederse el beneficio de la duda a la afirmación sostenida aquí de que nos encontramos ante un dominio en el que la permanencia tiene una entidad lo suficientemente importante como para llevarnos a la conveniencia de contrastar esa nota con la del cambio a que nos puede llevar una contemplación pasajera de las distintas obras artísticas y una inercia que se ha ido creando, de forma interesada en los últimos dos siglos, y que apunta a que el mundo es radicalmente diferente del anterior, y que esa diferencia es común a todos los órdenes de la realidad y resulta tan evidente que no tiene sentido pararse a examinar su verdadero alcance.

***

Comparación final. Las obras artísticas presentan una gran dosis de analogía con las construcciones intelectuales y del pensamiento. La pintura no solo es una representación de la realidad sino también de los sentimientos, carácter y estado de ánimo de su autor, en ese sentido las disciplinas humanas no difieren sustancialmente de ello. Puede decirse que la historia del arte es equiparable en muchos aspectos a la historia del pensamiento, de la filosofía y de la cultura. Pero en todo caso el paralelismo no está tanto en que se comparta una similar ideología (que también puede ocurrir) sino en la significación que ambos términos tienen en sus conjuntos respectivos.

245

El arte, inmutable. José Antonio Martínez

En cualquier caso, se trata de una visión absolutamente personal, que no hemos querido soslayar pese a su carácter anecdótico y completamente discutible, por cuanto entendemos que representa un punto de vista curioso sobre el que quizás valga la pena detenerse, porque aunque cada observador pueda presentar otras múltiples analogías, desde luego igual o más fundadas que las que aquí se exponen, sin embargo aportan un acercamiento a una consideración del arte y de las disciplinas humanas que ponen de relieve su parentesco mutuo, y en el fondo su naturaleza semejante. Bajo esa advertencia, recogemos a continuación el siguiente relato de paridades entre ambos dominios:

Las expresiones artísticas prehistóricas, así como las precoloniales en América y las primitivas africanas encuentran una analogía sustancial con muchos de los planteamientos mitológicos que se han dado en muchas culturas.

El arte egipcio presenta una correlación milimétrica con su propia cultura y pensamiento, de forma que puede decirse que aquélla es una trasposición exacta de ésta.

Así como Praxíteles, Fidias, Mirón, Apeles, Parrasio, Zeusis, entre otros, sentaron las bases del arte occidental, lo mismo puede decirse respecto al pensamiento universal de los presocráticos, el mismo Sócrates, Platón, Aristóteles, Solón, etc.

El arte bizantino, el románico y el gótico vienen a ser el correlato artístico de figuras y corrientes del pensamiento como las de San Agustín, el tomismo y la filosofía medieval. Ambos términos de la comparación aportan elementos importantes, básicos en unos casos, pero elegantes y vistosos en otros, y siempre suman esfuerzos que tienen gran importancia en el conjunto estético y en el del pensamiento, llenando unos espacios necesarios en el desarrollo posterior en ambos dominios.

El Renacimiento presenta grandes analogías debido a los nuevos planteamientos que dominan los dos polos de la similitud. Los procesos artísticos que tienen lugar en Italia en ese periodo van instaurando novedades respecto a los periodos inmediatamente precedentes, si bien tomando referencias del pasado clásico. No solo Marsilio Ficino, Pico della Mirandola y otros humanistas supusieron un cambio de aires en el pensamiento de la época, junto con creaciones como las que anteriormente habían introducido escritores de la talla de Dante, Petrarca y Bocaccio. y que encontraban en la historia del pensamiento analogías con la obra de Ockham primero, culminando más adelante con Descartes, Spinoza, Leibniz y Kant. Podemos decir, pues, que el arte renacentista encuentra su par en el pensamiento moderno.

Por su parte el barroco artístico, con su defensa del status quo religioso en lo ideológico y con su planteamiento estético de culminación del manierismo, de la complejidad en la composición y retorcimiento de las figuras y del movimiento, tiene su equivalencia más acabada en pensadores del nivel de Hegel y su complejo sistema, que culmina el idealismo filosófico apoyando el dominio absoluto del espíritu.

El neoclasicismo artístico puede ser relacionado con el empirismo inglés y con la razón ilustrada, que a su vez se encuentra a la base de la revolución francesa, y de planteamientos teóricos críticos con periodos anteriores   como sucede con la especialización, el marxismo, las nuevas disciplinas humanas o la visión tan personal de Nietzsche.

Tradicional es la similitud que siempre se ha querido presentar entre el psicoanálisis y la obra freudiana, en general con la pintura surrealista de Miró, Dalí, Picabia, incluso Picasso, ya que en el siglo XX muchos pintores han oscilado entre diferentes movimientos artísticos.

La sociología en sus diferentes manifestaciones siempre ha tenido por objeto dar cuenta de la realidad, y desde ese punto de vista es clara su coincidencia con toda la corriente pictórica figurativa, podemos decir la mayoritaria históricamente. El estructuralismo, el funcionalismo, la sociología comprensiva, la sociología positiva, y sus diferentes técnicas de investigación, presentan analogías artísticas incuestionables en la pintura. La teoría de corte fenomenológico, como la etnometodología, el interaccionismo simbólico, entre otras, puede presentar paralelismos con el llamado pop art, por cuanto éste tipo de expresión encuentra en los objetos más inmediatos su motivo más genuino.

Sin embargo es preciso tener en cuenta que la reproducción pictórica de la realidad ha tenido uno de sus momentos de inflexión en la época moderna, principalmente cuando a través de la fotografía y de la producción en masa ha sido posible reproducir de manera totalmente precisa esa realidad. En ese momento se inicia la tendencia a reproducir esa realidad a través de otros caminos, buscando desdoblar esa realidad aparente en las sensaciones del artista y del observador, en los elementos integrantes de esa realidad como el color, la forma, la luz, deformando esa realidad o introduciendo nuevas perspectivas de lo real, y un largo etcétera en el que está ocupada actualmente la realidad de las artes. Ello no quiere decir que los artistas hoy hayan abandonado esa faceta de dar cuenta de la realidad, lo que ocurre es que buscan aspectos destacados, singulares, especiales, de la misma, no solo del objeto representado, sino también del propio autor, y del destinatario de la obra. Incluso la obra más evidentemente alejada de ese propósito, como puede ser la pintura abstracta, incluye asimismo esa intención de reflejar un estado de ánimo, o de provocar una sensación en el espectador, que forma parte de la realidad, aunque resulte a veces más difícil de captar. Qué mejor momento que éste para invocar la figura de Feyerabend, quien a propósito del método de investigación señala la validez de cualquiera con tal que aporte elementos positivos a la apreciación del fenómeno observado, valoración en la que este autor no se encuentra solo, sino que hoy en día es una visión compartida por parte de la doctrina sociológica. No hay que olvidar tampoco autores como Clifford Geertz, que ponen el acento en el carácter interpretativo que tiene la investigación social, es decir la importancia del punto de vista particular del investigador en el resultado final de su trabajo, lo que supone una coincidencia casi total con lo que ha sido habitual en la actividad de cada pintor, que han plasmado la realidad de cada momento en función de su particular punto de vista.

Puestos en la tesitura de comparar la pintura del siglo XX con la situación de las disciplinas humanas en ese período, se pueden señalar algunos puntos curiosos: así la obra de Wittgenstein (fundamental en filosofía en cuanto postula el análisis lingüístico como objeto destacado de la misma), aparte de incidir en un nuevo campo de trabajo, presenta una dualidad, en la que el autor ha mantenido posturas diferentes, hasta el punto de hablarse de los dos Wittgenstein, y en ese sentido ocurre lo mismo con bastantes, quizás la mayoría de los artistas actuales que se incluyen en dos o más movimientos artísticos diferentes, así Picasso, Rothko, Richter, entre otros muchos.

Por su parte el cubismo como movimiento que rompe con el pasado, en cuanto propone el enfoque de la realidad desde distintos planos, prescindiendo de la perspectiva tradicional, presenta analogías con la citada filosofía del lenguaje, en cuanto ésta se distancia en buena medida de la tradición del pensamiento anterior, especialmente de las formulaciones metafísicas, a las que combate principalmente por cuanto incumplen las reglas básicas del lenguaje. Del mismo modo el cubismo se asemeja a los enfoques multidisciplinares que se apuntan desde distintas posturas y autores.

La pintura abstracta (iniciada por Kandinsky, Mondrian, y que cuenta con tantos continuadores actualmente) es una creación fundamentalmente de la época reciente. En cuanto supone un radical cambio de enfoque del objeto representado coincide con las numerosas tendencias que se han dado en la historia del pensamiento y de las disciplinas humanas que se centran en campos nuevos y que aplican técnicas novedosas para alcanzar sus propósitos.

El dadaísmo ha sido un movimiento especialmente apto para encontrarle su par en el mundo del pensamiento. Como consecuencia de la situación sociopolítica de Europa en ese momento, los artistas consideran que no pueden quedarse al margen, quieren manifestar su repulsa con su realidad circundante, y abordan una ruptura radical con un mundo en el que el arte tiene un especial protagonismo y se encuentra especialmente implicado con el poder. Por tanto, la misma denominación de su movimiento, *dadá,* no tiene significado alguno y pretende empezar de nuevo en el arte. En el mismo sentido otros *ismos* de la pintura de esa época, como la pintura abstracta, el fauvismo, el expresionismo, incluso la pintura metafísica, o el mismo surrealismo tienen en su raíz una reivindicación de desmarque y descontento con una realidad no deseada, provocando al poder constituido, y sus reglas clásicas, incluido el academicismo de las artes, como ya se adelantase en el siglo XIX con el impresionismo o el mismo prerrafaelismo.

El uso del *collage,* el informalismo, el expresionismo abstracto americano (Pollock, Rothko, la *action painting,* etc.), los *Young British Artists* (YBAs, cuya figura más destacada es Hirst), o los recientes representantes de la figuración como Bacon, han abierto nuevos horizontes a la pintura y a la representación en los últimos tiempos, aportando una gran innovación en cuanto a la temática o a las mismas técnicas pictóricas, marcando una brecha (podemos decir una más en la situación última de la pintura) respecto a la situación precedente. No creemos imposible hallar algo parecido en el pensamiento de los periodos más próximos a nosotros, donde hay figuras también recientes o que han mantenido una influencia que ha perdurado hasta estos tiempos, como ocurre con la hermenéutica o el denominado *pensamiento débil*, que han querido desmarcarse de propuestas anteriores, en las que dominaba una pretensión de verdad absoluta; sin embargo estas nuevas posturas reivindican la persistencia de una filosofía cuestionada y mermada, aludiendo a un procedimiento enfocado hacia lo menudo, lo cotidiano, en donde la pequeña teoría ha venido a suplir los grandes planteamientos.

Actualmente se da en pintura una mezcolanza de manifestaciones abstractas y figurativas, así destacados pintores como Richter, Rothko, etc, encuentran una analogía con lo que ocurre en disciplinas como la sociología, con autores como Giddens, Bourdieu, etc, que buscan una línea intermedia entre las grandes tendencias que optan por una explicación desde la acción o desde la estructura. Puede decirse que la misma oscilación en las técnicas sociológicas entre métodos de tipo objetivo o subjetivo es una muestra de la falta de satisfacción con unos resultados que no cumplen muchas veces lo esperado.

La presente obra, ¿a qué pintor o pintura se correspondería? Quizás no pase de ser de tipo abstracto, sin conexión alguna con la realidad, aunque la pretensión evidente es que fuese de tipo figurativo, que reflejase de alguna manera la realidad, si bien sabemos que siempre el elemento subjetivo está presente y resulta ilusoria la correlación absoluta representación-realidad.

El arte, inmutable. José Antonio Martínez

En todo caso, queremos señalar el paralelismo general que encontramos entre el conjunto de la historia del arte y el conjunto de la historia del pensamiento (incluido en éste el de las disciplinas humanas), en cuanto cada aportación, cada nuevo movimiento viene a integrar el conjunto, añadiendo un nuevo pliegue a ese magma general que en ambos dominios se da. Si bien ha habido casos como el del declive de la metafísica en que podría decirse que algo similar no ha ocurrido en pintura, sin embargo analizado más en profundidad cabe sostener que el abandono actual de la pintura realista guarda ciertas analogías.

BIBLIOGRAFÍA

ADORNO, T. (1980) *Teoría estética.* Madrid, Taurus.

ALBERTI, L. B. (1976) *Sobre la Pintura.* Valencia, Fernando Torres.

ARISTÓTELES. (2011) *Poética.* Madrid, Gredos.

BAHN, Paul, y RENFREW, C. (1993) *Arqueología: teorías, métodos y práctica.* Torrejón de Ardoz, Akal.

BAUDRILLARD, J. (1978) *Cultura y simulacro.* Barcelona, Kairós.

BAUMGARTEN, A.G. (1964) *Reflexiones filosóficas acerca de la poesía.* Buenos Aires, Aguilar.

BEARDSLEY, M.C. y HOSPERS, J. (1976) *Estética: historia y fundamentos.* Madrid, Cátedra.

BECK, U. (1998) *¿Qué es la globalización?: falacias del globalismo, respuestas a la globalización.* Barcelona, Paidós.

--- (1998) *La sociedad del riesgo: hacia una nueva modernidad.* Barcelona, Paidós Ibérica.

BECKWITH, J. (1997) *Arte Paleocristiano y Bizantino,* Madrid, Cátedra.

BELL, D. (1976) *El advenimiento de la sociedad post-industrial: un intento de prognosis social.* Madrid, Alianza.

--- (1964) *El fin de las ideologías.* Madrid, Tecnos.

BENJAMIN, W. (1973) *La obra de arte en la época de la reproductibilidad técnica.* Madrid, Taurus.

BERGER, P. L. y LUKMANN, T. (2003) *La construcción social de la realidad.* Buenos Aires, Amorrortu.

BOAS, F. (1966) *Race, language and culture.* London, Collier MacMillan Publishers.

BOURDIEU, P. y DARBEL, A. (2003) *El amor al arte: los museos europeos y su público.* Barcelona, Paidós.

BOURDIEU, P. (1995) *Las reglas del Arte. Génesis y estructura del campo literario.* Barcelona, Anagrama.

BOZAL, V y otros (eds.) (2000) *Historia de las ideas estéticas y de las teorías artísticas contemporáneas.* Madrid, Visor.

BRAUDEL, F. (1993) *El Mediterráneo y el mundo mediterráneo en la época de Felipe II.* Madrid, Fondo de Cultura Económica.

BURCKHARDT, J. (1974-75) *Historia de la cultura griega.* Barcelona, Iberia.

BURKE, P. (1999) *El Renacimiento.* Barcelona, Crítica.

CASTELLS, M. (2003) *La Galaxia Internet.* Barcelona, Plaza & Janés.

--- (1997-1998) *La era de la Información: economía, sociedad y cultura.* 3 Vols. Madrid, Alianza.

CROCE, B. (1973) *Estética como ciencia de la expresión y lingüística general.* Buenos Aires, Nueva Visión.

CHIPINDALE, Ch. y TAÇON, P. (editors). (1998) *The archeology of rock art.* Cambridge University Press.

CHOMSKY, N. (1984) *Estructuras sintácticas.* México, Siglo Veintiuno.

--- (1976). *Aspectos de la teoría de la sintaxis.* Madrid, Aguilar.

DANTE ALIGHIERI. (1979) *La Divina Comedia.* Madrid, Espasa-Calpe.

DERRIDA, J. (1989) *La escritura y la diferencia.* Barcelona, Anthropos.

--- (2001). *La verdad en pintura.* Buenos Aires, Paidós.

DESCARTES, R. (1974) *El discurso del método.* Madrid, Revista de

Occidente.

--- (1973). *Meditaciones metafísicas.* Buenos Aires, Aguilar.

DEWEY, J. (1949) *El arte como experiencia.* México, Fondo de Cultura Económica.

DIDEROT, D. (1967) *Sur l'art et les artistes.* Paris, Hermann et Cie.

--- (1981*).* *Investigaciones filosóficas sobre el origen y naturaleza de lo bello.* Buenos Aires, Aguilar.

--- (1994) *Escritos sobre arte.* Madrid, Siruela.

ECO, U. (1990) *Obra abierta.* Barcelona, Ariel.

--- (2004) *Historia de la belleza.* Barcelona, Lumen.

--- (2007) *Historia de la fealdad.* Barcelona, Lumen.

EISENSTADT, S. N. (1970) *Ensayos sobre el cambio social y la modernización.* Madrid, Tecnos.

ELSTER, J. (1991) *Tuercas y tornillos: una introducción a los conceptos básicos de las ciencias sociales.* Barcelona, Gedisa.

ETZIONI, A. y E. (1968) *Los cambios sociales.* México, Fondo de Cultura Económica.

FARRINGTON, B. (1972) *Ciencia y filosofía en la antigüedad.* Barcelona, Ariel.

FEYERABEND, P. K. (1974) *Contra el método: esquema de una teoría anarquista del conocimiento.* Barcelona, Ariel.

FICHTE. J.F. (1998) *Filosofía y estética. La polémica con F. Schiller.* Valencia, Universidad de Valencia.

FOUCAULT, M. (1999) *Estética, ética y hermenéutica.* Barcelona, Paidós.

FRANCASTEL, P. (1975) *Sociología del arte.* Madrid, Alianza.

FREUD, S. (1988-90) *Cinco conferencias sobre psicoanálisis. Un recuerdo infantil de Leonardo da Vinci.* Buenos Aires. Amorrortu.

FURIÓ, V. (2000) *Sociología del arte.* Madrid, Cátedra.

FUKUYAMA, F. (1992) *El fin de la Historia y el último hombre.* Barcelona, Planeta.

GADAMER, H.G. (1992). *Verdad y método.* Salamanca, Sígueme.

GARCÍA-ORMAECHEA, C. (1998) *Arte y cultura de la India.* Barcelona, Serbal.

GARFINKEL, H. (2006) *Estudios en etnometodología.* Barcelona, Anthropos.

GEERTZ, C. (1988) *La interpretación de las culturas.* Barcelona, Gedisa.

GIDDENS, Anthony. (1995) *La constitución de la sociedad: bases para la teoría de la estructuración.* Buenos Aires, Amorrortu.

--- (1998) *Sociología.* Madrid, Alianza Editorial.

GIEDION, Sigfried. (1981) *El presente eterno: los comienzos del arte: una aportación al tema de la constancia y el cambio.* Madrid, Alianza.

--- (1981) *El presente eterno: los comienzos de la arquitectura: una aportación al tema de la constancia y el cambio.* Madrid, Alianza.

GOETHE.J.W. (1999) *Fausto.* Madrid, Santillana.

GOMBRICH, E. H. (1997) *La Historia del Arte.* Madrid, Debate.

GUTIÉRREZ, F. G. (1999) *El arte del Japón.* Col. "Summa Artis". Madrid, Espasa-Calpe.

HARRIS, M. (1987*) El materialismo cultural.* Madrid, Alianza.

--- (1993) *Introducción a la antropología general.* Madrid, Alianza.

--- (1978) *El desarrollo de la teoría antropológica: historia de las teorías de la cultura.* Madrid, Siglo Veintiuno de España.

HAUSER, A. (1977) *Sociología del arte.* Madrid, Guadarrama.

--- (1975) *Historia social de la literatura y el arte.* Madrid, Guadarrama.

HEGEL, G.W.F. (1993) *Fenomenología del espíritu.* México, Fondo de Cultura Económico.

--- (1985) *Estética.* Buenos Aires, Siglo Veinte.

El arte, inmutable. *José Antonio Martínez*

--- (1974) *Ciencia de la lógica*. Buenos Aires, Solar.

--- (1985) *De lo bello y sus formas: (Estética)*. Madrid, Espasa-Calpe.

HÖLDERLIN. (2001) *La muerte de Empédocles*. Barcelona, Acantilado.

HONOUR, H. y FLEMING, J. (2004) *Historia mundial del arte*. Tres Cantos (Madrid), Akal.

HUIZINGA, J. (1990) *Homo ludens*. Madrid, Alianza Editorial.

HUME, D. (2011) *Ensayos morales, políticos y literarios*. Madrid, Trotta.

HUNTINGTON, S.P. (1997) *El choque de civilizaciones y la reconfiguración del orden mundial*. Barcelona, Paidós.

JAEGER, W. (1957) *Paideia: los ideales de la cultura griega*. México, Fondo de Cultura Económica.

KANDINSKI, V. (1991) *De lo espiritual en el arte*. Barcelona, Labor.

KANT, I. (1977) *Crítica del juicio*. Madrid, Espasa-Calpe.

--- (2008) *Observaciones acerca del sentimiento de lo bello y lo sublime*. Madrid, Alianza.

KENNY, A. (1974) *Wittgenstein*. Madrid, Revista de Occidente.

KIERKEGAARD, S. (1959*) Estética y ética en la formación de la personalidad*. Buenos Aires, Nova.

--- (1969) *Estudios estéticos*. Madrid, Guadarrama.

KUHN, S. (2006) *Estructura de las revoluciones científicas*. México, Fondo de Cultura Económica.

LAZARSFELD, P. y BOUDON, R. (1979) *Metodología de las ciencias sociales*. Barcelona, Laia.

LEONARDO DA VINCI. (1964) *Tratado de la pintura*. Madrid. Espasa-Calpe.

LESSING, G.E. (1986) *Laocoonte*. Barcelona, Orbis.

LUKÁCS, G. (1966-1974) *Estética*. Barcelona, Grijalbo,

--- *(1975) Historia y conciencia de clase.* Barcelona, Grijalbo.

MAGHERINI, G.: (1990) *El síndrome de Stendhal.* Madrid, Espasa-Calpe.

MANRIQUE, M. E. (2006) *Pintura zen. Método y arte del sumi-e.* Barcelona, Kairós.

MARX, K. (1971) *El 18 Brumario de Luis Bonaparte.* Barcelona, Ariel.

MASUDA, Y. (1984) *La sociedad de la información como sociedad post-industrial.* Madrid, Tecnos.

McLUHAN, M. (1987) *El medio es el mensaje: un inventario de efectos.* Barcelona, Paidós.

--- (1990). *La aldea global: transformaciones en la vida y los medios de comunicación mundiales en el siglo XXI.* Madrid, Gedisa.

--- (1969) *La galaxia Gutenberg.* Madrid, Aguilar.

MEDICI, L. de. (2002) *Los Médicis. Nuestra historia.* Barcelona, Plaza & Janés.

MOMMSEN, T. (2003) *Historia de Roma.* Madrid, Turner.

MONTANELLI, I. (1961) *Historia de los griegos.* Barcelona, Plaza y Janés.

--- (1961) *Historia de Roma.* Barcelona, Plaza y Janés.

NIETZSCHE. F.W. (1973) *Así hablaba Zaratustra.* Madrid, Edaf.
--- (1973) *Crepúsculo de los ídolos o cómo se filosofa con el martillo.* Madrid, Alianza.
--- (1981) *Más allá del bien y del mal.* Madrid, Alianza.
--- (1996) *Humano, demasiado humano.* Torrejón de Ardoz (Madrid), Akal.
--- (1999) *Estética y teoría de las artes.* Madrid, Tecnos.
--- (1932) *La voluntad de dominio.* Madrid, Aguilar.
--- (1988) *La gaya ciencia.* Tres Cantos (Madrid), Akal.
--- (1999) *Aurora: reflexiones sobre los prejuicios morales.*

Barcelona, Alba.
NISBET, R. (1991) *Historia de la Idea de progreso*. Barcelona, Gedisa.
ONIANS, J. (2008) *Atlas del arte*. Barcelona, Blume.
ORTEGA Y GASSET, J. (1991) *La deshumanización del arte y otros ensayos de estética*. Madrid, Alianza, Revista de Occidente.
PIAGET, J. (1979) *Psicología y epistemología*. Barcelona, Ariel.
PLATÓN. (2011) *Diálogos: Hipias mayor, Fedro, El banquete*. Madrid, Gredos.
PLEJÁNOV, G. (1974) *Arte y vida social*. Barcelona, Fontamara.
POE, E. A. (2002*) La filosofía de la composición. El principio poético*. Madrid, Cuadernos de Langre.

RIFKIN, J. (2000). *La era del acceso: la revolución de la nueva economía*. Barcelona, Paidós Ibérica.

RITZER, G. (1997) *Teoría sociológica clásica*. Madrid, McGraw-Hill.

--- (1993) *Teoría sociológica contemporánea*. México, McGraw-Hill.

RIVIERE, J-R. (1999) *Arte de la India"*, en "Summa Artis". Madrid, Espasa-Calpe.
ROUSSEAU, J.J. (1962) *Discurso sobre las ciencias y las artes*. Madrid, Aguilar.
SAN AGUSTÍN. (1997) *Confesiones*. Madrid, Alianza,.
SANTAYANA, G. (2008) *La razón en el arte y otros escritos de estética*. Madrid, Verbum.
SANTO TOMÁS DE AQUINO. *(*1955-1960) *Summa Theologica*. Madrid, Editorial Católica.
SAUSSURE, F. de. (1987) *Curso de lingüística general*. Madrid, Alianza.
SCHILLER (1981) *Cartas para la educación estética del hombre*. Madrid, Aguilar.

SCHOPENHAUER. (1987) *El mundo como voluntad y representación*. México, Porrúa.

SHELLING, *(*1999) *Filosofía del arte*. Madrid, Tecnos.

STANLEY-BAKER, J. (2000) *Arte japonés*. Madrid, Destino.

STEIN, G. (2002) *Picasso*. Madrid, La esfera de los libros.

TOFFLER, A. (1982) *La tercera ola*. Barcelona, Plaza & Janés.

TOLSTOY, L. (2007) *¿Qué es el arte?* Pamplona, EUNSA.

TOURAINE, A. (1971) *La sociedad post-industrial*. Barcelona, Ariel.

--- (2005) *Un nuevo paradigma: para comprender el mundo de hoy.* Barcelona, Paidós ibérica.

VALLEJO-NÁJERA, J.A. *(*2000) *Locos egregios*. Barcelona, Planeta.

VASARI, G. (2002) *Vida de los mejores arquitectos, pintores y escultores italianos desde Cimabue hasta nuestros tiempos*. Madrid, Cátedra.

VATTIMO, G. (1993) *Poesía y ontología*. Valencia, Universidad de Valencia.

VATTIMO, G. y ROVATTI, P.A. (eds.) (1995) *El pensamiento débil*. Madrid, Cátedra.

VITRUBIO. (1978) *De Architectura*. Valencia, Albatros.

WAGNER. (2000) *La obra de arte del futuro*. Valencia, Universidad de Valencia.

WINCKELMANN, J.J. (1987) *Reflexiones sobre la imitación del arte griego en la pintura y la escultura*. Barcelona, Península.

--- (2011) *Historia del arte en la antigüedad*. Tres Cantos (Madrid), Akal.

WITTGENSTEIN, L (1973) *Tractatus logico-philosophicus*. Madrid, Alianza Editorial.

--- (1988) *Investigaciones filosóficas.* México, Instituto de Investigaciones Filosóficas.

WOLFE, Tom. *(*1989) *La palabra pintada.* Barcelona. Anagrama.

--- (2010) *La palabra pintada & ¿Quién teme al Bauhaus feroz?.* Barcelona, Anagrama.

El arte, inmutable. José Antonio Martínez

The Physics

of

Empty Space

Dennis Morris

(January 2015)

© Dennis Morris

Published by: Abane & Right

31/32 Long Row

Port Mulgrave

Saltburn

TS13 5LF

United Kingdom

01947 840707

dennis355@btinternet.com

14th January 2015

Revised July 2015

Contents

Contents